普通高等学校"十四五"规划旅游管理类精品教材
智慧旅游管理专业系列教材

总主编 ◎ 吴忠军

网络技术与旅游应用

Network Technology and Tourism Applications

主　编 ◎ 姚建盛　　刘艳玲
副主编 ◎ 贺剑武　　于海涛　　周茂杰　　徐敏

华中科技大学出版社
http://press.hust.edu.cn
中国·武汉

内 容 简 介

本书面向旅游管理方向的学生,以培养懂计算机网络技术的旅游管理类复合型人才为目标,介绍了计算机网络技术发展历程,并着重讲述新一代网络技术代表(即物联网)及其在智慧旅游中的应用。一方面,本书系统介绍了物联网感知层、网络层、管理层相关技术的发展、特征及其在旅游中的应用;另一方面,以旅游业中的景区、酒店、停车场和厕所为综合应用场景,给出各场景智慧化建设内容、系统架构和应用案例。书中没有对技术细节进行深入展开,而是以案例驱动方式展示了物联网在智慧旅游中的应用。拓展阅读部分通过讲述创新创业故事和我国在相关技术领域取得的突破性进展,融入课程思政元素,发挥教材价值引领作用以产生育人成效。

图书在版编目(CIP)数据

网络技术与旅游应用 / 姚建盛,刘艳玲主编. — 武汉:华中科技大学出版社,2024.3
ISBN 978-7-5772-0643-1

Ⅰ.①网… Ⅱ.①姚… ②刘… Ⅲ.①计算机网络－应用－旅游经济－经济管理 Ⅳ.①F590-39

中国国家版本馆 CIP 数据核字(2024)第 061460 号

网络技术与旅游应用
Wangluo Jishu yu Lüyou Yingyong

姚建盛　刘艳玲　主编

总 策 划:李　欢
策划编辑:王　乾
责任编辑:王梦嫣
封面设计:原色设计
责任校对:刘　竣
责任监印:周治超

出版发行:华中科技大学出版社(中国·武汉)　　电话:(027)81321913
　　　　　武汉市东湖新技术开发区华工科技园　　邮编:430223
录　　排:孙雅丽
印　　刷:武汉市籍缘印刷厂
开　　本:787mm×1092mm　1/16
印　　张:16.5
字　　数:368千字
版　　次:2024年3月第1版第1次印刷
定　　价:59.80元

本书若有印装质量问题,请向出版社营销中心调换
全国免费服务热线:400-6679-118　　竭诚为您服务
版权所有　侵权必究

总序
Introduction

2015年7月,国务院印发了《关于积极推进"互联网＋"行动的指导意见》,自此,"互联网＋"战略正式成为我国国家发展战略。在国家"互联网＋"战略指导下,新一代信息技术与传统旅游业的融合成为旅游产业发展新方向,旅游行业的升级转型迫在眉睫。2017年,国家旅游局(现文化和旅游部)制定实施了《"十三五"全国旅游信息化规划》,部署应用大数据、云计算、物联网、人工智能等新兴信息技术发展旅游产业,其中明确提出了发展智慧旅游教育,培养旅游信息化人才的举措。

智慧旅游管理应用新一代信息技术(5G、物联网、大数据、云计算、人工智能、区块链、北斗系统、虚拟现实、增强现实等),结合旅游行业实践,优化旅游行业生产要素,更新旅游业务体系,重构旅游管理的新模式。随着旅游产业的转型升级,旅游政府管理部门、景区、酒店、在线旅游服务商和智慧旅游服务企业都急需智慧旅游管理专业人才。人力资源是旅游产业创新发展的基石,新业态的产生对人才培养提出了新的要求,传统的旅游管理专业人才培养已经不再适应当前的旅游行业需求。鉴于此,桂林理工大学旅游与风景园林学院2015年率先开展新一代信息技术与旅游学科的融合创新发展的研究,建设智慧旅游管理专业,招收该专业方向的本科学生。智慧旅游管理专业致力于培养具有扎实的经济学、管理学基础知识,大数据、物联网、云计算、人工智能等新一代信息技术,以及系统的现代旅游管理专业等服务性行业的经营管理理论、实际操作技能和新一代信息技术在旅游行业应用的能力,具有国际视野和沟通技能的创新性、"旅游＋信息科学"的复合型专业人才,使学生具备智慧旅游服务、智慧旅游管理、智慧旅游营销、智慧旅游运营和新技术场景应用的专业能力。经过6年的专业方向建设,学院在智慧旅游管理的课程建设、教学管理、科学研究等方面积累了诸多创新性成果。

为加快推进智慧旅游管理专业建设，打造一流精品课程，2019年12月27日，首届全国智慧旅游管理专业建设研讨会暨智慧旅游管理专业"十四五"规划教材组稿会在桂林理工大学召开，来自澳大利亚昆士兰大学、悉尼科技大学、成都信息工程大学、海南大学、吉首大学、华侨大学、上饶师范学院、南宁师范大学、桂林旅游学院等院校旅游管理专业的专家等共80余人参会。会上，桂林理工大学联合上述高校与华中科技大学出版社签订协议，共同策划出版智慧旅游管理专业系列教材。本系列教材由全国数十家高校旅游管理专业的专家参与编写，由吴忠军教授任智慧旅游管理专业系列教材总主编。

智慧旅游管理专业系列教材书目包括《智慧旅游概论》《数据挖掘与旅游大数据分析》《旅游电子商务：理论与实践》《网络技术与旅游应用》《智慧酒店管理》《智慧景区管理》《数据库技术与旅游应用》《高级语言编程技术与旅游应用》《智慧旅游与3S技术运用》《人工智能与旅游应用》《旅游互联网文案写作》《旅游网站设计》《旅游网络营销与策划》《互联网旅游企业商业模式》《计算机辅助旅游规划设计》等。其中，第一批出版的教材包括《智慧旅游概论》《数据挖掘与旅游大数据分析》《旅游电子商务：理论与实践》《网络技术与旅游应用》《智慧酒店管理》《智慧景区管理》等。

智慧旅游管理是旅游管理与新一代信息技术结合的产物，将数字化、网络化、智能化全面融入旅游管理本科专业课程教学中，希望本系列教材的出版有助于我国智慧旅游管理专业发展，为国家智慧旅游建设培养更多的专业型、复合型高级专门人才。

吴忠军

2021年12月于桂林

前言
Preface

智慧旅游产生于"互联网+"背景之下,因此计算机网络技术是智慧旅游产业和学科发展的基础和关键。然而,智慧旅游管理作为旅游管理专业的新兴学科方向,目前鲜有比较适合的计算机网络技术相关的教材。一方面,计算机专业教师编写的计算机网络教材往往专注于深入介绍网络技术本身艰涩繁杂的概念、原理和技术,与旅游应用结合不紧密;另一方面,旅游管理专业教师编写的"计算机网络技术+旅游"的教材往往从概念角度简单介绍计算机网络技术在旅游业的应用,很难深入且系统地讲述计算机网络技术及其如何应用于旅游业。

因此,针对智慧旅游管理这一新兴的学科方向,编写一本从旅游应用视角出发,深入系统地阐述计算机网络技术及其智慧旅游应用的教材,对智慧旅游管理学科方向的发展和智慧旅游管理人才的培养具有重要意义,是当前迫切需要解决的问题。

编写计算机网络技术与旅游应用方面的教材很难:一方面,计算机网络是一个庞大的学科体系,概念、原理和技术繁多且艰涩难懂,在很多院校可以作为一门独立的专业开设课程,很难用较少的篇幅和学时系统而又清楚地介绍相关知识;另一方面,旅游管理专业学生多是文科背景,很难通过较少的学时领会繁杂、艰深的计算机网络知识。

为化解以上矛盾,本书编写团队通过调研旅游相关企事业单位需求,根据毕业学生反馈情况,思考旅游管理专业特点和学生未来发展,结合计算机网络课程特色,制定全新的课程培养目标和方案,以培养懂计算机网络技术的智慧旅游管理类复合型人才为总体目标,即不是单纯地培养技术开发人才,而是培养以旅游业为背景的技术应用型人才。具体来说,旅游业的从业者,应在基于对计算机网络技术了解的基础上,结合具体智慧旅游的应用需求和目标，完成制定详细的顶层设计方案、与技术开发人员有效交流、协调项目的实施等工作。

本书包括知识、能力、素养三个层次的内容：系统阐述计算机网络技术知识体系架构；培养利用网络技术解决旅游业痛点的"互联网＋"创新思维能力和技术应用能力；培养学生创新创业素养和家国情怀。

本书试图以发展的眼光看待计算机网络技术，因此以"网络技术与旅游应用"为题。编写团队通过分析计算机网络技术的发展历程和互联网生态系统，结合新一代信息技术的概念，认为物联网可以作为当前新一代网络技术的代表，因此，本书以物联网技术为核心组织内容。

物联网并不是一个单纯的"网"，而是一个"系统"，是推动万物互联的相关技术的集合，因此，本书以物联网系统架构为纽带，将互联网、移动互联网、大数据、云计算和人工智能等新一代信息技术融为一体，试图给出智慧旅游的完整架构。全书分三篇，共九章。

第一篇：绪论篇，包括计算机网络绪论和智慧旅游绪论两章。从计算机网络技术和智慧旅游两个视角分析本书所涉及内容的背景和范围。

第二篇：技术篇，以物联网体系架构为纲，系统梳理相关知识体系，包括感知识别技术、网络传输技术和平台管理技术三章，并结合旅游业给出每一类技术的应用案例。其中，感知识别和网络传输较能体现物联网的特色，是本书的重点内容；平台管理融合了大数据、云计算和人工智能等新一代信息技术，旨在保持物联网体系架构的完整性并提供完整的智慧旅游解决方案服务。

技术篇避开艰涩、繁杂的概念和理论，重点分析技术的发展、特征和应用案例。一方面，以期让学生用发展的眼光看待技术的演进，感知未来创新创业方向；另一方面，探讨技术特征和应用，尤其是在智慧旅游中的应用案例，希望能起到抛砖引玉的作用，鼓励学生利用头脑风暴的方式，更深入地探讨相关技术的应用创新。另外，围绕书中的相关技术，结合拓展阅读，融入课程思政元素，有助于培养学生的创新思维、家国情怀和坚忍性格等。

第三篇：综合应用案例篇，选择了四个比较有代表性的旅游应用场景，介绍其智慧化建设内容、系统架构和应用案例。其中，景区是旅游的主要吸引物，酒店是旅游业重要的基础设施，停车场在自驾游越来越盛行的时代显得格外重要，厕所则是旅游中"大民生"的体现。

鉴于当前从旅游视角介绍智慧旅游和计算机网络相关概念的书籍已经有很多，限于篇幅和编写定位，本书不深入探讨旅游相关概念，而是侧重介绍网络技术；不深入探究网络技术底层原理和技术实现细节，而是侧重分析技术的发展、特征和应用案例；不详细展开网络技术的应用细节，通过"留白"给予教师和学生更广阔的发挥空间，鼓励教师在课堂组织学生进行翻转教学,通过讨论等方式激发并培养学生的创新思维和应用能力。

由于能力所限及时间仓促,书中仍有很多不足,也难免存在疏漏,欢迎读者批评指正。书中一些资料来源于互联网,我们一直在积极与相关著作权人联系,但仍有部分未联系上,请在见到本书后与我们联系,我们将按照相关的法律法规支付稿酬。在此,一并表示歉意和感谢。

本书是国家自然科学基金地区科学基金项目"历史文化街区类景区游客移动微观模型与仿真研究"(项目编号72162011)的研究成果。本书适用于旅游管理专业学生,尤其适合智慧旅游管理学科方向的学生,也可用作为拟从事智慧旅游研究和设计规划人员的学习书籍。

编者

2024年2月

目录 Contents

第一篇 绪论篇

第一章 计算机网络绪论 /002

第一节 计算机网络概述 /003
 一、从连接看网络发展 /003
 二、从生态看网络发展 /004
第二节 新一代网络技术 /006
 一、信息产业三次浪潮 /007
 二、新一代信息技术 /007
 三、新一代网络技术代表 /008
第三节 物联网概述 /009
 一、物联网发展 /010
 二、物联网特点 /011
 三、物联网本质 /012
 四、物联网体系架构 /013

第二章 智慧旅游绪论 /015

第一节 智慧旅游概述 /016
 一、智慧旅游概念 /016
 二、智慧旅游发展 /017
 三、智慧旅游优势 /018
第二节 智慧旅游建设概述 /020
 一、建设内容 /021
 二、体系架构 /024
 三、应用案例 /028

第二篇 技术篇

第三章 感知识别技术 /034

第一节 自动识别技术 /035
一、扫描码 /036
二、RFID /039
三、生物识别技术 /043
四、身份识别卡 /050
五、智慧旅游应用案例 /051

第二节 传感器技术 /053
一、传感器概述 /053
二、无线传感器网络概述 /055
三、智慧旅游应用案例 /059

第三节 定位技术 /061
一、室外定位技术 /061
二、室内定位技术 /065
三、智慧旅游应用案例 /068

第四章 网络传输技术 /074

第一节 计算机网络分类 /076
一、按网络通信距离分类 /076
二、按网络传输介质分类 /076
三、按网络功能分类 /076

第二节 互联网 /077
一、互联网概述 /077
二、互联网时代与思维 /088

第三节 移动互联网 /094
一、移动互联网发展 /094
二、移动互联网特点 /100
三、智慧旅游应用案例 /102

第四节 短距离无线通信 /105
一、IrDA /105
二、Wi-Fi /107
三、蓝牙 /109
四、ZigBee /111
五、UWB /114
六、NFC /118

七、Z-Wave /120
　　八、60 GHz 毫米波 /122
　　九、Li-Fi /125
　　十、Thread /128
　　十一、智慧旅游应用案例 /130
　第五节　低功耗广域网络 /135
　　一、NB-IoT /136
　　二、LoRa /138
　　三、智慧旅游应用案例 /140
　第六节　其他网络技术 /144
　　一、太空互联网 /145
　　二、深空通信 /146
　　三、水声通信 /147

第五章　平台管理技术 /149

　第一节　大数据 /150
　　一、大数据概述 /150
　　二、旅游大数据 /157
　第二节　云计算 /160
　　一、云计算概述 /160
　　二、旅游云与"云旅游" /165
　第三节　人工智能 /168
　　一、人工智能概述 /168
　　二、旅游智能 /173

第三篇　综合应用案例篇

第六章　智慧景区 /176

　第一节　智慧景区概述 /177
　　一、智慧景区概念 /177
　　二、智慧景区发展 /177
　　三、智慧景区优势 /179
　第二节　景区智慧化建设 /180
　　一、建设内容 /180
　　二、系统架构 /186
　　三、应用案例 /191

第七章 智慧酒店 /199

第一节 智慧酒店概述 /200
一、智慧酒店概念 /200
二、智慧酒店发展 /201
三、智慧酒店优势 /202

第二节 酒店智慧化建设 /203
一、建设内容 /204
二、系统架构 /208
三、应用案例 /211

第八章 智慧停车场 /217

第一节 智慧停车场概述 /218
一、智慧停车场概念 /218
二、智慧停车场发展 /219
三、智慧停车场优势 /220

第二节 停车场智慧化建设 /221
一、建设内容 /221
二、系统架构 /224
三、应用案例 /227

第九章 智慧厕所 /232

第一节 智慧厕所概述 /233
一、智慧厕所概念 /233
二、智慧厕所发展 /233
三、智慧厕所优势 /234

第二节 厕所智慧化建设 /234
一、建设内容 /234
二、系统架构 /237
三、应用案例 /240

阅读推荐 /246

参考文献 /247

第一篇
绪论篇

长期以来，人们一直是以物质和运动来看待世界和解释世界的，信息只是贴附于物质的一种表象。随着现代科技的进步，人们逐渐认识到信息本身就是世界，或者说是世界的一种表现，信息与物质一起构成了人类认知世界的二维理论，世界是物质的，也是信息的。

随着信息技术的快速发展，物理的现实世界和信息的虚拟世界正在深度融合，以此来重新解释和定义我们周边的事物，成为信息时代创新的不竭源头，引发了一场颠覆性的技术革命。这种思想也延伸到社会领域，加深了人类社会、物理世界、信息空间之间的关联与交互，从而进行社会治理。如当下比较火热的数字孪生（Digital Twin）系统、社会—物理—信息系统（Cyber-Physical-Social Systems，CPSS）、元宇宙（Metaverse）、智慧地球、智慧城市等都是这一思想的产物，智慧旅游也诞生于此背景之下。

计算机网络技术是促进这一切发展的基础，计算机网络从最初只有四个节点的阿帕网（Advanced Research Projects Agency Network，ARPANET）发展到覆盖全球的互联网（Internet），如今又进入万物互联的物联网（Internet of Things，IoT）时代。计算机网络从连接"机"到连接"人"，再到连接"物"，发展到新一代信息技术，移动互联网和物联网是互联网连接时空和连接对象的延伸，大数据、云计算和人工智能等都是互联网生态系统的一部分，这些技术是智慧旅游建设和发展的基础。本篇将概述计算机网络和智慧旅游的发展。

第一章
计算机网络绪论

按照阿尔文·托夫勒于1980年出版的《第三次浪潮》中的观点,人类文明迄今经历了三次浪潮。第一次是"农业革命",人类从原始野蛮的渔猎时代进入以农业为基础的社会,历时几千年。第二次是"工业革命",瓦特发明的蒸汽机照亮了人类生活的一个新时代。当前我们正经历人类文明的"第三次浪潮",即"信息革命",从1946年第一台计算机诞生开始,仅仅几十年时间。"第三次浪潮"为我们带来前所未有的发展机遇和挑战,阿尔文·托夫勒强烈主张人类应该在思想、政治、经济、家庭来一场革命,以适应第三次浪潮。

大型纪录片《互联网时代》中阐述:在信息革命浪潮中,众多学者认为在人类发明创造的舞台上,降临了一个不同凡响的新事物,这是人类另一项可以与蒸汽机相提并论的伟大发明,可能创造新时代的事物,叫作互联网(Internet)。互联网技术在短短几十年的商业化浪潮中,以前所未有的速度改变着世界:在经济领域,引发各产业生产方式、生产关系、生产要素的重新组合、建构;在社会领域,去中心化、扁平化、自组织的特性解构并重构社会结构,创造新的组织方式和组织形态;在个人领域,赋予每一个人无限的可能,让个人力量增强,让个人价值释放。

本章我们简单介绍计算机网络的发展历程,互联网生态系统,并以新一代信息技术为基础,阐述从互联网延伸而来的新一代网络技术——物联网技术。通过拓展阅读介绍"物联网之父"的创新之路,培养学生的创新思维。

学习目标

知识目标:了解计算机网络技术发展历程,理解互联网生态系统;了解信息产业三次浪潮、新一代信息技术和新一代网络技术代表;了解物联网发展历程,理解物联网特点和本质,掌握物联网体系架构。

能力目标:不仅能使学生厘清信息产业革命历程、当前主流信息技术和互联网的关系,还能培养学生学习用系统的、动态的观点看待技术发展的能力。

素养目标:通过技术应用创新案例(如"物联网之父"通过RFID技术引领了物联网在信息领域的新一轮浪潮),培养学生的创新思维和应用能力。

知识导图

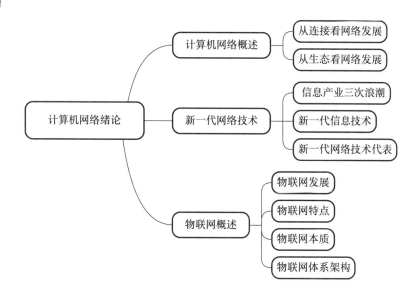

第一节 计算机网络概述

计算机网络从早期的终端网络到只有四个节点的阿帕网(ARPANET),从阿帕网到覆盖全世界的互联网(Internet),从互联网发展到当前万物互联的物联网(Internet of Things,IoT),计算机网络发展日新月异,计算机网络技术层出不穷,本节概述了计算机网络的发展,并剖析了互联网生态系统。

一、从连接看网络发展

这里我们从网络连接"机—人—物"的视角给出计算机网络发展的简单历程。

(1)"机—机"连接:20世纪60年代后出现的早期网络,如终端网络、局域网络和基于TCP/IP协议的互联网络实现了"机—机"互联,让计算机之间能够通信,从而实现资源(软硬件和数据等)的共享。

(2)"人—人"连接:1990年万维网(World Wide Web,WWW)和之后的Web 2.0技术的诞生,尤其是社交网络盛行以后,互联网实现了"人—人"连接,在移动互联网盛行的今天,智能手机中的社交网络占据了我们大部分时间。

(3)"物—物"连接:据统计,2021年全世界人口规模超过75亿人,2021年全球互联网用户数量超过40亿人,人和人的通信规模已接近天花板。为了更精确地在虚拟(信息)世界中描绘我们的现实(物理)世界,通过分析信息世界来影响和改变现实世界,构建所谓的数字孪生(Digital Twin)系统、信息物理系统(Cyber-Physical Systems,CPS)

和元宇宙(Metaverse),故而需要实现更普遍和透彻的感知。

物联网通过更广泛的通信设备实现了"物—物"互联,其通信规模将远远超过世界人口总数,通过"人—机—物"互联,能够采集更多、更精准的数据,促进"物理—社会—信息"三元世界的有机融合,构成信息—物理—社会系统(CPSS)。物联网是互联网的延伸,是计算机网络发展的最新形态。

二、从生态看网络发展

蒸汽机诞生后,出现了汽车、火车、轮船……开启了伟大的工业时代。互联网作为可与蒸汽机相提并论的伟大发明,促进了信息技术的蓬勃发展,引发了一场信息革命,开创了自己的互联网"江湖"。移动互联网方兴未艾,物联网已崭露头角,云计算正在盛行,大数据已风起云涌,人工智能也重返江湖……这些信息技术被人们称为"大智移云"(大数据、人工智能、移动互联网、云计算)、"云物大"(云计算、物联网、大数据),它们都是互联网的延伸,是其生态系统的有机组成部分。

(一)移动互联网,打破连接时空的局限

移动互联网是将互联网技术、平台、商业模式和应用与移动通信技术相结合,实现随时、随地、随身、方便、快捷地连接互联网,打破了PC互联网的时空限制,是PC互联网发展的必然产物,"移动"能更好地迎合互联网开放、分享、互动的精神实质。

近几年,移动互联网经历了从3G到4G再到5G的跨越式发展,实现了随时随地保持与世界的联系。如今,移动互联网已经渗透到人们生活、工作的各个方面,如QQ和微信等即时通信工具、微信支付和支付宝等移动支付工具、抖音和快手等视频社交工具,以及京东和天猫等电商搬入移动端,携程和去哪儿等OTA也纷纷进入移动时代。移动互联带来的不一样且丰富多彩的应用,如位置服务等,正在深刻改变人们在信息时代的社会生活。

(二)物联网,打破连接对象的局限

"人—人"的互联规模快要达到极限,将互联网延伸至更广泛的"物—物"互联,网络规模将呈指数增长。据统计,2018年全球物联网设备已经达到70亿台(接近全球人口总量),预计到2025年将增加到220亿台。

庞大的物联网规模将带动上下游产业链的发展,如上游的芯片、通信模块等,中游的电信、互联网运营商,下游的操作系统、中间件、系统集成商等。2018年,我国物联网市场规模首次突破万亿元。IDC(International Data Corporation)研究数据显示,2020年,全球物联网支出达到6904.7亿美元,其中中国市场占比23.6%。IDC预测,到2025年,全球物联网市场将达到1.1万亿美元,年均复合增长11.4%,其中中国市场占比将提升到25.9%,物联网市场规模全球第一。5G技术的成熟为即将到来的物联网时代扫清了最大的互联障碍,人类即将迎来一个物联爆发的时代。

物联网已由概念炒作、碎片化应用、闭环式发展进入跨界融合、集成创新和规模化发展的新阶段,与中国新型工业化、城镇化、信息化、农业现代化建设深度交融,在传统

产业转型升级、新型城镇化和智慧城市建设等方面发挥了重要作用,取得了明显的成果。

（三）云计算,打破网络的局限

云计算是基于互联网的服务,不仅仅是提供网络传输服务,还通过互联网提供存储、计算、软件平台等服务,实现了从网络到计算的延伸和扩展,并为大数据和人工智能的发展奠定了基础。

云计算底层技术就是利用分布式计算和虚拟资源管理等技术,通过网络将分散的ICT(Information and Communications Technology)资源(包括存储、计算、通信、软件或平台等)集中起来形成共享的资源池,并以动态按需和可度量的方式向用户提供服务。用户使用资源有限的普通终端设备(如PC、平板电脑或智能手机等)通过网络获取ICT资源服务。

随着互联网扩展到移动互联网和物联网,从而构建了普适网络、泛在网络,这是网络基础设施;在此基础上,通过服务扩展(见图1-1),从网络服务延伸到计算服务,形成普适计算基础设施。在网络基础设施和普适计算基础设施下,大数据和人工智能技术得以迅速发展。

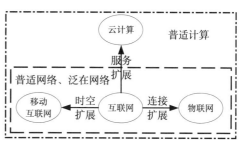

图1-1 从网络到计算

（四）大数据,势不可当

早期,只有专业人士才能使用互联网,用户和数据都很少。万维网出现后,普通人也可以"网络冲浪",用户规模迅速扩大。但是在Web 1.0时期的静态网络时代,网络内容的创造局限于少数人(如门户网站的编辑),人们通过浏览门户网站,获取网络信息,网络数据的创造规模仍然有限。

到了Web 2.0时代,网民可以和网络交互,"草根文化"盛行,任何人都可以通过互联网发布信息,即用户生成内容(User Generate Content,UGC),如发表评论、发起聊天、发布视频、分享照片、位置签到等。广大网民每天以TB的量级生产数据,大数据时代的到来,势不可当!然而,这还仅仅是开始,随着互联网向物联网延伸,网络连接的实体规模呈指数级增长,物联网监控等流式数据如潮水般涌现,大数据的体量远远超出我们的想象。

大数据需要信息基础设施的支撑,如通信、存储和计算等,云计算与大数据相互依存、相互促进。云计算为大数据提供了硬件基础设施,大数据也为云计算提供了用武之地。

（五）人工智能,重返江湖

人工智能从20世纪50年代被提出后,几十年间,起起伏伏,就在大数据和云计算兴起时,人工智能也得以重返江湖,成为互联网生态不可或缺的顶层技术。

谈起人工智能,深度学习是当下炙手可热的技术。近年来,让人工智能走进大众视野的是谷歌(Google)的AlphaGo,AlphaGo就是基于深度学习技术开发。事实上,深度学习的基本元件感知机在1958年就已经出现,1980年提出多层感知机,就是深度学习的基本想法。然而,受当时计算机计算能力和相关技术的限制,再加之可用于分析的数据量太小,深度学习在模型训练和数据分析中并没有表现出优异的性能。如今,大数据和云计算为人工智能提供了训练模型所需要的数据及相关硬件资源,这使人工智能得以重返江湖,展现出其前所未有的生机和活力。

综上,互联网生态如图1-2所示。互联网、移动互联网和物联网组成普适网络基础设施,即泛在网络(无处不在的网络)。泛在网络通过实时采集现实(物理)世界数据实现透彻感知,生成大数据,大数据存储在云端,在云内形成数字孪生系统,即虚拟(信息)世界。在虚拟世界中,运用人工智能和大数据分析技术对数据进行分析、挖掘、决策、规划和仿真等,形成现实世界的管理智慧,并通过人、机、物影响和控制现实世界,形成信息—物理系统(CPS)和信息—物理—社会系统(CPSS)。

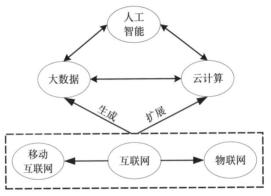

图1-2 互联网生态

云计算、大数据和人工智能作为互联网生态中的顶层技术,相辅相成,相互依赖,相互促进。云计算为大数据和人工智能提供基础设施,大数据和人工智能为云计算的强大硬件提供用武之地。基于人工智能的大数据分析与挖掘,需要更强大的硬件支撑,不是单一计算机或服务器能够胜任的。云计算将大量计算机资源组成资源池,为大数据存储、管理和分析提供硬件基础设施,为人工智能运算提供计算资源。大数据的价值在于分析与挖掘,价值密度较低是大数据的主要特征之一,因此,大数据需要人工智能算法进行分析与挖掘;反过来,人工智能需要大量数据作为模型训练的基础,大数据为人工智能发展提供了必备的数据资源。

第二节 新一代网络技术

当前,并没有明确的"新一代网络技术"的提法,在学术界,有未来网络(Future Network)、下一代网络技术(Next Generation Network)等研究方向,一般指某一具体的网络前沿研究,如IPv6技术、SDN(Software Definition Network,软件定义网络)、量子网络(Quantum Networking)、区块链等,它们要么过于具体,不能支撑广泛的应用场景,要么过于前沿,尚未落地应用。本节从信息产业三次革命谈起,通过新一代信息技术和当前网络应用场景,选择新一代网络技术的代表。

一、信息产业三次浪潮

自1946年第一台电子计算机诞生,人类进入信息化时代以来,信息化发展也可以概括为三个阶段(三次浪潮),即数字化、网络化和智能化。

(1) 第一次浪潮,以计算机发明和应用为标志,主要是基于计算机的信息处理技术。计算机技术实现了现实世界的数字化,完成了数据资源的生成和积累,为后续信息技术的发展奠定了基础。这一时期围绕着计算机软硬件技术,造就了比尔·盖茨(微软创始人)这样的曾经的世界首富,也诞生了英特尔(Intel)这样的世界知名公司及品牌。

(2) 第二次浪潮,是以互联网为代表的网络技术支持的网络化。从20世纪90年代中期开始,互联网开始大规模商用并快速发展及延伸,加速了数据的流通与汇聚,尤其是Web 2.0时代以后,广大网民参与互联网内容建设,促使数据呈指数级增长。第二次浪潮造就了雅虎、百度、阿里巴巴、腾讯这样的网络巨头。

(3) 第三次浪潮,以物联网为标志。互联网能够描述(信息化)的世界是有限的,而且人与人之间的连接规模已接近天花板。随着技术发展和现实的需求,互联网逐渐向物联网延伸并覆盖物理世界,物联网通过智能感知、自动识别技术与普适计算等技术,实现了人、机、物三元融合,能更精确、细致地刻画我们的物理世界,形成数字孪生系统(信息世界),通过信息世界的多源数据的融合分析,呈现信息应用的类人智能促进智能化,从而帮助人类更好地认知事物和解决问题。

二、新一代信息技术

2010年下发的《国务院关于加快培育和发展战略性新兴产业的决定》中提出了"新一代信息技术产业",其主要是"加快建设宽带、泛在、融合、安全的信息网络基础设施,推动新一代移动通信、下一代互联网核心设备和智能终端的研发及产业化,加快推进三网融合,促进物联网、云计算的研发和示范应用"。

习近平在2018年两院院士大会上的重要讲话指出:"世界正在进入以信息产业为主导的经济发展时期。我们要把握数字化、网络化、智能化融合发展的契机,以信息化、智能化为杠杆培育新动能。"这一重要论述是对当今世界信息技术的主导作用、发展态势的准确把握,是对利用信息技术推动国家创新发展的重要部署。

中国科学院院士徐宗本教授曾发表题为《人民观察:把握新一代信息技术的聚焦点》的文章,我们对其中关于数字化、网络化、智能化的部分观点进行了如下总结:

人类社会、物理世界、信息空间构成了当今世界的三元,这三元世界之间的关联与交互,决定了社会信息化的特征和程度。数字化、网络化、智能化是新一轮科技革命的突出特征,也是新一代信息技术的核心。

数字化为社会信息化奠定基础，其发展趋势是社会的全面数据化，是当前社会信息化的重要趋势之一。数据化的核心内涵是对信息技术革命与经济社会活动交融生成的大数据的深刻认识与深层利用。大数据是社会经济、现实世界、管理决策等的片段记录，蕴含着碎片化信息。随着分析技术与计算技术的突破，解读这些碎片化信息成为可能，这使大数据成为一项新的高新技术、一类新的科研范式、一种新的决策方式。大数据深刻改变了人类的思维方式和生产生活方式，给管理创新、产业发展、科学发现等多个领域带来了前所未有的机遇。

网络化强调从互联网到信息物理系统（CPS）。互联网关注的只是人与人之间的互联互通，以及由此带来的服务与服务的互联。物联网是互联网的自然延伸和拓展，它通过信息技术将各种物体与网络相连，帮助人们获取所需物体的相关信息，实现物与物、人与物之间实时的信息交换和通信，以达到智能化识别、定位、跟踪、监控和管理的目的。物联网主要解决人对物理世界的感知问题，而要解决对物理对象的操控问题则必须进一步发展信息物理系统。从本质上说，信息物理系统是一个具有控制属性的网络。信息物理系统不仅会催生出新的工业，甚至会重塑现有产业布局。

智能化是信息技术发展的永恒追求，实现这一追求的主要途径是发展人工智能技术。深度学习是新一代人工智能技术的卓越代表，在人脸识别、机器翻译、棋类竞赛等众多领域超越人类的表现。此外，深度学习是典型的大数据智能，它的可应用性是以存在大量训练样本为基础的。新一代人工智能的热潮已经来临，可以预见的发展趋势是以大数据为基础、以模型与算法创新为核心、以强大的计算能力为支撑。新一代人工智能技术的突破依赖其他各类信息技术的综合发展，也依赖脑科学与认知科学的实质性进步与发展。

三、新一代网络技术代表

我们将物联网视为新一代网络技术，主要有以下原因：

（1）物联网是互联网从"机—机"互联扩展到"人—人"互联后，再一次延伸到"物—物"互联的产物，是互联网发展的最新形态。

（2）物联网也是信息产业革命第三次浪潮的标志性技术，并且物联网系统集成了互联网生态相关技术，也代表了新一代信息技术的数字化、网络化和智能化。

（3）物联网更是现代智能系统的主流技术，如从智慧地球到智慧城市，从智慧交通到智慧停车场，从智慧酒店到智慧餐厅，从智慧旅游到智慧景区等智慧系统，无不是物联网系统的具体应用。

清华大学刘云浩教授在《物联网导论》中阐述道，物联网的学习不能拘泥于"网"，要从系统的角度，结合实际应用去学习，物联网体系结构一般可以分成四个层次，即感知层、网络层、管理层（平台支撑层）和应用层。

感知层，对应新一代信息技术的数字化，是智慧系统的基础。感知人类社会和物理世界的基本方式是数字化，主要技术包括自动识别技术、传感器技术和定位技术等，感知人类社会和物理世界的变化，采集相关数据，是数字化系统的末梢。

网络层，对应新一代信息技术的网络化，是智慧系统的关键。连接人类社会与物理世界(通过信息空间)的基本方式是网络化,采集到的数据通过互联网、移动互联网等网络技术传输到后台。

管理层,也称为平台支撑层,对应新一代信息技术的智能化,是智慧系统的核心。物联网的本质——信息物理系统(CPS),信息空间作用于(控制)物理世界与人类社会的方式是智能化,主要技术包括云计算、大数据、区块链和人工智能等,感知层采集的数据形成大数据,后台云端为其提供存储、管理技术,云计算也为基于人工智能的大数据分析技术提供计算资源,将冗余的、杂乱的大数据形成知识,区块链则是去中心化的、更加安全可信的存储和计算平台。

应用层,依据平台层的数据和知识,结合不同行业和具体需求,面向不同的用户需求开发相关应用。如在智慧景区中,面向游客开发手机端智能导览APP需要采集游客位置数据,通过网络将数据传输到后台,结合后台存储的景区GIS数据,为游客提供导览服务。通过后台数据分析,如游客流量预测、游客在景区内的时空分布特征、天气、游客游览偏好等,APP可为游客推荐个性化游览路径。

如图1-3所示,整个物联网系统包含了主流的新一代信息技术,如互联网、移动互联网、短距离无线通信、大数据、云计算和人工智能技术等。其中感知层和网络层较能体现物联网技术特点,管理层包括数据管理,应用层则结合具体应用场景。物联网系统也体现了新一代信息技术的数字化、网络化、智能化的特征。

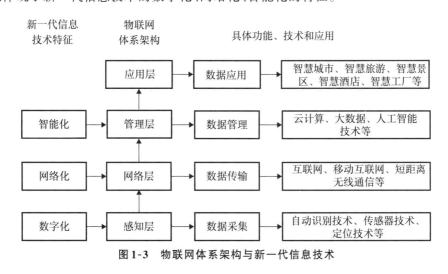

图1-3 物联网体系架构与新一代信息技术

第三节 物联网概述

物联网即"万物相连的互联网",是在互联网基础上的延伸和扩展的网络,将各种信息传感设备与互联网结合起来而形成的一个巨大网络,实现在任何时间、任何地点,人、机、物的互联互通。万物互联、万物智能化,被称为继计算机、互联网之后的世界信息产业的第三次浪潮。5G技术的成熟为即将到来的物联网时代扫清了最大的互联障碍,第三次信息革命的浪潮已至。本节主要概述物联网的发展、特点、本质和体系架构。

一、物联网发展

物联网这个概念实际上是中国人提出的,它整合了美国的CPS、欧盟的IoT和日本的U-Japan等概念。物联网相关技术很早就被提出和应用,如无线传感器网络(WSN)、信息物理系统(CPS)、射频识别(RFID)技术等,直到近年,随着大数据、云计算等技术的发展,大量智慧化系统被应用,才引起广泛关注。

1965年,美军的无线传感器网络(WSN)已经具备物联网思想,当时美军发起命名为"白色冰屋"(Igloo Whiter)的行动,实质就是利用WSN采集对方战场信息,从而进行精准打击。当伪装成树木和动物粪便的传感器感测到地面震动时就会发出无线电信号,美军利用"海王星"电子侦察机收到信号之后,就可获得对方士兵的精确位置,然后进行精准打击。

1982年,卡内基梅隆大学的程序员将可口可乐自动售货机接入互联网,让他们在购买前可以检查机器是否有冷饮,这是较早的物联网设备。

1990年,有人将烤面包机接入互联网,并控制开关,这一实验让我们更进一步接触了物联网。

1991年,在剑桥大学特洛伊计算机实验室,研究人员要常常下楼去看楼下咖啡机中的咖啡是否煮好了,于是研究人员在咖啡壶旁边安装了一个便携式摄像头,并编写了一套程序,将视频图像以每秒3帧的速率传递到实验室的计算机上,以方便研究人员随时查看咖啡是否煮好。后来研究人员将系统接入互联网,没想到的是,仅仅为了确认咖啡煮好了没有,竟然有近240万人点击这个名噪一时的"咖啡壶"网站。

1995年,比尔·盖茨在《未来之路》一书中提出一个构想:"您将会自行选择收看自己喜欢的电视节目,而不是被动等待;如果您的孩子需要零花钱,您可以从电脑钱包中给他转5美元;当您驾车驶过机场大门时,电子钱包将会与机场购票系统自动关联,为您购买机票;机场的检票系统将会自动检测您的电子钱包,查看是否已经购买机票;您可以亲自进入地图中,找到每一条街道、每一座建筑……"这些在当时看来比较"异想天开"的想法,如今大部分都已实现。比尔·盖茨的构想中蕴含着的便是物联网的思想。

真正的物联网的概念最早由英国工程师凯文·阿什顿(Kevin Ashton)于1998年春在一次对宝洁公司的演讲中提出。1999年,在宝洁公司和吉列公司的赞助下,凯文·阿什顿与麻省理工学院(MIT)的教授共同创立了一个RFID研究机构——自动识别中心(Auto-ID Center),提出了一种新的全球物品信息实时共享的互联网解决方案,他本人出任中心的执行主任。

凯文·阿什顿对物联网的定义很简单:把所有物品通过射频识别等信息传感设备与互联网连起来,实现智能化的识别和管理。麻省理工学院自动识别中心提出,要在计算机互联网的基础上,利用RFID、WSN、数据通信等技术,构造一个覆盖世界上万事万物的物联网。在这个网络中,物品(商品)能够彼此进行交流,而无须人的干预。

2004年，日本提出U-Japan计划，该计划力求实现人与人、物与物、人与物之间的连接，希望将日本建设成一个随时、随地、任何物体、任何人均可连接的泛在网络社会。

2005年，在突尼斯举行的信息社会世界峰会（WSIS）上，国际电信联盟（ITU）发布了《ITU互联网报告2005：物联网》，报告指出，无所不在的物联网通信时代即将来临，世界上所有的物体，从轮胎到牙刷、从房屋到纸巾都可以通过互联网主动进行数据交换。

2006年，韩国提出U-Korea计划，在民众的生活环境里建设智能型网络和各种新型应用，让民众可以随时随地享有科技智慧服务。2009年，韩国通信委员会将物联网确定为新增长动力。

2009年，欧盟执委会发表了欧洲物联网行动计划，描绘了物联网技术的应用前景，提出欧盟政府要加强对物联网的管理，促进物联网的发展。

2009年，奥巴马就任美国总统后，与美国工商业领袖举行了一次"圆桌会议"，IBM首席执行官彭明盛首次提出智慧地球这一概念，建议新政府投资新一代的智慧型基础设施。当年，美国将新能源和物联网列为振兴经济的两大重点。

2009年，时任国务院总理温家宝的讲话把我国物联网领域的研究和应用推向了高潮。无锡率先建立了"感知中国"研究中心，中国科学院、运营商、多所大学在无锡建立了物联网研究院。温家宝公开表示，物联网是中国的一个重要产业，并宣布将对物联网产业进行巨额投资，物联网被正式列为国家五大新兴战略性产业之一，被写入政府工作报告。智慧地球、智慧城市、智慧交通、智慧旅游、智慧酒店和智慧景区等中国式物联网的一系列概念被搬上历史的舞台。

2009年之后，我国物联网迅速抢占了多个高新行业的制高点。2016年，物联网再次受到国务院重视，时任国务院总理李克强在作政府工作报告时强调"推动大数据、云计算、物联网广泛应用"。2008年，我国物联网市场规模仅为780亿元；2018年，这一数字已超过1.2万亿元。物联网正向制造、政务、金融、交通和医疗等诸多领域加速渗透，市场前景良好，增长速度不断加快。物联网作为我国战略性新兴产业的重要组成，正与其他信息技术融合渗透，进入深化发展的新阶段。

据预测，到2035年，物联网设备将超过1万亿个，物联网智库创始人彭昭认为，在物联网和人工智能的"结合部位"将会产生一系列崭新的机遇。一方面，物联网正在从"连接"走向"智能"；另一方面，人工智能正在从"云端"走向"边缘"，两者正在合力推进物联网向智联网进化。另外，物联网数据具有一定的"保鲜期"，必须及时处理。因此，物联网终端需要具有一定智能，不必事事都向"云端"汇报请示。当物联网需要衡量交易的"货币"时，物联网将和区块链结合，物链网（Blockchain-IoT）出现。

二、物联网特点

依据物联网体系架构分析物联网特点：

（1）全面、透彻、普适的感知（感知层）：通过规模化、无所不在的物联网终端全面、透彻感知和采集物理世界信息，让物理世界和信息世界高度融合。

（2）数据传输可靠（网络层）：通过包括互联网、移动互联网等各种通信网络，实现

拓展阅读

"物联网之父"——凯文·阿什顿

对外部采集信息的高速、可靠传输和交互。

（3）智能处理（管理层）：利用云计算实现海量数据存储与管理和基于人工智能的大数据分析与挖掘，对各种信息进行智能化处理，真正达到物与人、人与人、物与物的交流。

（4）应用服务链条化（应用层）：以工业生产为例，物联网技术覆盖从原材料引进、生产调度、节能减排、仓储物流到产品销售和售后服务等各个环节。

三、物联网本质

物联网的本质是通过感知层采集现实（物理）世界信息，通过网络传输在平台层形成虚拟（信息）世界，即数字孪生系统（Digital Twin），通过对信息世界的分析，以及通过应用和传感器等控制现实世界的服务对象——人、机、物等，从而实现对物理世界的控制、管理和优化等操作。因此，物联网的本质即信息物理系统（CPS）。

数字孪生（Digital Twin，数字双胞胎），也被称为数字映射、数字镜像。数字孪生系统（见图1-4）就是在一个现实系统的基础上，利用传感器更新、运行历史等数据在信息化平台上创造一个数字版的、虚拟的"克隆体"。它可以依据物理模型进行分析、仿真和推演等。

图1-4　数字孪生系统示意图
（图片来自互联网）

信息物理系统（CPS），又称为赛博系统，是一个综合计算、网络和物理环境的多维复杂系统，通过3C（Computation、Communication、Control）技术的有机融合与深度协作，实现大型工程系统的实时感知、动态控制和信息服务。信息物理系统（见图1-5）通过人机交互接口实现和物理进程的交互，使用网络化空间以远程的、可靠的、实时的、安全的、协作的方式操控一个物理实体。工业4.0是基于信息物理系统的工业革命，物联网技术也被视为工业4.0的主要技术。物联网和信息物理系统都是将人、机、物互联，使实体与虚拟对象双向连接，以虚控实，虚实融合。

元宇宙的思想可以追溯至美国数学家和计算机专家弗诺·文奇在1981年出版的小说《真名实姓》，书中创造性地构思了一个通过脑机接口进入并获得感官体验的虚拟世界。"元宇宙"一词首次出现于1992年出版的科幻小说《雪崩》，小说中的元宇宙（Metaverse)是由Meta(超越)和Verse(宇宙,即universe)两个单词组成,合起来即"超越宇宙",它描绘了一个庞大的、平行于现实世界的虚拟世界,在这个世界中,人们用数字化身来控制,并相互竞争以提高自己的地位。

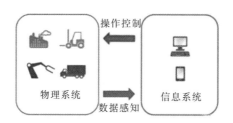

图 1-5　信息物理系统

(图片来自互联网)

元宇宙不是一个新概念,而是互联网的下一个阶段,并且仍然在不断发展和演变。元宇宙是在扩展现实(XR)、区块链、云计算、数字孪生等新技术支持下的虚拟现实的网络世界,提供沉浸式体验、经济体系、社交系统等功能。疫情加速了新技术的发展,加速了非接触式文化的形成,2020年人类社会到达虚拟化的临界点,2021年被认为是元宇宙元年。

四、物联网体系架构

物联网体系结构一般可以分为四个层次,如图1-6所示,即感知层、网络层、管理层和应用层。

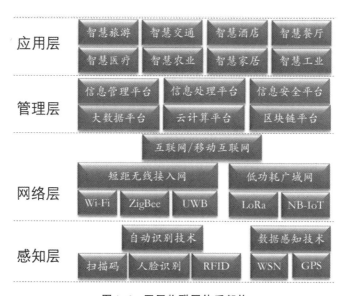

图 1-6　四层物联网体系架构

(1)感知层:负责采集数据,又称为数据采集层。感知层相当于人的感知器官,如眼睛、耳朵、鼻子等,用于感知外在世界的信息。物联网依靠自动识别技术、传感器技术实现物品识别和信息获取。例如,二维码标签、RFID标签和读写器、二氧化碳浓度传感器、温度传感器、湿度传感器、摄像头、GPS等感知终端。

（2）网络层：负责数据传输，又称为数据传输层。物联网的网络层相当于人的神经中枢，将神经末梢感知到的信息传输至大脑。在现有的互联网和移动互联网的基础上，负责传递感知层获取的信息。通过各种近距离通信技术和远距离通信技术，如Wi-Fi、蓝牙、ZigBee、2G/3G/4G/5G、Internet、卫星通信技术等，实现感知数据上传。

（3）管理层：负责存储、管理、处理、分析数据，又称为平台支撑层、处理层、数据层、数据处理层等。物联网管理层相当于人的大脑，对数据进行存储、加工和分析等。物联网系统中管理层基于大数据、云计算和人工智能技术实现，包括后台基于大数据架构的服务器（可以单独部署，也可以云端部署）等硬件基础设施和基于人工智能技术的大数据分析软件平台。

（4）应用层：为具体客户提供服务而开发的应用，是物联网和用户（包括人、组织和其他系统）的接口，又称为服务层、用户层等，与行业需求紧密结合，实现物联网的智能应用。物联网应用广泛，遍及智慧城市、智慧旅游、智慧景区、智慧酒店、智慧餐厅、智慧交通、智慧家居、智慧农业、智慧工业、环境监测、食品溯源和情报搜集等多个领域。具体如监控型的智能视频、物流监控、环境感知、人脸识别、车辆识别等；查询型的智能检索、远程抄表等；控制型的智能交通、智能家居、路灯控制；扫描型的门禁系统、手机钱包、高速公路ETC等。应用层是物联网发展的目的，软件开发、智能控制技术将会为用户提供丰富多彩的物联网应用。

在实际应用中，依据系统实现情况，一般情况有三层，即将感知层和网络层合并，或者将管理层和应用层合并，有将网络层和管理层合并的情况；也有将某些层次拆开，最终形成五层、六层的，如将网络层分为接入层和网络层，将应用层分为应用层和用户层（或表现层），但各种体系架构的本质还是四层架构的演变，本书采用物联网四层体系架构。

第二章
智慧旅游绪论

旅游是传播文明、交流文化、增进友谊的桥梁,是人民生活水平提高的一个重要指标。近年来,随着我国旅游业蓬勃发展,国内游、出境游和入境游市场均位于世界前列,已经迈入世界旅游大国行列。然而,旅游过程具有很大的不确定性和不可预见性,旅游信息不对称阻碍了旅游角色间的良性互动,因此,旅游产业需要转型升级。随着新一代信息技术掀起智慧化的信息革命浪潮,旅游业也走向智慧旅游的发展之路。

学习目标

知识目标:了解智慧旅游概念、发展历程及优势;熟悉智慧旅游的建设内容,掌握智慧旅游体系架构;了解智慧旅游典型应用案例。

能力目标:通过梳理相关资料、整理建设内容,培养学生归纳总结的能力;通过理解系统设计架构,培养学生的系统性思维;通过应用案例,培养学生理论联系实践的能力。

素养目标:通过智慧旅游应用案例,培养学生对旅游业和智慧旅游的职业认同感,树立智慧旅游的职业理想;通过智慧旅游的发展和存在问题,提升学生社会责任感和使命感,立足行业,贡献自己的智慧和力量。

知识导图

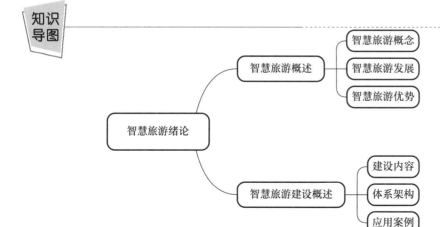

第一节　智慧旅游概述

在国务院将旅游业定位为"国民经济的战略性支柱产业和人民群众更加满意的现代服务业"以后,旅游业与信息产业融合发展的进程加快,引导旅游消费、提升旅游产业素质成为旅游工作的当务之急。智慧旅游是旅游信息化实现向更高阶段发展、旅游经济实现向现代服务业转型、旅游产业实现可持续发展的必然选择。

一、智慧旅游概念

智慧旅游(Smart Tourism)源于智慧地球(Smart Planet)和智慧城市(Smart City),是在智慧城市的基础上发展而来的,是智慧城市在旅游城市和城市旅游两大领域的推广和应用,是将服务对象由城市居民向外来游客的内涵式延伸,也是数字旅游和旅游信息化发展的高级阶段。

智慧地球是指应用物联网、大数据和云计算等新一代信息技术,实现人类社会与道路、电网、建筑和机器等物理系统的整合,使人类能以精细和动态的方式,智慧地管理生产生活状态。与数字地球相比,智慧地球具有"3I"(Instrumentation、Interconnectedness、Intelligence)特征,即物联化、互联化、智能化,也就是更透彻的感知、更全面的互联互通、更深入的智能化。智慧地球使个人、组织、政府、自然和社会之间高效互动,让整个世界更加智能化,为人类社会提供更好的发展契机。智慧地球这一理念被认为有助于促进城市的经济、社会、环境、资源的可持续协调发展,缓解城市发展中的各种矛盾。

智慧城市是指充分运用信息技术感测、分析、整合城市运行核心系统的各项关键信息,实现更全面的物与物、物与人、人与人的互联互通和相互感知,以及更有效的数据整合、更好的业务协同,促进信息化、工业化与城镇化深度融合,从而对民生、环保、公共安全、城市服务、工商业活动等各种需求做出智能响应,优化城市管理和服务,为人类创造更美好的生活。

智慧旅游也被称为智能旅游,目前国内旅游业界和学术界对于智慧旅游还没有一致的定义。下面我们给出智慧旅游的描述性概念:智慧旅游就是将互联网、移动互联网、物联网、云计算、GIS、VR、大数据和人工智能等新一代信息技术应用于旅游体验、产业发展、行政管理等方面,借助便携智能终端主动感知和及时发布旅游资源、旅游经济、旅游活动、旅游者等方面的信息,使旅游物理资源和信息资源得到高度系统化整合和深度开发激活,并服务于游客、居民、企业和政府等,面向未来的全新的旅游形态。

新一代信息技术的发展为智慧旅游建设奠定了基础。首先,信息技术的成熟与发展具备了促成智慧旅游建设的技术支撑;其次,智能手机、手环、手表等智能移动终端的普及提供了智慧旅游的应用载体;最后,整个社会的信息化水平提高促进了旅游者的信息手段应用能力提升,使得智能化的变革具有广泛的用户基础。总之,智慧化是人类社会继工业化、电气化、信息化之后的又一次深刻变革,智慧旅游建设具有强大且旺盛的市场需求。

二、智慧旅游发展

1998年,时任美国副总统的戈尔在加利福尼亚科学中心开幕典礼上做了题为《数字地球:认识二十一世纪我们所居住的星球》的演讲,提出了一个与GIS、网络、虚拟现实等高新技术密切相关的"数字地球"概念。

2008年,IBM公司总裁兼首席执行官彭明盛先生在纽约市外交关系委员会做了题为 *A Smarter Planet: The Next Leadership Agenda* 的报告,提出了智慧地球的概念,智慧城市是智慧地球在城市建设和管理中的具体实践。

智慧旅游最先是在国外被提出的,2006年美国利用射频识别(RFID)技术实现酒店的入住、结账和消费等服务。

我国在2009年出台了《国务院关于加快发展旅游业的意见》,该意见提出要把旅游业培育成国民经济的战略性支柱产业和人民群众更加满意的现代服务业。建立健全旅游信息服务平台,促进旅游信息资源共享;加快推进旅游业与信息产业的融合发展;以信息化为主要途径,提高旅游服务效率;积极开展旅游在线服务、网络营销、网络预订和网上支付,充分利用社会资源构建旅游数据中心、呼叫中心,全面提升旅游企业、景区和重点旅游城市的旅游信息化服务水平;把旅游业培育成现代服务业的关键。

2010年,江苏镇江在全国率先开展智慧旅游项目建设,开辟"感知镇江、智慧旅游"新时空。

2011年,国家旅游局(现文化和旅游部)提出争取用10年时间,在我国初步实现智慧旅游,建成一批智慧城市、智慧景区、智慧酒店,并在江苏镇江建设国家智慧旅游服务中心。此后,智慧旅游被写进了不少地方政府的旅游文件中,写进了许多省市的旅游发展规划中。同时,南京、苏州、扬州等地也开始进行智慧旅游建设,并沿着大长三角的旅游城市群逐渐形成了跨区域的智慧旅游群。在全国范围内,多个城市和景区也开始了智慧旅游和智慧景区建设,如洛阳、黄山、九寨沟等。

2014年,中国旅游主题年宣传主题正式被定为"智慧旅游年"。同年8月印发的《国务院关于促进旅游业改革发展的若干意见》,明确提出要加强旅游基础设施建设。制定旅游信息化标准,加快智慧景区、智慧旅游企业建设,完善旅游信息服务体系。随后,全国掀起智慧旅游建设热潮,信息化渗透到旅游产业各个层面的趋势明显。

2015年,国家旅游局(现文化和旅游部)印发的《关于促进智慧旅游发展的指导意见》提出:到2020年,我国智慧旅游服务能力明显提升,智慧管理能力持续增强,大数据挖掘和智慧营销能力明显提高,移动电子商务、旅游大数据系统分析、人工智能技术等在旅游业应用更加广泛,培育若干实力雄厚的以智慧旅游为主营业务的企业,形成系统化的智慧旅游价值链网络。

2020年,文化和旅游部、国家发展和改革委员会等十部门联合印发《关于深化"互联网+旅游"推动旅游业高质量发展的意见》,文件围绕旅游业转型升级提出发展目标,并明确加快建设智慧旅游景区等八项重点任务。我国旅游业是国民经济战略性支柱产业,它并非独立存在,而是集地方文化、生态环境、交通设施、餐饮住宿、演出赛事等因素综合考量。因此,旅游业品质化发展还有较大发展空间。

2021年,《中华人民共和国国民经济和社会发展第十四个五年规划和2035年远景目标纲要》提出:深入发展大众旅游、智慧旅游,创新旅游产品体系,改善旅游消费体验。健全旅游基础设施和集散体系,推进旅游厕所革命,强化智慧景区建设。

2021年,在全国"互联网+旅游"发展论坛上,河南省文化和旅游厅、阿里云、华为、腾讯、百度、美团、字节跳动、中智游等多家单位从多个角度,分享了智慧旅游实践经验,对"互联网+旅游"发展的现状、趋势和挑战进行了深入分析。

2022年,作为中国国际旅游交易会的重点活动之一的智慧旅游创新发展论坛以"数字科技赋能旅游业高质量发展"为主题,旨在打造智慧旅游理念高地,推动旅游业与科技融合实现提质增效。

智慧旅游的未来将向着全面物联、充分融合、协作运行和激励创新方向发展。通过传感器等物联网设备对旅游全产业链上下游运作的实体、系统和产业进行实时感知和监测,完成旅游景区、酒店餐厅、交通出行等旅游基础设施相关系统互联,将旅游数据深度融合,实现旅游全产业链上下游每个重要系统软件和谐高效的合作,从而激励政府部门、旅游企业和旅游者在智慧旅游服务项目基础设施建设之上展开高新科技、业务流程和运营模式的自主创新运用,为旅游领域提供源源不断的发展驱动力。

三、智慧旅游优势

智慧旅游是信息技术在旅游业中的应用创新和集成创新,是为满足游客个性化需求,提供高品质、高满意度服务,而实现旅游资源及社会资源的整合共享与有效利用的系统化、集约化的管理变革。智慧旅游的建设与发展最终将体现在管理、服务和营销三个层面。

表2-1列出了不同时期游客在游前、游中和游后获取旅游信息、享受旅游服务,以及分享感受的不同方式。通过对比可知,信息化技术为游客旅游带来很大便利。

表2-1 不同时期游客获取和分享信息方式对比

时期		游前	游中	游后
20世纪八九十年代	传统旅游时代	依靠报纸、电视、旅行社等获取旅游资讯	依靠旅行团订购旅游产品	交谈式分享
2000年	互联网时代	依靠PC网络获取旅游信息	依靠网络预订旅游产品	通过论坛、博客进行分享
现今	移动互联网时代	依靠手机终端随时随地获取旅游信息	依靠手机提供全面的信息化服务	通过微博、微信、快手、抖音分享文字、照片和视频

图2-1所示为智慧化时代游客在游前、游中和游后通过智能终端获取信息、享受服务和分享感受时的智慧化表现。

图 2-1　智慧旅游时代游客在旅游不同阶段的智慧化表现

（图片来自互联网）

下面我们从个性化服务、智慧化管理和精准化营销三个方面阐述智慧旅游的优势。

（一）个性化服务

注重"以人为本"，关注游客旅游体验，实现旅游服务的泛在化和个性化。让游客在旅行中可通过多种方式接入信息网络，全程省时省力、无差别享受信息化服务。感知游客的个体属性，协助游客做出更好的、个性化的旅游决策。

通过投诉快速反馈机制、服务满意度网络评价等方式保证旅游服务质量。在提高旅游的舒适感和满意度的同时，为游人带来更完善的旅游安全防范措施和旅游质量保障。通过差异化竞争，关注用户体验，发掘自身特长，开展产品和服务模式创新，提升游客吸引力。

（二）智慧化管理

智慧旅游将实现旅游管理方式从传统、简单、粗放的旅游管理方式向现代、科学规划、精细管理方向转变。利用互联网、移动互联网、物联网等技术，及时、准确地把握游客的活动信息和旅游公司的运营信息，基于大数据、云计算和人工智能等技术建立各级旅游政务管理平台，实现旅游信息高度整合、智能分析辅助决策系统，完成旅游领域管控从传统式的被动解决、事后管理向过程管理和即时管理转变。

借助新一代信息技术，全方位掌握游客的需求转变、意见和建议，以及旅游公司的有关信息。创建良好的旅游监督环境，增强旅游管理透明度，实现科学管理和决策；改善经营流程，提高管理水平，提升产品和服务竞争力，增强游客、旅游资源、旅游企业和旅游主管部门之间的互动，高效整合旅游资源，推动旅游产业整体发展。

智慧旅游将与公安、交通、工商、卫生、市场监管等部门进行信息共享和协作联动，结合旅游信息数据形成旅游预测预警机制，提高应急管理能力，保障旅游安全。实现对旅游投诉及旅游质量问题的有效处理，维护旅游市场秩序。

（三）精准化营销

挖掘旅游热点和游客兴趣点，推动旅游产品创新和营销创新。根据游客的UGC数据进行旅游网络舆情监测和数据统计分析，发掘旅游资源和游客的兴趣点，正确引导与旅游品牌策划相匹配的旅游产品，制定相匹配的营销推广主题风格，进而促进旅游领域的产品创新和商业模式创新；根据定量化和分辨销售渠道，挑选实际效果显著、能够长期性协作的销售渠道;灵活运用新媒体(如公众号、直播、短视频等)的特点,吸引游客积极参与旅游的传播和营销,并根据所累积的游客数据信息和旅游产品消费数据信息,逐步完善自媒体推广平台。旅游与科技的融合对重整旅游资源和产品、重构诚信和投诉体系、重建旅游市场规则和秩序、重塑旅游品牌和形象等具有重大推动作用。

事实上,智慧旅游远没有达到我们希望的智慧化程度,仍然处于起步阶段,还有很大的上升空间。以一次旅行规划为例,"AI旅行机器人"尚未普及,目前仍然需要人工做大量的攻略。例如,有一天当我们被老板"炒鱿鱼",心情很郁闷,这时怎么会有心情规划一次旅行呢?我们希望"AI旅行机器人"能及时识别我们的心情和状态,依据我们以往的生活经历,主动为我们规划一次旅行以放松心情、释放情绪。要想做一个满意的旅行规划,需要考虑很多因素,如游客的性格、文化背景、旅行偏好、当前心情、工资收入、花费承受能力、时间约束等主观因素,以及当前季节、各大景区情况、游客流情况、交通情况、天气情况、各个景区和平台的优惠策略、酒店和餐饮的特色、地点、价格等客观条件。旅行规划是一个极其复杂的线路规划过程,需要后台的大数据、人工智能进行分析才能得出一个让人满意的结果。希望真正的智慧旅游早一天到来!

第二节　智慧旅游建设概述

智慧旅游是一个复杂的系统工程,涉及众多行业、部门、人和物,图2-2以游客开展一次旅游活动为例,展示了新一代信息技术在智慧旅游中的应用:在游前,首先借助互联网和移动互联网做旅游攻略,通过搜索引擎(如百度等)和OTA(如携程、去哪儿等)了解相关旅游信息;在游中,受各种物联网设备检测,如火车票、机票等检票,景区的闸机、摄像头、RFID、蓝牙、Wi-Fi、手机漫游信号、酒店的人脸识别等;在游中和游后,游客在微信、微博、途牛等平台分享行程、照片、心情等。

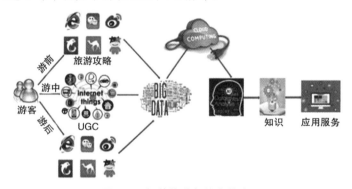

图2-2　智慧旅游与信息技术

在整个过程中,游客在互联网留下的数字足迹(搜索痕迹与行程数据)、物联网检测数据和UGC数据,形成旅游大数据。旅游大数据存储在云服务器上,然而并不产生智慧和价值。只有通过大数据分析技术,对价值密度较低的旅游大数据进行分析与挖掘,才能从海量的、杂乱的数据中发现规律和价值。大数据分析在算法上需要人工智能技术的支持,在硬件上需要云计算提供计算资源。依据旅游大数据形成的知识,面向政府、企业、游客和居民的需求开发智慧旅游应用。例如:通过搜索指数预测旅游目的地的客流量,以便于企业和管理部门提前分配、部署旅游资源;通过UCG感知游客情感、舆情,为企业和管理部门优化服务和做出应急管理决策提供支持;通过数字足迹分析游客时空分布特征和影响因素,或通过旅游大数据为游客画像,为企业提供个性化服务和精准化营销等;基于游客位置、画像等信息,为游客提供个性化服务等。

综上,智慧旅游是技术密集型产业,当前主流的新一代信息技术,如互联网、移动互联网、物联网、大数据、云计算、人工智能、遥感技术(RS)、地理信息系统(GIS)、全球定位系统(GPS)、区块链、数字孪生、元宇宙,以及AR、VR、MR、XR等虚拟现实技术等都可以应用于智慧旅游。本节将介绍智慧旅游的建设内容、体系架构和应用案例。

一、建设内容

自2014年被定为智慧旅游年之后,各个省市纷纷出台地方智慧旅游建设的标准和规范。2015年,江苏省质量技术监督局(现江苏省市场监督管理局)发布《旅游企业智慧旅游建设与应用规范》(DB32/T 2727—2015);2017年,河北省质量技术监督局(现河北省市场监督管理局)发布《智慧旅游设施服务规范》(DB13/T 2632—2017);2021年,四川省市场监督管理局发布《智慧旅游景区建设规范》(DB51/T 2849—2021);2022年,四川省市场监督管理局发布《县域智慧旅游城市建设指南》(DB51/T 2917—2022)。《国家全域旅游示范区验收标准(试行)》中也涉及智慧旅游。不同智慧旅游企业应依据各自公司特色、旅游目的地的特点和业主需求,提出不同的智慧旅游建设方案。

从游客旅游过程看,图2-3是游客在游前、游中和游后,智能移动端(手机、平板电脑等)部分智慧旅游功能示意图,智慧旅游建设要围绕游客旅行全过程进行,覆盖"吃、住、行、游、购、娱"六大要素。

图2-3 从游客视角看智慧旅游建设内容示意图
(图片来自互联网)

从智慧旅游服务对象上来看,图2-4给出了面向游客或居民、企业和政府的智慧旅游功能。面向游客或居民,提供智能导游、导览、导购、导航等服务;面向企业涉及"吃、住、行、游、购、娱"等要素,如景区、酒店、餐饮、交通等,提供营销推广、智慧管理、数据统计等功能;面向政府提供智慧管理平台,包括咨询服务、投诉管理、电子政务、数据统计、数据分析和行业管理等。

面向游客或居民	面向企业	面向政府
智能导游应用软件	智慧营销平台	政府官方手机客户端
景点介绍　交通查询 线路规划　游览导航 智能导游　电子商务 互动分项　求助维权 行程管理　导览导购	营销推广 形象宣传 智慧管理 增值服务 数据统计	资讯发布　咨询服务 电子商务　投诉管理 电子政务　行业管理 形象宣传　数据统计 信息共享　数据分析

图 2-4 智慧旅游建设内容示意图

(图片来自互联网)

图2-5是富士通中国以智慧旅游系统为平台,连接景区、景点(旅游吸引物)、旅游者、旅游行政管理机构,以及旅游运输、宾馆住宿、餐饮酒店、购物娱乐等相关企业,所构建的智慧旅游解决方案。相对于旅游者,景区、景点,以及相关企业、旅游行政管理机构等都是旅游目的地的旅游服务方,通过平台展示和发布基本信息,如介绍、广告、政策等。旅游者通过平台获取各个方面的信息,同时在旅游平台中留下数字足迹和UGC数据;景区、景点通过平台搜集数据进行统计分析、投诉反馈、综合安防等管理工作;相关企业获取订购、评论、反馈等数据;旅游行政管理机构也可以通过各类信息进行相关管理工作,如政策发布、行政管理等。

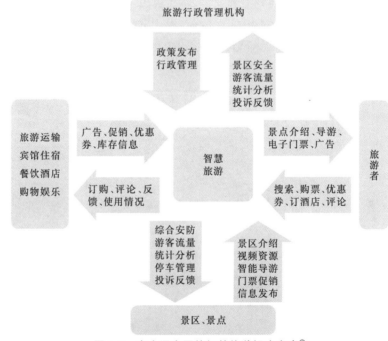

图 2-5 富士通中国的智慧旅游解决方案①

---

① 图片来源:https://www.fujitsu.com/cn/solutions/infrastructure/wisdom-tour/。

旅游涵盖"吃、住、行、游、购、娱"六大要素,广义的智慧旅游不仅要包含旅游全要素的智慧化,如智慧景区、智慧酒店、智慧餐饮、智慧交通、智慧商场、智慧厕所、智慧停车场等多个相关子模块,而且还要通过智慧旅游平台整合各个子模块资源,进行信息共享,为游客、居民、企业、政府等提供全链条的服务、营销和管理。因此,智慧旅游的建设内容非常广泛,通常围绕旅游目的地,一方面建设基础设施,另一方面针对服务、管理和营销等做出智慧化建设方案。下面我们通过归纳和整理相关资料,给出旅游智慧化的部分建设内容,以供参考。

（一）基础设施

（1）网络基础设施：各类智慧旅游运营主体进行通信网络基础设施建设,实现光纤网络、Wi-Fi热点和4G/5G移动信号覆盖。

（2）数据服务器：建立数据服务器基础设施,提供存储、计算和软件服务平台,可以自建服务器,或使用公有云、政务云等,坚持标准统一、资源共享、接口开放原则。

（3）信息发布设施：建立网站、安装大屏幕或者触摸屏等信息发布和查询设备。

（4）视频监控系统：视频监控应覆盖旅游景区主要出入口和主要游览区域,视频监控系统支持远程实时监控,支持镜头调焦和转向,支持视频文件自动保存、回放和检索。

（5）广播系统：在各类旅游运营主体中建设广播通知系统。

（二）旅游管理

（1）办公自动化系统：使用办公自动化软件、财务管理软件和企业电子邮箱。

（2）旅游监管系统：通过视频监控系统,对旅游经营场所实现实时监管;应通过大屏幕显示设备集中展现旅游区销售数据、游客流量分布、监控视频影像、旅游区工作人员和运营车辆位置信息、相关统计数据图表;基于物联网等技术对旅游区自然环境、文保单位、馆藏文物等进行监测,包含但不限于空气质量、噪声、气温、气压、风速、风向、湿度、地温、水温、水质等;对旅游观光、娱乐设施设备进行相应的监控防护;对旅游区运营车辆进行定位监测;可根据通信运营商基站定位监测游客流量并根据监测数据进行客源分析;在非游览区域设置闯入提示预警。

（3）信息反馈系统：建立游客投诉管理平台、舆情监管平台,以及服务评价、服务监督等电子政务平台。

（4）电子票务系统：支持生成条形码、二维码、短信验证码等电子票形式,可在获得用户许可的前提下记录和保存票务相关的游客身份证、手机号码等信息;支持游客凭电子票信息、手机号码或身份证取票,可设置自助取票机;设置支持电子票验证的门禁闸机,游客可凭电子票或身份证直接通过;开发人脸识别等新形式的票务系统;和旅游景区电子商务系统对接。

（5）应急指挥调度平台：在旅游目的地设立实时监控、指挥调度、应急救援等综合管理平台;并对接旅游主管部门,以及公安、消防、交通、卫生等相关部门,实现工作联动;和旅游景区工作人员实现语音对讲,进行远程调度和指挥。

（三）旅游营销

（1）建立电子商务营销平台：建立多语种网站，建设在线预订与支付电子商务平台；搭建面向旅游产品分销商的门票分销系统；和旅游预订网站建立技术对接，实现门票销售订单自动确认。

（2）网络营销平台：建立新媒体营销渠道。例如，利用搜索引擎、社交媒体、网络社区、旅游类网站等展开网络营销；借助各级旅游行政管理部门官方网站、微博、公众号等展开网络营销；借助快手、抖音等视频号展开网络营销；建立网络营销效果评价体系，针对不同投放渠道和营销主体，建立基于广告展示量、广告点击量、网站访问量、电话咨询量、成交率等指标的投资回报率统计与分析。

（3）大数据挖掘平台：建设游客数据挖掘分析系统，实现游客精准画像和营销。

（四）旅游服务

（1）建设旅游服务平台：建立多语种的旅游门户网站；建设各类智慧旅游运营主体的APP、公众号或小程序；提供快速、准确、及时的信息查询、导游、导览、导购等服务。

（2）游客服务中心：提供游客自行操作的触摸查询设备；提供大屏幕信息显示设备，大屏幕可播放宣传资料或作为电子导引设备；提供游客自助购票或取票设备；提供数码设备充电服务。

（3）虚拟旅游：提供旅游目的地和特别旅游资源虚拟旅游服务。

（4）自助导游导览设备：提供旅游景区电子导览图，并可推荐游览路线；支持多语种选择，可根据游客位置信息或感知设备触发图文或语音导游信息推送；支持查找当前位置附近的景点、旅游设施和服务场所；支持基于地理位置的投诉、求助、报警功能。

二、体系架构

围绕智慧旅游建设内容，依据地方旅游资源特色和智慧旅游具体需求，研究者和智慧旅游公司从不同视角给出智慧旅游，图2-6是武夷学院的卢玉平和魏敏给出的武夷山智慧旅游总体构架，依据智慧旅游基础设施采集数据，构建智慧旅游综合服务平台，从智慧服务、智慧经营和智慧管理三个维度分别面向旅游者、经营者和管理者提供智慧服务。

卓锐科技以云数据中心、指挥中心数据基础设施为依托，从数据采集、数据传输、数据分析和数据应用四个层次来建设智慧旅游架构，如图2-7所示。智慧旅游架构设计理念如图2-8所示，纵向能贯穿、横向能融合、外围能扩展、整体可对接，融合旅游"吃、住、行、游、购、娱"六大要素资源，面向市民、游客、旅游经营者和旅游管理者需求，提供相应的服务、营销和管理应用。

亿海基于北斗、物联网、大数据、云计算等技术，针对全域旅游提出"两个中心、三个面向、五大平台"的智慧旅游的总体框架，如图2-9所示，面向游客（智慧服务）、企业及从业人员（智慧营销）、政府（智慧管理），建设全域旅游大数据分析中心和全域旅游监控指挥调度中心，构建全域旅游公共服务平台、全域旅游一站式宣传平台、全域旅游电子商务平台、全域旅游综合监管平台和全域旅游人才服务平台。

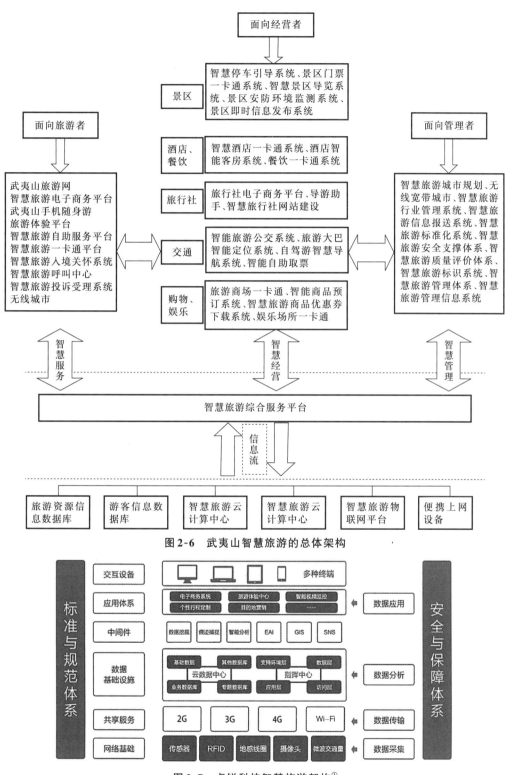

图 2-6 武夷山智慧旅游的总体架构

图 2-7 卓锐科技智慧旅游架构[①]

---

①图片来源：https://518doc.fangan100.com/fangan/802.html。

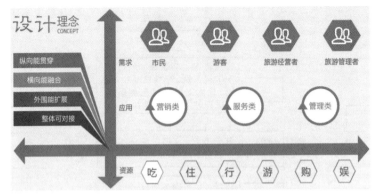

图 2-8　卓锐科技智慧旅游架构设计理念①

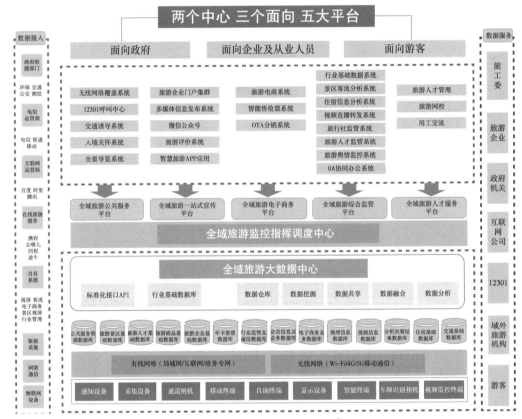

图 2-9　亿海智慧旅游架构图②

弥尔科技研发中心构建的智慧旅游整体框架,如图 2-10 所示。其中,全方位的感知层通过各种终端及传感器网络对旅游资源的整体状况和细节进行感知,以通信网、物联网和互联网为信息传递的载体;深入的互联互通层在智慧旅游云服务平台中将各类信息和数据进行整合、分析和发布;智慧的服务应用层基于云计算结果搭建服务于游客、景区、主管部门和相关企业的各类智慧应用。

---

①图片来源:https://518doc.fangan100.com/fangan/802.html。
②图片来源:http://www.yihaibd.com/case/weixingyunyingjiejuefangan/2017/0515/38.html。

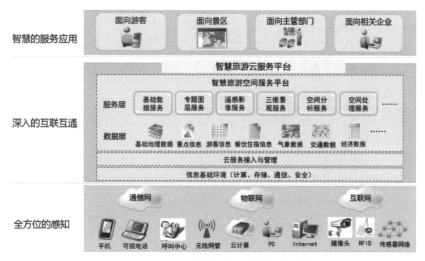

图 2-10　弥尔科技智慧旅游整体框架①

某智慧旅游解决方案整体架构，分为感知层、网络层、平台层和应用层，如图 2-11 所示。系统由"三个平台＋三大体系"构成，三个平台即旅游景区展示平台、旅游信息综合管理平台和导航平台，三大体系即智慧旅游服务体系、智慧旅游管理体系和智慧旅游营销体系。

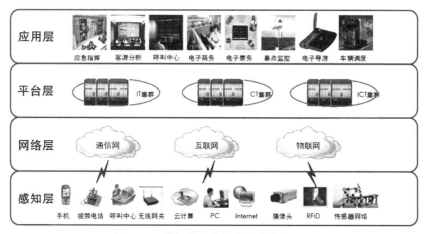

图 2-11　某智慧旅游解决方案整体架构

(图片来自互联网)

我们整合互联网资源，从物联网的系统架构视角，构建智慧旅游四层，即感知层、网络层、平台层和应用层，如图 2-12 所示。

感知层：主要依靠自动识别技术、传感器技术和定位技术等实现对智慧旅游中"人"(游客、居民和工作人员等)和"物"(旅游资源和旅游基础设施等)等信息的获取，如人脸识别入园、游客位置感知、江河水质监测、博物馆温湿度监测、植物景观土壤含量和空气质量监测等。

---

① 图片来源：http://www.tcrj.com.cn/ppxf/yylrjcp/lb/QJjqYj.htm。

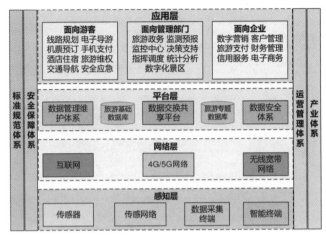

图 2-12 物联网系统下的智慧旅游

(图片来自互联网)

网络层:也称为传输层,通过各种近距离通信技术(如 Wi-Fi、蓝牙、ZigBee、UWB 等)、远距离通信技术(如 4G/5G 移动通信、Internet、卫星通信)和低功耗广域网(LPWAN)等实现感知数据安全、可靠上传。

平台层:也称为数据层、管理层、支撑层等,主要基于云计算、大数据和人工智能等技术构建旅游大数据存储、管理、分析和挖掘平台,将感知层的多源异构数据加工成有价值的信息和知识。

应用层:也称为服务层,依据平台层提供的信息和知识,面向具体用户和需求实现智慧化应用,如为游客提供个性化智能导览服务,为管理部门提供智慧化管理决策,为企业提供精准化营销策略等。

三、应用案例

桂林市是经国务院同意、国家发展和改革委员会正式批复的国际旅游胜地建设城市,是全国唯一一个建设国家旅游综合改革试验区的地级市。然而,桂林市在智慧旅游方面缺少一个综合性的平台,这与"桂林山水甲天下"的定位不符。为了让广大游客在桂林享有更好的旅游体验,桂林市委、市政府于 2017 年全面实施并全力推进"一键游桂林"项目建设,重点打造智慧旅游平台,通过建设"一中心两平台"(即旅游大数据中心、旅游综合服务平台、旅游综合监管平台),让来桂林旅游的海内外游客只要有一部手机,就能省心、放心、开心地畅游桂林。

旅游大数据中心实现旅游数据互联共享,为旅游业界提供数据支撑,提升旅游经济的贡献率。旅游综合服务平台围绕"吃、住、行、游、购、娱"全要素和"商、养、学、闲、情、奇"新业态,以 APP、公众号、小程序三大客户端为载体,面向全球游客服务,打造桂林旅游智能、便捷、健康的新业态。旅游综合监管平台依托国家、自治区旅游相关行业管理系统,建立旅游机构管理、旅游投诉管理、旅游联合执法、旅游市场运营、旅游市场监管、旅游舆情监测、旅游企业税收监管等平台,打造桂林旅游综合监督管理平台。

下面我们以桂林市智慧旅游建设为例,简单概述其智慧旅游服务平台和监管平台的设计。"一键游桂林"项目整体架构和全流程如图2-13所示,涵盖了从游前、游中到游后全流程。综合服务平台面向游客,实现一部手机"游桂林",覆盖"吃、住、行、游、购、娱"六大要素;综合管理平台面向政府,覆盖市、区、县,让服务和监管无处不在。

图2-13 "一键游桂林"项目整体架构和全流程

(一)智慧旅游服务平台

各个地方应结合地方旅游资源特色和现有信息化基础设施,以建设智慧旅游服务平台为核心,以服务游客为目的,设计地方化的智慧旅游服务建设方案。2018年1月,桂林市启动了"一键游桂林"项目的旅游综合服务平台"i游桂林"平台建设,之后平台由开始1.0版的APP升级到2.0版的小程序,当前全面融入升级版的"一键游广西"项目,图2-14是"i游桂林"1.0版截图。

图2-14 "i游桂林"1.0版截图

图2-15分别是桂林市和广西壮族自治区面向游客的智慧旅游小程序"i游桂林"和"一键游广西",通过移动端为游客提供"一键游"解决方案,基于"吃、住、行、游、购、娱"六大要素,通过互联网建设线上服务系统。除面向游客外,系统还为当地旅游企业提供电商管理平台,也为政府监管提供相关数据。

图2-15 面向游客的"一键游"智慧旅游平台示例

"i游桂林"以APP、网页、公众号及小程序等客户端为载体,平台内容包含城市旅游服务中心、旅游景点、旅游路线、导游服务、商圈等要素板块,实现多入口、多商家、线上线下流量互通的效果,线下通过景区智慧验票终端机(线上购票、扫码入园)、酒店智慧入住终端机(线上订房、自助办理入住手续)、餐饮智慧终端系统(预约排号、预约点餐)、停车场智慧终端机(线上预约车位、支付停车费)等智慧系统为建设智慧城市打基础。系统业务层次和功能模块如图2-16所示。

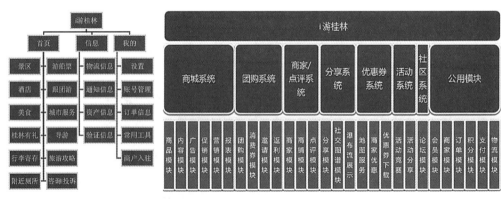

图2-16 系统业务层次和功能模块

首页:景区(门票、套票的购买),游船票(船票、套票的购买),酒店(酒店订房),跟团游(旅行社套餐路线购买),美食(餐饮团购、活动),城市服务(服务中心指引),桂林有礼(桂林特产购买),导游(当地导游的预约),行李寄存(寄存点地图、寄存点列表),

旅游攻略(订阅号、公众号文章推送)、附近厕所(厕所点地图、厕所点列表)、咨询i投诉(留言)。

信息：物流信息、通知信息、资产信息、验证信息。

我的：设置、账号管理(用户等级、头像、会员名、绑定手机、修改密码)、订单信息(全部订单、待使用、待评价、退款)、常用工具(红包、i游券、优惠券、抽奖、分享有礼、收藏、收货地址、我的评价)、商户入驻(平台添加商户入口)。

（二）智慧旅游监管平台

旅游市场监管一直都是全国性的难题，建设"一键游桂林"旅游综合监管平台，就是通过智慧管理手段来解决这个难题，让监管更到位。桂林市整合全市所有的涉旅数据资源并形成旅游大数据中心，以此作为平台运行的重要基础支撑，建设旅游诚信体系，进一步整合桂林市现有的旅游监管平台，对旅游业实现全方位精准监管，形成全市旅游市场无处不在的监管，使广大游客通过"一次按键"就可畅游桂林。

桂林市集合多个涉旅部门和县(区)，建设旅游诉求统一受理平台，建立市涉旅部门、县(区)、乡镇、企业的旅游诉求智能化互联通道，并打通文化和旅游部、广西壮族自治区文化和旅游厅的旅游投诉受理平台，让监管无处不在，让游客更省心、更安心地畅游桂林。

"一键游桂林"旅游综合监管平台既要满足社会公众对旅游品质的追求，又要求政府监管无处不在，因此，它涉及部门多、管理难度大、资金投入大、技术要求高。

"一键游桂林"旅游综合监管平台逻辑架构如图2-17所示，依托腾讯云基础架构系统先进的技术与经验建设桂林旅游综合监管平台，建立并完善桂林市旅游服务监管体系，打造桂林旅游智能、便捷、健康新生态，实现政府对旅游监管"全覆盖"和"无处不在"的目标。系统底层是应用支撑平台，包括网络、计算、存储、安全等模块；系统中间层是统一技术支撑平台，包括统一技术架构与标准系统、统一用户与权限系统和监管制度管理系统；系统顶层是综合监管平台，包括旅游产业运行监测平台、旅游投诉管理平台、旅游消费税收监管平台和旅游市场运营服务监管平台四大模块。

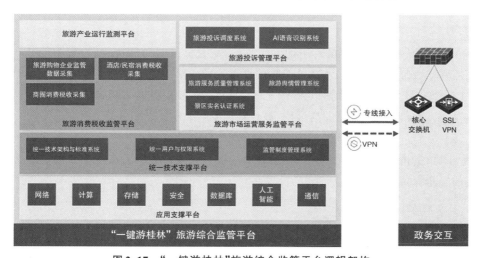

图2-17 "一键游桂林"旅游综合监管平台逻辑架构

各模块充分利用腾讯云功能完善、技术成熟、经济易用的各类云服务能力,保障平台的安全性、高效性、高可用性、易维护性、可伸缩扩展性。所有基础资源可根据使用情况进行动态调整,可支持100万的并发访问和处理能力。部署于腾讯云的"一键游桂林"旅游综合监管平台可通过专线或VPN安全网络与桂林市相关政府部门、企事业单位进行数据交换,避免形成信息孤岛(见图2-18)。基于腾讯云公有云服务构建网络系统、计算系统、存储系统、数据库系统和安全系统。

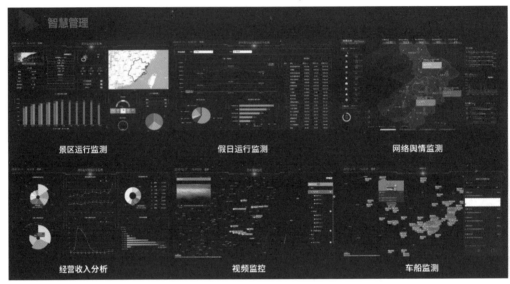

图 2-18　智慧管理平台示意图

(图片来自互联网)

(1)网络系统:依靠腾讯云中的负载均衡、NAT网关和静态内容加速服务,为"一键游桂林"旅游综合监管平台提供全面、高可用、快速、弹性可伸缩的网络解决方案,保障用户对系统的访问体验。

(2)计算系统:依靠腾讯云中的云服务器、弹性伸缩和黑石物理服务器为"一键游桂林"旅游综合监管平台提供高效、高可用、弹性可伸缩的计算资源,承载全部后台应用。

(3)存储系统:依靠腾讯云中的云硬盘、对象存储和日志服务为"一键游桂林"旅游综合监管平台提供高可用、弹性可伸缩的存储资源,承载其全部数据。

(4)数据库系统:依靠腾讯云中的云数据库、分布式数据库和弹性缓存为"一键游桂林"旅游综合监管平台提供高可用、高性能、可扩展的数据库服务。

(5)安全系统:依靠腾讯云中的大禹BGP高防、网站管家WAF(Web Application Firewall)和主机安全(云镜)为"一键游桂林"旅游综合监管平台提供主机、网络和应用层面的安全保障。

第二篇
技术篇

  物联网学习不能单从一个"网"字理解，而应该从"系统"的观点出发。一般一个完整的物联网系统可分为四层体系架构：前端实体的自动识别与数据采集，即感知层，它如同人通过末梢神经，以及眼睛、耳朵等感知外在世界；将采集数据传输至后台系统的网络，即网络层或传输层，它如同人的神经系统，将感官感知到的信息传输至大脑；后端系统数据的存储、管理和分析等，即平台层或支撑层，它如同人的大脑，为信息提供存储和分析功能；最后是应用层或服务层，为具体任务进行数据分析和应用。在实际应用中，有的将前两个层次融合为感知层，或者将后两个层次结合在一起为服务层，从而形成三层物联网体系结构的；也有的将某些层次拆解为两个层次，从而形成五层或六层，如将应用层分解为表现层和服务层。本书技术篇采用四层体系结构组织相关内容。

  其中，感知层和网络层较能体现物联网特色，是智慧的源泉，也是本书技术篇的重点。而平台层虽是智慧系统的核心和关键，但并不是直接的网络技术，这里介绍是为了物联网体系结构上的完整性。

第三章
感知识别技术

前端实体的自动识别与相互通信是整个物联网架构的基础和重点,也是最能体现物联网特点的技术。物联网通过感知并采集物理世界的数据,将现实的物理世界映射成虚拟的信息世界,从而构建数字孪生系统。因此,感知识别技术是智慧旅游的基础,是智慧的源泉。感知识别技术包括两个步骤,首先识别出物体是什么,然后感知物体在做什么,即身份识别技术和传感器技术。

互联网上的节点要有唯一标识,物联网是"物—物"相连的互联网,自然也不例外,每个物体都要有唯一标识,只有知道行动的对象才有利于精准构建数字孪生体,身份识别技术就是自动标识网络中的物体是"谁";传感器技术就是通过传感器感知物体状态,如温度、湿度、压力、震动、气体含量、土壤成分、光照、速度、位置等,以便于精确映射数字世界;定位技术是感知世界非常重要的一环,尤其是对旅游而言,定位技术虽然需要传感器技术的配合,但是完成定位任务远不止传感器技术这一种技术,因此要把定位作为一种特殊的、重要的感知技术单独列出来。

学习目标

知识目标:了解扫描码的发明、发展历程和应用现状;掌握RFID技术的基本原理、特点和应用;熟悉生物识别技术的特点和应用;掌握无线传感器网络(WSN)的基本原理、特点和应用;掌握室外、室内定位技术的特点和应用;熟悉相关感知识别技术在智慧旅游中的应用案例。

能力目标:运用本章知识,不仅能够厘清物联网采集数据技术,还能够通过相关技术的应用案例,尤其是在智慧旅游中的综合应用案例,深刻理解技术的特征和应用,为后期构建智慧旅游系统奠定基础。

素养目标:通过相关技术的发明故事,培养学生的创新意识和创新思维;通过学习技术的发展历程,培养学生用动态的、发展的眼光看待技术的演进;通过我国在相关技术上的突破和引领,培养学生的家国情怀。

知识导图

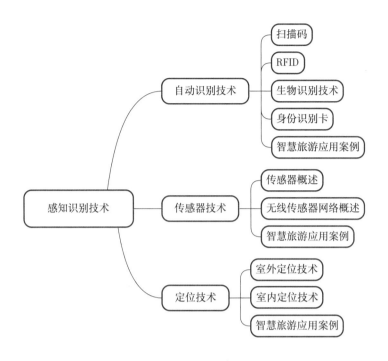

第一节　自动识别技术

在信息系统早期,大部分数据是通过手工录入,不仅工作强度大,而且数据误码率较高,效率低下。为此,人们研究了自动识别技术(Automatic Identification and Data Capture),不仅解放了劳动力,还提高了系统效率和准确性。

自动识别技术是应用特定的识别装置,通过被识别的物体和识别装置之间的接近活动,综合利用光、电、磁、通信、网络和计算机等技术,自动地获取被识别物体的相关信息,并提供给后台的计算机系统,由计算机对所采集到的数据进行后续相关处理或者加工,形成对人们有用的信息的一种技术。自动识别技术可以对物联网中的每个物品进行标识和识别,并且可以实时更新数据,实现了人与物、物与物之间的沟通,融合了物理世界和信息世界,是物联网区别于其他网络(如电信网、互联网)的最独特的部分,是物联网的基石。

自动识别技术有效解决了人工输入数据带来的一系列问题,为计算机快速、准确地进行数据采集和输入提供了有效手段,因此,自动识别技术作为一种革命性的高新技术,近几十年在全球范围内得到迅猛发展,广泛应用于生产制造、仓储物流、防伪追溯和安全安防等领域。按照应用领域和具体特征的分类标准,自动识别技术可以分为条码识别技术、磁卡和IC卡识别技术、光学符号识别技术、射频识别技术、生物识别技术等(见图3-1)。鉴于自动识别技术比较多,而且仍在不断发展,并出现一些新的技术,本书不能面面俱到介绍,因此,本章仅介绍几种常见的、重要的自动识别技术,并分析其在智慧旅游中的应用。

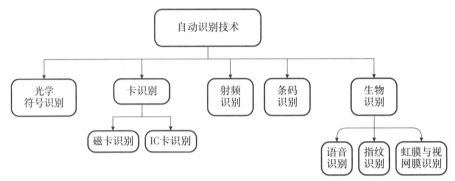

图 3-1　自动识别技术分类

(图片来自互联网)

一、扫描码

扫描码是人们比较熟悉的常用的自动识别技术,经过几十年的进化,从一维码发展到如今的二维码和三维码。据统计,当前每天仍约有数十亿的商品通过一维码扫描识别;而二维码几乎成了我们生活中不可或缺的一部分,二维码支付、二维码进入小程序和公众号,"吃、住、行、游、购、娱"等各项活动都可以通过扫描二维码完成。当我们还沉浸在二维码的世界中时,三维码已经悄然进入我们的生活。下面我们将介绍扫描码的发展历程、相关技术和应用场景,并通过拓展阅读介绍其发明创新故事,激发学生的创新意识、培养学生的创新思维和百折不挠的毅力。

(一) 一维码

一维码(1-Dimensional Bar Code),也叫条形码或一维条码,由一组规则排列的"条"(反射率较低)和"空"(反射率较高)及其对应字符编码组成(见图3-2)。依据光的反射率用特定设备将"条"和"空"转化成二进制,再依据编码方式转换成字符,用来标识一定的物品信息。一维码一般只能在水平方向上表达信息,而在垂直方向则无法表达任何信息,其高度是为了便于阅读器对准。一维码扫描示例如图3-3所示。

图 3-2　一维码示例　　　　　　　　　　　　图 3-3　一维码扫描示例

普通的一维码仅用来识别信息,一维码要通过数据库建立条码与物品信息的对应关系,每一种物品均对应唯一的条码。当设备读取条码的数据传到计算机上时,由计算机应用程序从数据库中提取相应的信息并进行数据操作和处理。

条码技术是在计算机应用和实践中产生并发展起来的物品识别技术,具有输入速度快、准确度高、成本低、可靠性强等优点,在当今的自动识别技术中仍占有重要的地位。诺曼·约瑟夫·伍德兰(Norman Joseph Woodland)和伯纳德·西尔弗(Bernard Silver)于19世纪70年代发明了条形码,变革了全球商业活动,为消费者的超市购物节约了大量时间。

一维码的应用极大地提高了物品识别的速度,降低了差错率,它广泛应用于超市、物流、仓储、邮政、图书馆、银行、医疗卫生等领域,每天在全球范围内需要使用条码扫描数十亿次。但是一维码也存在一些不足,如一维码制作简单,较容易被不法分子获得并伪造;一维码数据容量较小,所能表示的信息有限,通常只能表示字母和数字(30个字符左右),几乎不可能表示汉字和图像信息;条码损坏后就无法阅读了。

拓展阅读

一维码的发明之路

(二) 二维码

虽然一维码仍在使用,但是二维码似乎一夜之间渗透到我们生活的方方面面,扫描二维码进入公众号和小程序、加好友、支付、签到、骑车等,火车票、飞机票及各类商品外包装上都有二维码的身影。作为物联网浪潮产业中的一个环节,二维码的应用备受关注,有巨大的市场空间。

二维码(2-Dimensional Bar Code),又称二维条码,通过图像输入设备或光电扫描设备自动识读在二维平面上按一定规律排列的"黑"和"白"("点"和"空")相间的特定几何图形,转换成计算机的"0"和"1"二进制,并利用编码技术表示字符等信息(见图3-4)。一维码只能在一个方向上表达信息,能表达的信息量有限;二维码在水平和垂直方向都可以表达信息,能表达较大的信息量,可以包括中英文、数字、符号和图形等信息,可用读取设备直接读取,而无须另接数据库。

图 3-4 二维码示例

常见的二维码为1994年日本DENSO WAVE公司成功研发的QR码(Quick Response Code),它是近年来移动设备上超流行的一种编码方式,比传统的条形码能存储更多的信息,也能表示更多的数据类型。

DENSO WAVE公司虽拥有QR码的专利权,但并未行使这项权利,而是希望这个可以造福社会的发明能让更多的人用到,能给更多的人带来便利。由于免费开放授权,QR码得以在应用端流行,后来成为二维码的代名词。

一维码的信息容量小,读取速度快,识别设备的成本低。二维码的数据容量大,保密性高(可加密),安全级别最高时,损失50%仍可读取完整信息,二维码的最大容量取决于主流扫描设备的分辨能力,解决大容量的解决方案是"活码",即仅存储一个网址,所有信息放在网站中。

拓展阅读

二维码的发明之路

(三) 三维码

如今是二维码的时代,但是经过多年应用,它在安全性和视觉效果方面也出现了一些诟病。例如,收款码被恶意替换、载体不够美观和不可识别性等。因此,近年来又出现了三维码。

三维码也称视觉识别码、彩色三维码、彩色图像三维矩阵、色码等,即在二维码(两个维度上)的基础上,增加一个维度——视觉属性,发展而成的编码技术。三维码的主要特征在于利用色彩和灰度表示不同的数据,通过特定算法把图像、文字、Logo等内容编码为一组可以通过特定规则解读的阵列，并且该图像阵列除了可以被机器设备读取，还为自然人提供能够辨别的图像信息（见图3-5）。三维码采用闭源的生成制作方式，并且每一张三维码均可在中国编码中心查询，做到了用码备案制，它可以与数字、图案等有机结合，具备不易仿造和成本较高的特性。

图 3-5　三维码示例

三维码容量更大、安全保密性更高、具有更高可辨识性和传播性。可在各种需要保密及防伪等重要领域中应用，如对各种证件、文字资料、图标及照片等图形资料进行编码。目前，三维码应用领域涵盖证、章、卡、照、公安应用、智慧旅游、会展、区块链防伪溯源等。相对于二维码，三维码具有以下优势：

（1）安全性：区别于二维码的开源制作方式，三维码采用闭源的生成制作方式，并且每一张三维码均可在中国编码中心查询，做到了用码备案制，它可以与数字、图案等有机结合，具备不容易仿造和成本较高的特性，更加安全，有利于杜绝不法分子篡改编码而窃取他人财产。

（2）防止复制：二维码很容易重新制作一张贴在原二维码处以假乱真。而三维码采用闭源的生成方式，本身在仿造制作环节有很强的技术壁垒，造假成本很高，并且通过三维码核心算法及软件系统的结合，可以实现多重防伪功能，不法分子很难制作出一模一样的三维码，可大大降低管理维护成本。

（3）可视化强、方便管理：三维码可将不同的图片、Logo、文字等以最直观的形式显现在三维码的表面，标码合一，扫码者使用设备识读前，即可通过眼睛来辨别，分辨其图像、编号、文字等信息。三维码的图形化设计能够给人们带来一种更直观、更有吸引力、更容易识别的印象，可传达视觉、触觉、听觉三位一体的互动诉求，使人产生一种过目不忘的品牌文化体验和赏心悦目的视觉效果，还会提高扫码过程的参与感。二维码千篇一律，需要对每一个二维码进行扫码辨别，才能避免张冠李戴，倘若出错，将在无形中带来品牌及信誉的损失。三维码的独特性及可视性强的特点，能够确保每一个码的表面均不同，肉眼可直观地辨别分类，方便产品管理，提高工作效率。

（4）容量大：三维码的另一个特点是信息量大，在相同的编码面积上，其最大可表示的数据量是PDF417码的10倍以上，所以普通大小的编码能够包含大量的、足够识别真伪的辅助信息。

（5）易读取、超高速：三维码具有全方位（360°）识读特点，可以对旋转后的三维码进行全方位的识别，识读器与三维码固定夹角为30°~45°均可识读，扫码识别度高。整个三维码符号中信息的读取是通过三维码符号的位置探测图形，用硬件来实现的，因此，信息识读过程所需时间很短。用条码识读设备，每秒可识读30个含有100个字符的三维码符号。

科技创新是未来发展的趋势，三维码是编码技术的发展创新。目前，三维码在证、章、卡、照、区块链防伪溯源等领域得到了广泛应用，但要全面普及还有很长的一段路要走。

三维码将不再局限于收付款、加好友这些简单的生活化功能，它带给我们的将是信息量更为复杂的东西。例如，扫码传图、扫码传视频等。2014年11月举行的全国青

拓展阅读

三维码创始人——陈绳旭

年科普创新实验大赛上,有一支年轻的队伍完全没有借助Wi-Fi、蓝牙及数据线,便成功完成了两台手机间照片的发送、传输和接收,他们所使用的媒介便是三维码。

二、RFID

扫描码虽然有比较广泛的应用场合,然而在使用过程中难免遇到以下情形:超市的收银员用扫码枪扫描商品上的条形码时失败,而不得不手动输入条形码上的数字;由于共享单车的二维码磨损、遮挡等原因导致扫描失败,而不得不再寻找其他共享单车。

在万物互联的物联网时代,扫描码的工作效率和容错能力显然已经不能满足需要,因此"无线版扫描码"——射频识别(Radio Frequency Identification,RFID)技术应运而生。RFID是一种无须识别系统与特定目标之间有机械或光学接触的识别技术,因此不怕遮挡、抗干扰能力强,可谓"一个标签一芯片,风吹雨打都不怕"。而且,RFID可同时识别多个物品,因此逐渐成为自动识别中很优秀的、应用领域很广泛的技术之一,被认为是物联网很重要的技术之一。下面我们将介绍RFID的概念、基本原理、分类、特点和应用场景。

(一)什么是RFID

RFID是自动识别技术的一种,RFID系统使用RFID标签(见图3-6)来标识物体;RFID读写器通过无线射频方式和RFID标签进行非接触式双向数据通信,从而实现目标识别和数据交换的目的;RFID读写器通过和后台计算机系统中的信息管理系统交互,实现电子标签数据信息的存储、管理和控制。

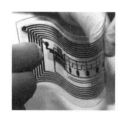  

图3-6　RFID标签示例

RFID标签具有防水、防磁、抗干扰能力强、无接触、耐高温、使用寿命长、读取距离远、数据可加密、存储容量大、信息更改便捷等优点,可在多种恶劣环境中实时、快速、高效、准确地识别目标和采集数据,被认为是21世纪极具发展潜力的信息技术之一,是物联网重要的自动识别技术,现已广泛应用于物流管理、仓储管理、门禁管理、停车场管理、生产线自动化和物料管理等众多领域,其应用给零售、物流、工业等产业带来革命性变化。

(二)RFID产生与发展

1940—1960年,RFID技术由雷达技术衍生而来。1948年,第一篇关于RFID的论文 *Communication by Means of Reflected Power* 的发表,奠定了RFID的理论基础,随后科研人员在实验室中对RFID技术进行了探索。

1961—1970年，随着RFID技术的发展，人们开始进行应用尝试，起初RFID系统被应用于军事领域，后来出现了第一个RFID模块的商业化应用——电子防盗系统。

1973年，第一个关于RFID的专利——"一个具有记忆存储的无源无线电应答器"诞生。

1973年，美国洛斯阿拉莫斯国家实验室研究人员进行了RFID标签的早期实验演示。20世纪80年代出现了无源标签，标签价格及其维护成本大大降低。20世纪90年代，国际标准化组织（ISO）开始了对RFID的标准化工作。

1991年，美国首个基于RFID的高速公路电子收费系统诞生。

1999年，麻省理工学院（MIT）建立了自动识别中心（Auto-ID Center），专门从事自动识别（包括RFID）的研究工作，提出EPC（Electronic Product Code，产品电子代码）概念。

2003年，EPCglobal成立，负责EPC网络的全球化标准，以便更加快速、自动、准确地识别供应链中的商品。

当前，RFID技术已广泛应用于物流、工业、交通等多个领域。

（三）RFID系统组成与基本原理

RFID系统由信息载体——RFID标签、信息获取装置——RFID读写器、信息处理系统——后台计算机系统三部分组成。

RFID标签：RFID标签由耦合元件、芯片和天线组成，每个标签具有唯一的电子编码，用于读写器识别；标签安装在被识别物体上，存储被识别物体的相关信息，是射频识别系统的数据载体，如图3-7所示。

RFID读写器：读写器同样具有耦合元件、芯片和天线，如图3-8所示，通过天线和标签之间传递射频信号，进行数据交换，读写含有标签信息的设备。读写器在有些系统中，大多时候是读取RFID信息，因此也叫阅读器。

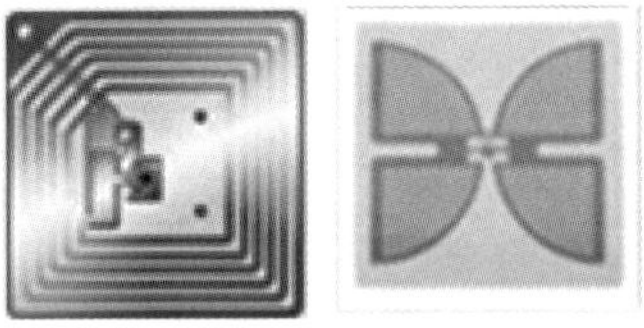

图3-7　RFID标签　　　　　　　　图3-8　RFID读写器
（图片来自互联网）　　　　　　　　（图片来自互联网）

后台计算机系统：后台计算机系统拥有适合RFID应用场景的信息处理系统，通过读写器和标签进行交互（见图3-9），从而实现数据库管理信息系统的数据更新和管理操作。

当标签进入读写器的有效工作区域（即天线的覆盖范围）时，标签与读写器之间通过耦合元件实现射频信号的空中耦合，在耦合通道内根据时序关系实现能量传递和数据交换。读写器天线接收到标签发送来的信号，经解调和解码后将有效信息传送到后台计算机系统进行相关处理，计算机系统依据后台数据库管理系统逻辑实现对标签的相应操作，计算机系统也可以通过读写器向标签发送控制信号（见图3-10）。

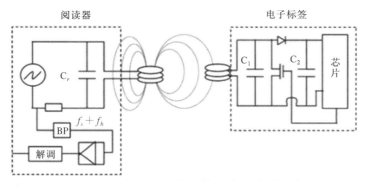

图 3-9　读写器和标签进行交互
（图片来自互联网）

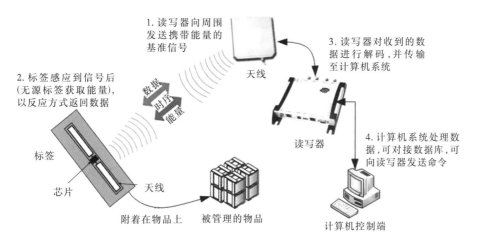

图 3-10　RFID 系统组成与原理
（图片来自互联网）

（四）RFID 标签分类

RFID 标签根据是否有内置电源，分为无源标签、有源标签和半有源标签三类。

1. 无源标签

无源标签内部没有电源装置，内部的集成电路进入磁场后，利用读写器发出的电磁波，凭借感应电流所获得的能量，向读写器发送存储在芯片中的产品信息，因而又称为被动式标签（Passive Tag）。第一代无源标签通信距离较短，最长约 1 米；第二代无源标签采用超高频（Ultra High Frequency，UHF）通信，通信距离约 10 米，并且支持多标签识别，第二代无源标签广泛应用于工业自动化、货物监控、资产管理、个人标识等领域。

2. 有源标签

有源标签内部有电源装置，不需要借助读写器电磁波产生感应电流来传输数据，因而又称为主动式标签（Active Tag）。虽然电源及其相关电路导致有源标签比无源标签体积大、价格昂贵，但是有源标签通信距离更远，可达上百米。有源标签有两种工作模式，即主动模式和唤醒模式。在主动模式下，标签主动进行周期性信号广播，即使没有读写器存在也会这样做,因此比较耗费能量;在唤醒模式下,为了节约能量并减弱射频信号噪声,标签通常情况下会处于低耗电量的休眠状态,当收到读写器广播唤醒命令时,标签才会广播自己的编码,这种低能耗的唤醒模式可使有源标签的电池使用寿命长达几年。

3. 半有源标签

半有源标签,也称为半主动式标签,一般携带传感器装置,可用于检测环境参数,如温度、湿度、移动性等。标签内部有电源装置,但不是为通信提供电能,而是为标签内部计算提供电力,这种标签的通信像无源标签一样通过读写器发射的电磁波获取通信能量。

(五)RFID的特点

作为"无线版扫描码",RFID具有普通扫描码不具备的特点,成为物联网时代身份识别的主要技术。

(1)实时性:RFID标签可远距离快速读取,一般情况下不到100毫秒就可完成识别,不但可以实时响应,而且可同时读取数个RFID标签。

(2)可靠性:RFID标签对水、油和化学药品等物质具有很强抵抗性,耐高温,适应多尘、潮湿等恶劣环境;RFID标签防磁,抗干扰性超强,穿透性强;RFID标签读出信息的准确率非常高,甚至高达99.99%。

(3)安全性高:RFID标签数据可以进行加密,使其内容不易被伪造、更改和复制,具有防伪性和高安全性。

(4)容量大:一维码的容量是50B,二维条形码最大的容量可储存至3000B,RFID可以根据用户的需求扩充到10KB,并且随着记忆载体的发展,数据容量也有不断扩大的趋势。

(5)便捷性:RFID标签在读取上并不受尺寸大小与形状限制,因此标签向体积小型化、形状多样化发展,方便部署于识别物品上。

(6)低成本:RFID标签不但成本低、使用寿命长,而且标签数据可以利用编程进行动态修改,重复使用。

(六)RFID应用

当今,RFID作为重要的识别和追踪技术已经被广泛应用,如金融支付、身份识别、交通管理、军事与安全、资产管理、防盗与防伪、金融、物流、工业控制等方面,并在部分领域开始进入规模应用阶段。随着RFID技术的进一步成熟和成本的进一步降低,RFID技术开始逐步应用到各行各业中。RFID的应用目的一般有两个,即识别和追踪。例如,门禁卡、交通卡、身份证和银行卡等偏重识别;而在商场、超市和物流中RFID的应用则偏重物品追踪。下面简单介绍RFID的部分应用。

(1)物流:物流仓储是RFID极有潜力的应用领域之一,可应用于物流中的货物追踪、信息自动采集、仓储管理应用、快递等方面。

(2)零售:麦德龙等大超市应用RFID技术可实现商品销售数据实时统计,及时补货,降低劳动力成本,减少商品断货造成的损失和商品偷窃现象发生等。

（3）制造业：RFID 技术应用于生产过程的数据实时监控、质量追踪、生产自动化等。

（4）身份识别与防伪：RFID 技术由于天生的快速读取与难伪造性，而被广泛应用于个人身份识别，如护照、身份证、学生证等，以及贵重商品的防伪。

（5）其他：RFID 技术还可应用于医疗、资产管理、服装业、门禁管理、考勤管理、一卡通等其他方面。

三、生物识别技术

传统身份识别方法，如口令、钥匙、IC 卡和磁卡存在容易被遗忘、丢失、复制和盗用等安全隐患。人体某些生理特性或行为特点具有唯一性，如指纹、人脸、虹膜、步态、签名等，并且很难被复制、失窃或遗忘，因此使用"生物钥匙"，就不必携带钥匙和卡片，也不用费心去记忆或更换密码。生物识别技术具有安全、可靠、准确和便捷等优势。

生物识别技术主要是指通过获取和分析人的身体或行为特征来进行身份认证的一种技术，即通过计算机、光学、声学、生物传感器等高科技，利用人体固有的、具有唯一性的生物特性来进行个人身份识别。人的生物特性包括物理特征和行为特征两类：物理特征即生理特性，如指纹、人脸、掌纹、虹膜和视网膜等；行为特征如笔迹、声音、步态等。生物特征具有较强的唯一性，防伪性好；不易被遗忘、伪造和盗窃，更具安全性和保密性；可随身"携带"和随时随地使用，更方便。

生物识别技术一般涉及相关生物数据采集，所采集的一般为图像（如指纹、人脸和虹膜等），然后对图像进行预处理操作（如归一化、增强等），提取数据特征并编码，从而构建生物特征数据库。当采集到新的生物数据时，经过相同的预处理和特征提取操作后，在数据库中进行特征搜索和匹配，判断是否为相同数据，从而达到身份识别的目的。

目前已经出现多种生物识别技术，如指纹识别、掌纹识别、人脸识别、虹膜识别、视网膜识别、签名识别、声音识别、手静脉识别和 DNA 识别等，但其中一部分科技含量较高的生物识别技术还处于实验阶段。随着科学技术的飞速进步，未来将会有越来越多的生物识别技术应用到实际生活中。下面我们将重点介绍比较常用的生物识别技术，如指纹识别、人脸识别和虹膜识别，并简单介绍其他相关生物识别技术。

（一）指纹识别

1. 什么是指纹识别

指纹是指人的手指末端正面皮肤上凹凸不平的纹线，纹线有规律地排列形成不同的纹型（见图 3-11）。就像世界上没有两片完全相同的树叶一样，我们也很难找到两个完全相同的指纹，据研究，两个不同的人具有相同指纹的概率仅为几百亿分之一。指纹具有的独一性和排他性使它被公认为"证据之首"。

因为每个人的指纹都不同，并且具有终身不变性、特定性，所以指纹可用于身份识别。指纹识别即通过比较不同指纹的细

图 3-11　指纹示例

节特征点来进行自动识别。指纹的方便性使其成为应用最广泛的生物识别技术。

2. 指纹识别的发展历史

公认最早的指纹应用是在中国,早在几千年前,中国的工匠在陶器上按下自己的指纹作为落款。在战国时期,古人就已经开始利用犯罪现场遗留下来的指纹进行破案;到了唐代,法律规定国家、民间的契约要印上指纹——"按指为契"。

尽管中国古代人民已经广泛应用指纹进行身份识别,但并未对指纹进行理论和系统的研究。当"按指为契"传到西方时,它引起了欧洲科技工作者的惊叹。因为在当时,其他国家都缺少认定人身份的方法,而在中国,指纹识别技术竟如此简单、准确地区别了人与人的不同。

1858年,英国人威廉·赫歇尔,偶然发现中国商人在合同上按手印,于是开始进行指纹的采集、观察和验证。

1877年,赫歇尔在其著作《手之纹线》中提出"人的指纹各不相同,而且至死不变"的观点,但提出的指纹识别方法被官方认为是"精神错乱的产物"。

1897年,英国人亨利发明的指纹分析法被当时印度的英殖民政府正式采用,从此,对指纹的分类、分析、存储、对比开始走向科学化、系统化。后来英国本土、德国、美国、法国乃至全世界都开始使用此法。

20世纪70年代之前,指纹的采集和比对主要都借助人工,效率低,而且容易出错。随着计算机的发展和它在各行业的应用,指纹识别也开始进入半自动化管理阶段。

随着图像处理识别、传感器、微电子等计算机技术的发展,指纹的自动采集、分类、特征提取和比对等逐渐实现,指纹识别才真正被大规模应用。AuthenTec是世界领先的指纹传感器及芯片与模组、身份识别软件和加密安全方案的供应商,在2012年以前,其年销售额达7000万美元,拥有200多项专利,其客户包括阿尔卡特朗讯、思科、惠普、三星、联想、LG、摩托罗拉、诺基亚等。

2012年,苹果公司斥资3.56亿美元收购了AuthenTec,AuthenTec开始停止向第三方销售指纹芯片。2013年,苹果在iPhone 5s上率先标配了指纹识别系统,推动了指纹识别技术在智能手机市场的应用。

据统计,2016年的指纹识别传感器的出货量为6.89亿颗,市场规模约为28亿美元。

3. 指纹识别技术

指纹识别技术包括指纹传感器、指纹识别算法、指纹芯片和指纹模块。

指纹传感器,是一种传感装置,是实现指纹自动采集的关键器件(见图3-12)。指纹传感器按传感原理,分为光学指纹传感器、半导体电容传感器、半导体热敏传感器、半导体压感传感器、超声波传感器和射频RF传感器等。指纹传感器在不足0.5平方厘米的晶片表面集成了10000个以上的半导体传感单元,其制造技术是一项综合性强、技术复杂度高、制造工艺难的高新技术。

指纹识别算法,是指纹识别技术的基本原理,即自动采集指纹图像并进行指纹特征比对的算法。多年来,众多生物识别技术公司及研究机构研究了许多指纹识别算法。虽然指纹识别技术已进入民用领域,但其工作原理仍较为复杂。

指纹芯片,是指内嵌指纹识别算法和技术的芯片产品(见图3-12),能够实现指纹的图像采集、特征提取、特征比对,开发者可以方便地实现指纹识别功能,大大降低指纹识别的门槛,对指纹识别的推广具有十分积极的推动作用。

指纹模块,主要由指纹传感器、指纹识别模块和其他扩展功能模块组成。

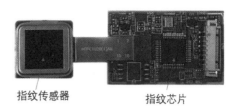

图 3-12　指纹传感器和指纹芯片

(图片来自互联网)

4. 指纹识别的特点

唯一性:指纹是人体独一无二的特征,并且可以通过增加更多手指的指纹提高可靠性。

快速:指纹识别系统很成熟,识别速度很快。

接触式:读取指纹时,用户必须将手指与指纹采集设备直接接触,接触是读取人体生物特征比较可靠的方法,但也可能造成指纹被复制和病毒传播等负面影响。

便捷低成本:指纹采集设备体积较小,而且成本较低。

5. 指纹识别的应用

指纹识别技术发展成熟、性能可靠、成本低廉,因此指纹识别技术作为比较成熟的生物识别技术之一,近几年发展速度很快,指纹识别已经广泛应用于众多生活领域,如指纹锁、指纹考勤、护照、签证、身份证等。随着智能手机热潮来袭,指纹识别在手机解锁、支付等日常生活中广泛应用。另外,指纹识别在司法领域、金融领域也有大量应用。

(二)人脸识别

1. 什么是人脸识别

人脸与人体的其他生物特征(如指纹、虹膜等)一样与生俱来,其唯一性和不易被复制的特性为身份鉴别提供了必要的前提,人脸识别是通过分析比较人的脸部特征信息进行身份鉴别的一种生物识别技术。

广义的人脸识别技术实际包括构建人脸识别系统的一系列相关技术,包括人脸图像采集、人脸定位、人脸识别预处理、身份确认及身份查找等;狭义的人脸识别特指通过人脸进行身份确认或者身份查找的技术或系统。

人脸识别系统主要包括人脸图像采集及检测、人脸图像预处理,以及人脸图像特征提取、匹配与识别。这种用摄像装置采集含有人脸的图像或视频,通过人脸图像特征的提取与对比,将提取的人脸图像特征数据与数据库中存储的特征模板进行搜索匹配,当相似度超过一定阈值时把匹配得到的结果输出,从而实现在图像中自动检测和跟踪人脸,进而对检测到的人脸进行识别的一系列相关技术,也叫人像识别、面部识别。人脸识别系统的核心是算法,识别率和识别速度是算法性能的衡量指标。图 3-13 所示为人脸识别终端。

图 3-13　人脸识别终端

(图片来自互联网)

2. 人脸识别发展历史

20世纪50年代，认知科学家就已经开展人脸识别研究。

20世纪60年代，人脸识别工程化应用研究正式开启。当时的方法主要是利用人脸的几何结构进行研究。该方法简单直观，一旦人脸姿态、表情发生变化，精度则严重下降。

1991年，研究者第一次将主成分分析（Principal Component Analysis，PCA）和统计特征技术引入人脸识别，创立了著名的"特征脸"方法，在使用效果上取得了长足的进步。

1993年，美国国防部成立了人脸识别技术（Face Recognition Technology）项目组，建立了人脸数据库，用于评价人脸识别算法的性能，该项目之后，涌现了若干人脸识别商业系统。

21世纪的前十年，随着机器学习理论的发展，学者们相继探索出了基于遗传算法、支持向量机（Support Vector Machine，SVM）等的人脸识别算法。

2013年，微软亚洲研究院（Microsoft Research Asia，MSRA）的研究者首度尝试了10万规模的大训练数据在人脸数据集LFW（Labled Faces in the Wild）上获得了95.17%的精度。

2014年，香港中文大学的Sun Yi等人提出将卷积神经网络应用到人脸识别上，采用20万训练数据，在LFW上第一次得到超过人类水平的识别精度，这是人脸识别发展历史上的一座里程碑。自此之后，研究者们不断改进网络结构，同时扩大训练样本规模，将LFW上的识别精度提升至99.5%以上。

随着3D传感器的快速普及和多种生物特征的融合，每个设备都能更聪明地"看"和"听"。人脸识别将重塑身份识别和认证，数字身份将成为人的第二张身份证。

3. 人脸识别特点

非强制性：用户不需要专门配合人脸采集设备，设备几乎可以在人无意识的状态下获取人脸图像，这样的取样方式没有"强制性"。

非接触性：设备不需要和用户直接接触就能获取人脸图像。

并发性：在实际应用场景下，设备可以进行多个人脸的分拣、判断及识别。

此外，人脸识别技术还具有操作简单、结果直观、隐蔽性好等特点。然而，人脸识别对周围的光线环境敏感，同时，人体面部的头发、饰物等遮挡物，以及人脸变老、整形等因素也可能影响识别的准确性，所以需要进行人工智能补偿。随着3D打印技术成熟和普及，人头模型很有可能通过人脸识别，因此，当前人脸识别技术有时候会通过摇头、眨眼等动作增强人脸识别的安全性。

4. 人脸识别应用

作为人工智能中的"网红科技"，人脸识别一直以来备受瞩目，人脸识别主要用于身份识别，被称为新一代身份标签，已广泛应用于政府、金融、司法、军队、公安、边检、航天、电力、工厂、教育、医疗等众多领域，如刷脸解锁、刷脸打卡、刷脸支付、刷脸进站、刷脸入园、刷脸入住等。随着技术的进一步成熟和社会认同度的提高，人脸识别技术将应用于更多的领域。

（三）虹膜识别

1. 什么是虹膜识别

虹膜是位于眼睛黑色瞳孔和白色巩膜之间的圆环状部分（见图3-14），总体上呈现一种由里到外的放射状结构，由相当复杂的纤维组织构成，包含很多相互交错的类似于斑点、细丝、冠状、条纹等细节特征，虹膜特征一旦在胎儿发育阶段形成后就终生不变，决定了身份识别的唯一性。

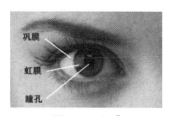

图3-14 虹膜

（图片来自互联网）

虹膜识别技术（Iris Recognition Technology）是根据眼睛的虹膜特征进行身份鉴别的一种生物识别技术，虹膜识别的准确性是各种生物识别中最高的。一个虹膜约有266个量化特征点，而一般的生物识别技术只有13～60个特征点；当一个人死亡后，瞳孔会放大，造成虹膜消失，所以只有活体才能使用虹膜识别；由于虹膜是生物特征，在照片或视频上是不能解锁的。因此，虹膜识别一般应用于需要高度保密的场所。

虹膜识别的过程一般来说分为四个步骤：虹膜图像获取、图像预处理、特征提取和特征匹配。

2. 虹膜识别发展历史

1885年，Alphonse Bertillon将利用生物特征识别个体的思路应用在巴黎的刑事监狱的管理中，当时所用的生物特征包括耳朵的大小、脚的长度、虹膜等。

1987年，眼科专家Aran Safir和Leonard Flom首次提出利用虹膜图像进行自动虹膜识别的概念。

1991年，美国洛斯阿拉莫斯国家实验室的Johnson建立了一个自动虹膜识别系统。

1993年，John Daugman建立了一个高性能的自动虹膜识别原型系统。今天，大部分的自动虹膜识别系统均使用Daugman核心算法。

2005年，中国科学院自动化所模式识别国家重点实验室的虹膜识别科研成果荣获国家技术发明二等奖，填补了中国活体虹膜识别技术在国际领域的空白。

2006年，中国科学院自动化所模式识别国家重点实验室参加了由国际生物识别组织举办的生物识别技术测评，其虹膜识别算法的速度和精度得到了国际同行的认可。此外，实验室的虹膜图像数据库已成为国际上最大规模的虹膜共享库。截至2019年，已有70个国家和地区中的2400多个研究机构申请使用，其中国外单位1700多个。

2016年，三星发布了一款年度旗舰手机Note7，在安全方面除了指纹识别，还有虹膜识别，开启了虹膜手机时代。

3. 虹膜识别特点

方便快捷：不需要携带任何证件，就能实现身份认证。

准确性高：一个直径11毫米左右的虹膜约有266个量化特征点，而一般的生物识别技术只有13～60个特征点，目前，虹膜识别的准确性是各种生物识别中较高的。

高安全性：虹膜信息不可复制，并且要保证活体，安全性较高。

但是,虹膜图像采集设备体积大、造价高,早期很难大范围推广,随着技术进步,应用范围进一步扩大。

4. 虹膜识别应用

虹膜识别应用行业广泛,尤其是对安全要求比较高的场景,如银行、监狱、军队、医疗等领域。

(四)其他生物识别

1. 手掌几何学识别

手掌几何学识别就是通过测量使用者的手掌和手指的物理特征来进行识别,高级的产品还可以识别三维图像。手掌几何学识别不但性能好、准确性高,而且使用比较方便。它适用于用户人数比较多的场合,或者用户虽然不经常使用,但使用时很容易接受。手形读取器使用的范围很广,并且很容易集成到其他系统中,因此成为许多生物识别项目的首选技术。

2. 视网膜识别

视网膜是人眼感受光线并将信息通过视神经传给大脑的重要器官(见图3-15)。用于生物识别的血管分布在视网膜周围,即视网膜四层细胞的最远处。

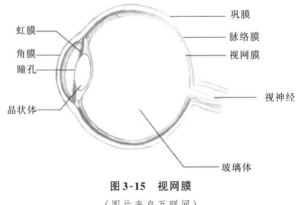

图3-15 视网膜

(图片来自互联网)

视网膜扫描是采用低密度的红外线去捕捉视网膜的独特特征,有证据显示,视网膜甚至是比虹膜更独特的生物特征(即使是孪生子),除了患有眼疾或者严重的脑外伤外,视网膜的结构形式在人的一生当中都相当稳定。但视网膜扫描要求使用者注视接收器,而且与接收器的距离很近,让人感觉不太舒服,因此用户的接受度很低。

3. 声音识别

声音识别就是通过分析使用者声音的物理特性来进行身份识别的技术,是一种非接触的识别技术,因此,用户可以很容易接受。然而,传感器和人的声音可变性都很大,相比其他生物识别技术,其使用步骤比较复杂,不太方便。但很多研究工作正在进行中,我们相信声音识别技术在未来将取得重大进展。

4. 指静脉识别

个人静脉分布具有唯一性,使用特定波长光线对手指进行照射,可得到指静脉的清晰图像。指静脉识别就是利用这一固有的科学特征,对获取的影像进行分析处理,从而得到指静脉的生物特征,再将得到的指静脉特征信息与事先储存的指静脉特征进行比对,从而确认登录者的身份。当前,众多门禁企业引入"指静脉"以开辟蓝海市场,指静脉识别已经应用于新一代门禁控制、支付系统、考勤系统等领域(见图3-16)。

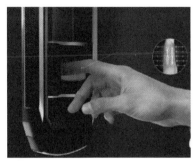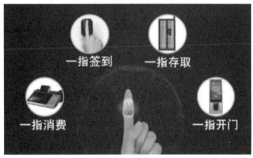

图3-16　指静脉识别

(图片来自互联网)

5. 基因识别

基因可以代表人类遗传特性,这个星球上与你同时出生、姓名一致、长相酷似、声音相似的人都可能存在,指纹也有可能消失,但只有基因才是独一无二的特征,因此可将其应用到个人身份识别中。据报道,以智能卡的形式储存着个人基因信息的基因身份证已经出现。基因识别是一种高级的生物识别技术,但由于技术上的原因,还不能做到实时取样和迅速鉴定,这在某种程度上限制了它的广泛应用。

6. 签名识别

人们的签名具有唯一性,可以用于身份识别,在交易中,人们已经习惯将签名作为一种确认身份的方法。实践证明,签名识别是相当准确的,因此,签名很容易成为一种可以被接受的识别技术。但与其他生物识别产品相比,这类产品现今数量很少。

7. 步态识别

步态识别是使用摄像头采集人体行走过程的图像序列,进行处理后同存储的数据进行比较,从而进行身份识别。步态识别具有其他生物识别技术所不具有的独特优势,如步态识别能在远距离或低视频质量情况下进行,以及步态难以隐藏或伪装,等等。但是当前其发展还不成熟,仍存在很多问题,如拍摄角度发生改变、被识别人的衣着不同、携带不同的东西等都会影响识别效果。

8. 心脏识别

当我们认为"刷脸"已经很神奇的时候,"刷心脏""用心解锁"这些曾经出现在一些段子中的词汇已经成为现实。在隐私泄露问题上,政府和私营企业对更安全的认证方式的需求越来越强烈,然而当前各种身份验证的解决方案都有一定的局限性。对此,纽约州立大学布法罗分校的研究员使用低水平的多普勒雷达,发明了一种使用心脏的形状和大小来进行身份认证的系统。相比于视网膜认证需要昂贵的设备,心脏扫描可以使用低成本的现成部件来组装雷达,在30米的距离内就可以进行识别,可应用于如机场安检等场景。

除了上面提到的生物识别技术,还有通过气味、耳垂和其他特征进行识别的技术。但它们现今还不能应用于日常生活。

四、身份识别卡

（一）磁卡

磁卡即磁条卡，由高强度、高耐温的塑料或纸质涂覆磁料制成，利用磁性载体记录字符与数字信息，起身份标识等作用。磁卡具有稳定可靠、防潮、耐磨、柔韧、方便携带和使用、低成本、易于管理等特性，并且具有一定的安全性。由于得到了各国政府和很多世界知名公司的大力支持，磁卡广泛应用于人们生活的方方面面，如信用卡、银行卡、电话卡、公交卡、门卡、游戏卡、购物卡等。磁卡是卡片身份识别的"元老"，已经有很长的使用历史了，但是随着信息化和电子化技术的发展，磁卡的缺点逐渐明显，如安全性相对较差、容易被硬物划伤磁条和被其他磁场干扰等。当前，磁卡开始逐渐淡出历史舞台，自2017年5月1日起，我国银行全面关闭芯片磁条复合卡的磁条交易。

（二）IC卡

广泛的IC卡（Integrated Circuit Card，集成电路卡），也称微电路卡、微芯片卡、智能卡或者智慧卡等，是继磁卡之后出现的又一种信息载体和身份识别卡（见图3-17）。IC卡具有便于携带、存储容量大、可靠性高、使用寿命长、保密性强、安全性高等特点。IC卡体积小而轻，便于携带；IC卡的CPU包含微处理器和存储器，存储容量大；IC卡防磁、防静电、抗干扰能力强，可靠性高于磁卡；IC卡可读写10万次，使用寿命长；IC卡硬件具有安全设置，可控制IC卡内某些区的读写特性。另外，IC卡内的信息加密后不可复制，密码核对错误，卡本身有自毁功能，因此，IC卡保密性强、安全性高。

图3-17　磁卡和IC卡

依据通信接触方式，IC卡可分为接触式和非接触式两种。接触式IC卡通过IC卡的触点和IC卡读写设备的触点接触后进行数据的读写。非接触式IC卡内嵌入的芯片除CPU、逻辑单元、存储单元外，增加了射频收发电路，因此，IC卡和读卡设备间无须电路接触进行读写。非接触式IC卡一般用于使用频繁、信息量相对较少、可靠性要求较高的场合。

IC卡依据集成电路包含部件和实现功能可分为以下不同类别。

（1）ID卡：是早期的电子标签，只有一个固定的编号（ID号），卡号在封卡前写入后不可再更改，不可以存储其他任何数据，应用人员只可读出卡号加以利用，故称为ID卡。ID卡没有算法，无任何保密功能，容易复制，安全性较低，数据可保存10年以上。主要应用在门禁系统、企业工牌、考勤、一卡通等系统。

（2）储存卡：有可读写存储器，可反复擦写，可记录卡号、用户资料、权限、消费余额等信息。高级的存储卡具有安全控制逻辑,也叫逻辑加密卡。此类卡存储容量大,读取需要密码认证,数据可以分区,安全保密性好,不容易被复制,使用寿命长,具有防磁、防静电、防机械损坏和化学破坏的能力。储存卡应用在身份认证、银行、电信、公共交通、停车场管理等领域,如二代身份证、公交卡、地铁卡、停车卡等。

(3)CPU卡:是一种高级版的IC卡,卡内除了存储器,还包括中央处理器(CPU)及固化在只读存储器中的片内操作系统,具有信息处理功能,也称为智能卡。CPU卡含有随机数发生器、硬件加密算法等,配合芯片上的OS系统达到金融级的安全级别,可以杜绝重复卡、仿制卡、卡上数据非法修改等情况发生。另外,CPU卡还具有存储空间大、读取速度快、支持一卡多用等特点,广泛应用于金融、保险、政府等领域。

(4)RFID卡:非接触式类电子卡片或标签,每个RFID标签都是独一无二的,结构简单、识别速率高、所需读取设备简单,RFID通信的双方设备是主从关系,应用于门禁管制、停车场管制、生产线自动化、物料管理等场景。

(5)NFC卡:由飞利浦和索尼联合研发,从RFID及互联互通技术整合演变而来,传输距离比RFID短,增加了点对点(P2P)通信功能。利用移动终端实现移动支付、电子票务、门禁、移动身份识别、防伪等应用。

五、智慧旅游应用案例

互联网上的每台主机都有IP标识,在物联网中,能识别区分每个连接入网的主体,对智慧系统至关重要。因此,在智慧旅游系统中,无论是人(游客、商家、本地居民、政府管理者等)还是物(商品、房间、基础设施等),身份自动识别都是重要一环。当前,在旅游相关系统中,身份识别已经有大量应用,如一维码标识商品、二维码支付、电子门票、指纹考勤、三维码文创产品等,这里我们仅针对人脸识别和RFID给出部分典型应用案例。

(一)人脸识别旅游应用

近年来,人工智能发展迅速,人脸识别技术的发展势如燎原,逐渐渗透到各行各业,社会进入"看脸"的时代,从便利店到商场、从加油站到地铁站。如今在智慧旅游中,"刷脸入住"和"刷脸入园"(见图3-18)成为新风尚。

图3-18 刷脸入住与入园

(图片来自互联网)

1. 刷脸入住

菲住布渴酒店(阿里巴巴第一家"未来酒店")是首家全场景人脸识别酒店,之后亚朵、维也纳等知名酒店品牌也都纷纷引进这项"黑科技",刷脸入住成为智慧酒店的必备,其流程及优势如下。

订房:通过小程序等系统在线预登记入住,入住时选择人脸采集。

入住:刷脸入住、刷脸就餐、刷脸健身等方便快捷的智慧服务,提升顾客体验。

退房:小程序在线退房,确认账单,预约发票,免去前台排队办理。

人脸识别入住酒店系统,从预订到身份验证、选房、付钱、退房、开发票全过程自助,可以缩短顾客等待时间,提高入住效率,提升入住体验,降低酒店的人力成本;可以在一定程度上为员工规避潜在危险,保障员工的安全;顾客可以享受到科技带来的旅游住宿的福利,不必担心身份证丢失或忘带。当然,有顾客会担心刷脸所带来的个人隐私泄露等安全问题。

2. 刷脸入园

传统的旅游景区采取人工售票和验票。线下排队购票,增加游客游览成本,影响游客游览体验;依赖肉眼检票和闸机验票,不仅验票速度慢,而且容易给假票贩子留下作弊空间。在实名政策推进的当下,刷脸入园系统可强化景区入口管理,提升景区文明品质。游客可以线上自助购票,节约排队购票的时间,可避免黄牛高价卖票、卖假票的现象;人工智能识别技术确保刷脸入园时一人一票、人证一致,有效避免了虚假门票的泛滥,节省了人工检票成本,并且简化了游客入园流程,缩短了检票时间,提升了游客游览体验。

另外,对于景区,刷脸入园系统可缓解人工验票的压力,实时统计入园游客数量,实现无纸化入园,节约资源。另外,景区员工刷脸进出,便于管理人员通过电脑端了解员工考勤情况,提升员工考勤管理。而且景区内的摄像头可依据入园人脸信息提供寻找丢失儿童、监管不文明行为等功能。

/ 思考与讨论 /

这里仅给出刷脸入住和刷脸入园的应用,请大家思考和讨论人脸识别在智慧旅游其他方面的应用及其优势。另外,说一说自己用过、见过的其他生物识别技术,讨论其特点和优势,并思考和设想一下其在智慧旅游中的应用场景。

(二)RFID旅游应用

RFID自动识别技术更是覆盖了旅游的"吃、住、行、游、购、娱"六大要素。

吃:如食品安全溯源;智慧餐厅监控食品保鲜程度;餐厅自动结账系统等。

住:在酒店中有基于RFID的门禁系统等。

行:公交卡;ETC(Electronic Toll Collection,电子不停车收费)系统,通过路侧RFID天线与车载RFID电子标签之间的专用短程通信,不需要司机停车自动完成收费;智慧停车场系统,包括基于RFID的司机身份识别、车位引导、车位跟踪和收费等。

游:景区中基于RFID的游客流量管理系统、智能导览系统等。

购:购物商场中基于RFID的商品标签,方便仓储管理和防盗等。

娱:娱乐场所基于RFID的设备监测等。

/思考与讨论/

RFID是比较重要的自动识别技术,人们曾经一度认为它是物联网的代表。思考RFID具有如此重要的地位的原因;说一说自己见过的RFID应用以及体验;设想和讨论RFID在智慧旅游中的应用;说一说它具有哪些不可替代的优势。

/课后作业/

从旅游的"吃、住、行、游、购、娱"六大要素中选择一个具体行业和案例,借助互联网查找、整理和分析资料,通过对案例的观察、思考和讨论,论述如何应用自动识别技术,提升其智慧化程度。

第二节 传感器技术

传感器早已渗透到从海洋探测到宇宙开发,从环境保护到资源调查,从工业生产到生物工程,从手机到汽车等极其广泛的领域。可以毫不夸张地说,几乎每一个现代化项目,都离不开各种各样的传感器。传感器技术在发展经济、推动社会进步方面具有重要作用。因此,在《麻省理工科技评论》评选的"全球十大突破性技术"中,相关的传感器技术被多次提及。本章将介绍传感器、无线传感器网络相关技术和应用。

一、传感器概述

科技,让人类的能力不断增强。如果说,机械延伸了人类的体力,计算机延伸了人类的智力,那么无处不在的传感器,则延伸了人类的感知力。可以说,传感器是人类五官的延伸,因此又称之为"电五官"。下面我们将介绍什么是传感器和无线传感器网络。

(一)什么是传感器

传感器(Sensor)是一种检测装置,是实现自动检测和自动控制的首要环节。传感器能感受到被测量的信息(接收信号或刺激),并能将感受到的信息(待测物理量或化学量),按一定规律变换成为电信号或其他所需形式的信息输出,以满足信息的传输、处理、存储、显示、记录和控制等要求。

传感器是将自然界中的物理量转换为可由计算机处理的数据量。从能量传递角度来看,传感器是"从一个系统接收功率,并通常以另一种形式将功率送到第二个系统中的器件",所以有研究者将传感器称为"Transducer",就是将一种能量转换成另一种能量形式。

传感器(见图3-19)通过感知装置,为系统增加视觉、听觉、嗅觉、触觉等知觉,感知的量可以是温度、湿度、光照、压力、气压、震动、气味、声音、视频、位置、移动、加速度等,是物理世界映射成信息世界的重要环节。

近年来,由于超大规模集成电路(Very Large Scale Integration Circuit,VLSI)、微机

电系统（Microelectromechanical System，MEMS）科技，以及射频（Radio Frequency，RF）技术的进步，使得传感器的发展越来越快，向着集成化、微型化、智能化、网络化方向发展。

图3-19　传感器示例

（二）传感器组成

传感器能感知物理世界，并按一定规律转换成适于传输、处理或测量的可用的输出信号（如电信号）。传感器模块是基本功能模块，负责监测区域内信息的采集和转换，传感器模块包括敏感元件和转换元件，其中转换元件一般由传感元件、测量电路和辅助电源组成。当前，传感器大都是一个具有信息收集和处理能力的微系统，除基本信息感知功能外，一般还集成了信息处理模块、无线通信模块等（见图3-20）。各模块具体描述如下。

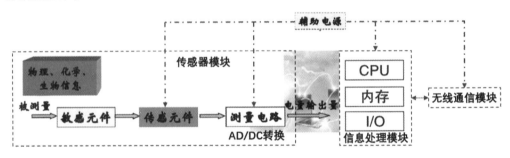

图3-20　传感器组成

1. 传感器模块

敏感元件是传感器中能直接感知或响应被测量，并输出与之呈确定关系的某一物理量的元件。按照基本感知功能，敏感元件可分为热敏元件、光敏元件、气敏元件、力敏元件、磁敏元件、湿敏元件、声敏元件、色敏元件和味敏元件等。

传感元件是传感器中能将有敏感元件感知的或响应的被测量的信号转换成适于传输、处理或测量的电信号的部分。传感元件接收敏感元件的输出，把输入的物理量转换成电路参量。

测量电路将上述电路参量接入基本转换电路，便可转换成电量输出。

辅助电源为传感元件和电路提供能量，有的传感器在工作时必须有辅助电源。

2. 信息处理模块

信息处理模块是一个嵌入式系统，用于存储、处理感知模块采集的数据，并控制传感器工作等。

3. 无线通信模块

一般情况下,传感器采集的数据要传输到后台系统进行处理,数据传输从有线发展为无线,当前以无线传感器为主。无线通信模块的基本功能是将数据通过无线信道以及传输网络传送给其他节点。因为传感器节点传输信息比执行计算更消耗能量,如传输1比特(bit)信息100米距离与执行3000条计算指令消耗的能量相当,另外,无线通信过程中易受到外界干扰,所以需要耗能小、抗干扰性强的无线通信模块。目前,无线通信技术有蓝牙、IrDA、Wi-Fi、UWB、ZigBee等。

(三)传感器分类

传感器的存在和发展,让物体有了感官,慢慢"活"了起来。例如,光敏传感器具有视觉功能,声敏传感器具有听觉功能,气敏传感器具有嗅觉功能,化学传感器具有味觉功能,压敏、温敏、流体传感器则具有触觉功能。传感器从不同角度有多种分类。

按照敏感元件的类型,传感器可分为物理类(基于力、热、光、电、磁和声等物理效应)、化学类(基于化学反应的原理)和生物类(基于酶、抗体和激素等分子识别功能)等。

按照用途,传感器可分为压力传感器、位置传感器、液位传感器、能耗传感器、速度传感器、加速度传感器、射线辐射传感器、热敏传感器。

按照原理,传感器可分为振动传感器、湿敏传感器、磁敏传感器、气敏传感器、真空度传感器、生物传感器等。

二、无线传感器网络概述

传感器信息获取技术已经从过去的单一化渐渐向网络化发展,带来一场信息革命。无线传感器网络(Wireless Sensor Network,WSN)被认为是影响人类未来生活的重要技术之一,这一新兴技术为人们提供了一种全新的获取信息、处理信息的途径。由于无线传感器网络本身的特点,使得它与现有的传统网络技术之间存在较大的区别,给人们提出了很多新的挑战。由于无线传感器网络技术对社会的发展意义重大,多年来,国内外对其开展了大量研究,希望推动对这一具有国家战略意义的新技术的研究、应用和发展。

无线传感器网络集合了微电子技术、嵌入式计算技术、现代网络及无线通信和分布式信息处理等技术,能够通过各类集成化的微型传感器协同完成对各种环境或监测对象的信息的实时监测、感知和采集。它是当前在国际上备受关注的、涉及多学科高度交叉、知识高度集成的前沿热点之一。

(一)什么是无线传感器网络

无线传感器网络(WSN)由大量的静止或移动的具有感知能力的传感器节点组成,传感器节点间通过无线多跳自组织网络通信,构成分布式感传网络,多节点协作地感知、采集、处理和传输网络覆盖地理区域内被感知对象的信息(如温度、声音、振动、压力、位置等),并最终把这些信息发送给网络的拥有者。

无线传感器网络起源于战场监测等军事应用,现在随着传感器技术、嵌入式技术、分布式信息处理技术和无线通信技术的发展,大量的具有微处理能力的微型传感器节点组成的无线传感器网,已经广泛应用于工业控制、智能家居、环境与生态监测、健康监护、智能精细农业和智慧交通等诸多民用领域。

与传统自组织网络相比,无线传感器网络可以部署到人员无法到达的地方,比如战场、沙漠、原始森林等,是物联网感知世界的基础。随着物联网的发展,未来的无线传感器网络将有更为广泛的前景。《商业周刊》和《麻省理工科技评论》都将无线传感器网络列为21世纪极有影响的技术和改变世界的技术之一。

（二）无线传感器网络的特点

无线传感器网络(WSN)具有自组织性、无中心性、动态性、高冗余性等特点。

自组织性:不依赖任何固定网络基础设施(如蜂窝基站或Wi-Fi热点等),传感器节点通过分布式网络协议形成自组织网络,节点可以随时移动、加入和退出,网络具备自组织、自管理、自优化等特点。

无中心性:网络中传感器节点地位对等,并构成P2P对等网,网络中部分节点发生故障不影响整个网络的运行。

动态性:一方面传感器节点可以具有移动性(如车联网、野生动物监测网等),另一方面传感器节点由于能量耗尽或者休眠等原因,可能导致传感器节点从网络中永久或临时退出,这些原因都可以导致网络拓扑结构动态变化。

高冗余性:由于传感器节点容易出现故障,为了保证网络能持续工作,传感器网络的节点一般比较密集,具有高冗余的特点,以保障网络的可靠性。

另外,大多传感器节点受价格、体积和携载能源的限制,存储空间、计算能力和能量有限,因此,节点系统设计和网络协议不能过于复杂。

（三）无线传感器网络的构成

无线传感器网络系统(WSN)包括传感器节点、汇聚(Sink)节点和管理节点(见图3-21)。

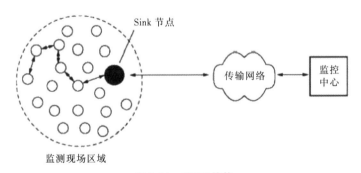

图3-21　WSN结构

传感器节点是WSN感知系统的末端,负责数据采集和传输,依据系统具体任务,具有不同的感知功能,如温度、湿度等,感知节点一般随机分布在监测区域内,通过自组织网络相互通信。

相对于普通的传感器节点,汇聚节点一般具有更大的处理能力、存储空间、网络通信能力和能量,负责收集传感器节点采集的数据,传感器节点通过多跳中继方式将监测数据传送到汇聚节点。

管理节点是后台监控中心,一般是拥有相应数据库管理系统的计算机系统,即服务器。汇聚节点通过互联网或其他网络通信方式将收集到的数据传送到管理节点;管理节点依据应用层的功能对数据进行处理和分析,同时,用户也可以通过管理节点向传感器节点发布数据采集命令、控制指令,以及更新代码等。

传感器节点可以有多种拓扑结构,典型的网络拓扑结构有星状、网状和树状(见图3-22)。

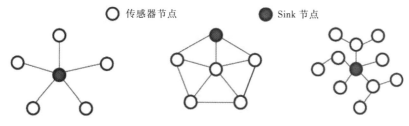

图 3-22　WSN 拓扑结构

（1）星状拓扑:组网简单、成本低,但网络覆盖范围小,而且存在单点失效问题,即一旦Sink节点发生故障,该子网将失去作用。

（2）网状拓扑:组网可靠性高、覆盖范围大,但电池使用寿命短、管理复杂。

（3）树状拓扑:具有星状和网状拓扑的一些优点,兼顾了网络覆盖范围和能量使用,更加灵活、高效。

（四）无线传感器网络的应用

在如今的大数据时代,无线传感器网络(WSN)作为较重要和较基本的信息获取技术,得到了极大的发展。传感器节点可以连续不断地进行数据采集、事件检测、事件标识、位置监测和节点控制等,无线传感器网络也为人们提供了一种全新的获取信息、处理信息的途径。当前,无线传感器网络应用广泛,几乎涉及社会经济活动中的各个领域。

1. 军事领域

WSN较早应用于军事领域,利用WSN能够实现监测敌军区域内的兵力和装备、实时监视战场状况、定位目标、监测核攻击或者生物化学攻击等。

2. 生态环境监测

人们赖以生存的环境越来越受到广泛关注,在自然环境监测、生态变化监测、野生动物监测等方面,通过传统方式采集原始数据是一项困难的工作。WSN为恶劣环境下大范围、动态数据获取提供了方便。例如:通过WSN动态监测降雨量、空气污染、水污染、土壤污染等,预测洪灾、泥石流、山洪暴发等自然灾害和环境污染情况等;通过WSN监测野生动物习性,研究种群复杂度等;将大量传感器散布于人类很难长时间生存的原始森林中，通过WSN对温度、湿度、空气质量等的信息监测，能够有效预防森林火灾。

3. 智慧农业

WSN特别适用于农业生产和科学研究。例如：土壤的温度、湿度和成分监测；经济作物生长规律分析与测量；建立WSN系统对土壤、降水、风向、光照、热量和农药等的数据采集和环境控制，提高农业集约化生产程度和农业生产的科学性，为农村发展与农民增收带来极大的帮助。

4. 建筑物状态监测

通过布置传感器节点，及时准确地观察大楼、桥梁和其他建筑物的状况，及时发现险情，及时进行维修，避免造成严重后果。

5. 工业自动化

WSN可广泛应用于工业自动控制领域。例如：WSN可以部署在常规生产线上，形成CPS系统，用来自动监测和控制生产过程；在煤矿、石油钻井、核电厂、化工厂等布置传感器节点，随时监测工作环境的安全状况，为工作人员的安全提供保证；传感器节点可以代替人工执行部分任务，不仅降低了危险程度，还提高了对险情的反应精度和速度。

6. 智能交通

WSN可以为智能交通系统的信息采集和传输提供一种有效手段，将车与车、车与路旁节点等连成一个庞大的车联网系统，通过车联网监测路况信息，如车流、车速，以及堵车、交通事故等信息，从而扩大驾驶员的视野，使驾驶员可以感知更远距离的交通状况等，并将信息传输到智能交通系统后台，计算得出交通管理最佳方案。此外，这也是未来无人驾驶系统的基础。

7. 个人消费领域——手机传感器

手机中除了我们经常使用的摄像头、麦克风、指纹传感器、GPS位置传感器等，还有很多通过芯片来感应的电子元件，如反应距离值、光线值、温度值、亮度值和压力值等。和所有的电子元件一样，这些传感器的体积越来越小、性能越来越强，同时成本也越来越低。下面介绍几个重要的手机传感器（见图3-23）。

加速度传感器能够测量手机的运动速度和方向，陀螺仪能够测量沿一个轴或几个轴动作的角速度，结合加速度和陀螺仪这两种传感器，可以跟踪并捕捉3D空间的完整动作，为终端用户提供更真实的用户体验、精确的导航系统及其他功能。对一些感应游戏来说，加速度和陀螺仪是必需的元件。磁（场）传感器一般用在常见的指南针或是地图导航中，帮助手机用户实现准确定位。气压传感器可提高GPS测量海拔的精度，将误差校正到1米左右。重力传感器计算出水平的方向，可用来切换横屏与竖屏。距离传感器位于手机的听筒附近，一般是配合着光线传感器来使用，当手机靠近耳朵时，识别用户在通话，然后就会熄灭

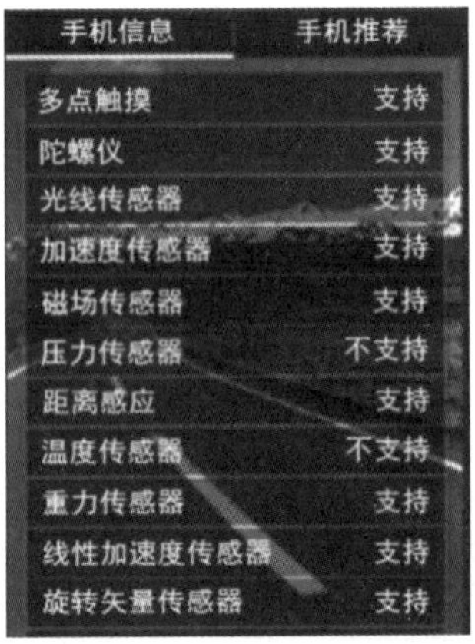

图3-23 手机传感器示例

显示屏,防止用户因误操作而影响通话。光线传感器用来调节手机屏幕的亮度,可搭配其他传感器一同来侦测手机是否被放置在口袋中,以防止误触。霍尔传感器安装在手机上主要就是使用智能皮套(磁皮套),扣上皮套后屏幕就会在皮套上留出一个小窗口界面,用来接听来电或阅读短信。另外,有些手机还具备心率传感器、血氧传感器、紫外线传感器等智慧健康类传感器。

三、智慧旅游应用案例

智慧旅游离不开物联网,而传感器是物联网采集数据的主要手段,因此,智慧旅游的需要大量的传感器,如景区环境监测、酒店客房控制等,下面仅给出部分应用案例。

(一)湿地公园环境监测

湿地是由水文、土壤、大气成分和小气候相互作用构成的特有生态环境,而构成这一环境的任一因素的改变,都会导致湿地生态系统的变化,因此,当它受到自然或人为活动干扰时,生态系统的稳定性就会受到一定程度破坏,进而影响生物群落结构,湿地生态系统以肉眼可见的速度消失、破坏和退化,给环境、经济和社会带来极大的危害,严重影响可持续发展。欣仰邦湿地公园环境监测系统(见图3-24)依据大量传感器实现湿地公园环境监测,具体包括以下方面。

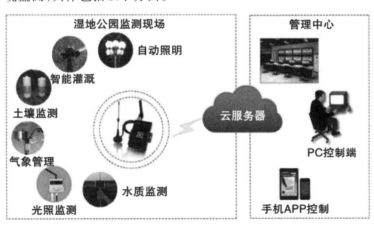

图3-24　欣仰邦湿地公园环境监测系统①

(1)气象监测:温度、湿度、大气压、风速、风向等。

(2)空气环境监测:悬浮颗粒物、可吸入颗粒物、SO_2、CO_2、O_3、氮氧化物、空气负离子等。

(3)水环境监测:化学需氧量、氨氮、pH、水温、流量、溶解氧等。

(4)土壤环境监测:土壤pH、重金属微量元素(镉、汞、砷、铅等)、温湿度、光照度等。

(5)环境质量:噪声。

---

①图片来源:https://www.xmsiyb.com/solution/garden/214.html。

整套系统由感知层、传输层、平台层和应用层四部分组成。感知层由气象站、微型空气监测站、水质监测仪、土壤监测站、视频监控等前端无线传感器监测设备采集数据;传输层通过LoRa(一种低功耗广域网)无线网络把各个监测设备的监测数据传送到中心平台(云服务器);中心平台控制端可以GIS方式直观、形象、实时显示各监测点位和整个区域的空气质量状况,以及污染物浓度,并提供异常报警、区域空气质量变化趋势等多种服务。图3-25所示的分别是温湿度传感器、水浸监测器、液位传感器。

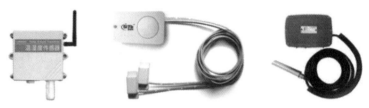

图3-25　部分传感器示例

/思考与讨论/

这里仅针对湿地公园环境监测场景,给出了一个参考方案。事实上,不同类型的景区,需要不同的感知方式。学生可以选择某一景区,如主题公园、山地公园、博物馆等,观察景区已经使用了哪些传感器、实现了什么功能,并思考在什么场景、嵌入何种传感器可以改善游客的游览体验,或者提高景区监管效率,又或者增强景区管理力度,等等。

(二)酒店客房安全感知

酒店入住安全性问题,一直是广大顾客的担忧之一。例如:酒店流动人员较多,如何保障个人物品和财产安全;另外,酒店因为环境密封,地毯、床褥等可燃物较多,吸烟、忘记切断电源等容易造成火灾的安全隐患也较多;酒店浴室等空间因为顾客忘关水龙头而导致房间地毯、家具浸水,甚至电器浸水导致火灾的隐患也较大。针对以上问题,在酒店加入人体移动传感器、门窗传感器、燃气泄漏报警器和水浸传感器等(见图3-26),可打造智能酒店客房。

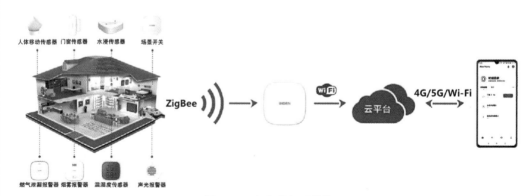

图3-26　安全感知系统[①]

[①]图片来源:http://www.ihorn.com.cn/Solution/Things/9db5bf47-f15b-4cf4-b3e9-a915f2117f32.html。

烟雾传感器的接入可以及时感知酒店客房内烟雾的情况,消除火灾隐患。水浸传感器可以及时感知房间的水量情况,通知客房管理部门处理相关情况。还可引入人体移动开关、门磁开关,联动灯光、空调等设备,实现智能化操作。安全感知系统不仅能保障酒店和住户的生命、财产安全,还可以提升顾客入住体验,同时增强酒店的运营和管理方法。

/思考与讨论/

这里仅针对安全性给出酒店客房使用传感器的场景,事实上,智慧酒店的很多场景都需要传感器的支持,比如在被褥、枕头内嵌入传感器,监测顾客的睡眠质量,从而通过改善睡眠环境(如开启轻音乐,自动调整枕头的高度,调节室内的温度、湿度和亮度等),提高顾客的睡眠质量。请学生针对一次酒店入住,观察酒店客房使用了哪些传感器、实现了什么功能,并通过入住体验,思考一下在什么场景嵌入何种传感器,可以改善顾客哪些方面的入住体验或提升酒店服务和管理能力。

/课后作业/

本节我们仅从景区和酒店两个方面给出应用传感器的案例,事实上旅游业非常广泛,包括"吃、住、行、游、购、娱"六大要素,每个要素都有很丰富的产业群。在"互联网+"时代,各个领域都面临智慧化提升。请学生结合某一具体产业或案例,借助互联网查找、整理和分析资料,通过对案例的观察、思考和讨论,论述如何应用传感器技术,提升其智慧化程度。

第三节 定位技术

位置是连接到物联网中物体的重要属性之一,也是旅游研究的重要内容。大到定位景区,小到在景区内寻找厕所,都离不开位置信息。另外,从物理意义上看,旅游就是人的位置的改变,游客的位置对旅游管理、营销和服务是很重要的信息。因此,在某些场景下,缺少位置的感知信息是没有实用价值的。位置服务采用定位技术确定物体当前的地理位置,利用地理信息系统技术与移动通信技术,向物联网中的物体提供与其位置相关的信息服务。

定位技术的种类有几十甚至上百种,每种定位技术都有自己的优缺点和适合的应用场景。我们要确定是室内定位还是室外定位,以及定位时空精度要求等。本章将介绍几种重要的室内外定位技术,包括全球导航卫星系统、蜂窝基站定位、短距离无线通信定位等,以及它们在智慧旅游中的应用。

一、室外定位技术

现代化的都市生活几乎离不开导航,当前手机、汽车上的导航系统大多基于卫星导航或者结合蜂窝定位,它帮助我们定位导航,很难想象没有定位系统的生活。那么,我们在享受定位系统带来的便利时,是否想过,我们使用的是什么卫星定位系统,什么是蜂窝基站定位。本节将简单介绍常用的室外定位技术。

（一）全球导航卫星系统

全球导航卫星系统（Global Navigation Satellite System，GNSS）也叫全球卫星导航系统，或者简称为GPS（Global Positioning System），广义上的GPS泛指全球卫星定位系统，狭义上的GPS特指美国的全球卫星定位系统。全球导航卫星系统是指结合卫星和通信技术，能在地球表面或近地空间的任何地点为用户提供全天候的三维坐标、速度和时间信息的无线电导航定位系统。

1. 卫星定位系统的基本原理

从理论上来说，卫星定位系统的基本原理并不复杂。我们要定位的地点可以用三维坐标(x, y, z)表示，即平面上的经纬度和高度。位置处的卫星信号接收机如果能同时收到3颗不同卫星的信号，就可以通过信号测得接收机距离3颗卫星的距离。卫星的位置是精确可知的，因此可以列出3个含有x、y、z的距离方程组，并求得x、y、z。

但是在实际中，为了更精确求解，考虑到卫星的时钟与接收机时钟之间的误差，实际上有4个未知数，即x、y、z和时钟误差，如图3-27所示，因而需要引入第4颗卫星，形成4个方程式进行求解，从而得到观测点的经纬度和高程。GPS的运行卫星分布在6个特定角度的轨道平面上，这种布局就是保证在全球任何地点、任何时刻，每个GPS接收机至少可以接收到4颗卫星的信号。

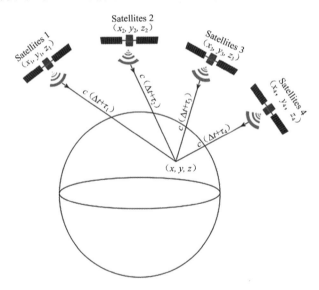

图3-27　卫星定位原理示意图

（图片来自互联网）

理论上，接收机和卫星的距离测定方法也很简单。卫星在向接收端发送自己位置信息时，会附上信息发出的时间。接收机收到信息后，用当前时间减去发送时间，得到信息传播的时间。用信息传播时间乘以信息传播的速度（光速），就可以计算出接收机与卫星的距离。

但在实际中，卫星和接收机的时间很难精确同步，而时间上任何一点细微的误差乘上光速，得到的距离误差都很可能被放大多倍，例如1纳秒的时间误差将导致0.3米的距离误差。正所谓"失之毫厘,谬以千里"。

了解到卫星定位系统的基本原理后,发现卫星定位系统最核心的部分是时间的测定。为尽可能地减小时间误差,卫星定位系统使用的是目前最精确的时间测量工具——原子钟,它被称为卫星定位系统的心脏。

原子钟是根据原子会按照其固有频率不停地发生振荡并且频率不会受温度和压力的影响而改变这一原理制成的。原子钟的精度非常高,数千万年才会差1秒。但是,受限于技术和成本,卫星用户接收机只能使用石英钟。

根据爱因斯坦的广义相对论,大质量物体会导致其周围的时间和空间发生弯曲,其中一个具体表现即离大质量物体越近,时间就变得越慢,如卫星上的时钟每天会比地球上的时钟快38微秒,即每天将会增大11千米的误差。另外,广义相对论发现物体的运动速度也将导致其时间弯曲,具体表现就是速度越快的物体,其时间变得越慢。

因此,在实践中提供精确计时和定位需要更复杂的计算。目前世界上可以提供精确定位的全球导航卫星系统有美国的全球定位系统、俄罗斯的格洛纳斯卫星导航系统、中国的北斗卫星导航系统、欧盟的伽利略卫星导航系统,这些系统全部使用了原子钟来测定时间。

2. 全球四大卫星导航系统

全球卫星导航系统国际委员会(ICG)公布的全球四大卫星导航系统包括:美国的全球定位系统(GPS)、俄罗斯的格洛纳斯卫星导航系统(GLONASS)、欧盟的伽利略卫星导航系统(GALILEO)和中国的北斗卫星导航系统(BDS)。此外还有日本准天顶卫星系统(Quasi-Zenith Satellite System, QZSS)和印度区域导航卫星系统(Indian Regional Navigational Satellite System, IRNSS)两个区域系统,其中 IRNSS 也称为印度导航星座(Navigation with Indian Constellation, NavIC)。

GPS 是世界上第一个建立并用于导航定位的全球系统;GLONASS 正处于现代化的更新进程中;GALILEO 是第一个完全民用的卫星导航系统;BDS 已完成北斗三号部署,处于全球化快速发展阶段。

GPS:美国从20世纪70年代开始研制GPS,历时20余年,耗资200亿美元,于1994年完成24颗卫星部署工作(21颗工作卫星和3颗备用卫星)。1995年4月,美国国防部正式宣布GPS具备完全工作能力,是具有在海、陆、空全方位实施三维导航与定位的能力的新一代卫星导航与定位系统。GPS单机导航精度约为10米,综合定位精度可达厘米级和毫米级,但民用领域开放的精度约为10米。

GLONASS:GLONASS卫星导航系统研制计划于20世纪70年代启动,历经20多年的曲折历程,于1996年1月18日完成24颗部署工作(21颗工作卫星和3颗备用卫星)。GLONASS导航范围可覆盖整个地球表面和近地空间,定位精度将达到1.5米之内。

GALILEO:欧盟于1999年启动GALILEO卫星导航系统计划,以摆脱欧洲对美国GPS的依赖。GALILEO有"欧洲版GPS"之称,系统计划总共发射30颗卫星,可以覆盖全球,位置精度达几米。因各成员国存在分歧,计划已几经推迟,截至2022年,GALILEO有28颗在轨卫星。

BDS:中国北斗卫星导航系统(BeiDou Navigation Satellite System)是我国自主建设、独立运行的卫星导航系统。1994年,启动北斗项目;2000年,建成北斗一号系统,向中国提供服务;2012年,建成北斗二号系统,向亚太地区提供服务;2020年,成功部署55颗导航卫星,开通北斗三号系统,向全球提供服务。北斗系统可在全球范围内全天候、全天时为各类用户提供高精度、高可靠定位、导航、授时服务,并具短报文通信能力,定位精度10米,测速精度0.2米/秒,授时精度10纳秒。

3. 北斗卫星导航系统组成

北斗卫星导航系统(见图3-28)由空间段、地面段和用户段三部分组成。

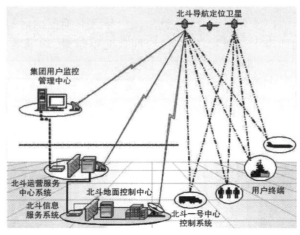

图3-28　北斗卫星导航系统

（图片来自互联网）

空间段:北斗系统空间段由若干地球静止轨道卫星、倾斜地球同步轨道卫星和中圆地球轨道卫星等组成,共55颗(截至2020年6月23日)。

地面段:北斗系统地面段包括主控站、时间同步/注入站和监测站等若干地面站,以及星间链路运行管理设施。

用户段:北斗系统用户段包括北斗兼容其他卫星导航系统的芯片、模块、天线等基础产品,以及终端产品、应用系统与应用服务等。图3-29所示为部分北斗终端。

图3-29　手持、车载、船载北斗终端

（图片来自互联网）

（二）蜂窝基站定位

蜂窝基站定位(见图3-30)是一种基于参考点的无线定位技术,即利用移动通信蜂窝网络(即2G/3G/4G/5G手机信号站)对手机进行定位。移动通信蜂窝网络中的基站把整个通信区域划分成一个个正六边形的蜂窝小区(Cell),这些小区半径依据服务区的手机密度而定。手机总是要和其中某个基站连接才能通信,这样就能确定手机位于哪个小区之内,从而进行粗略定位。

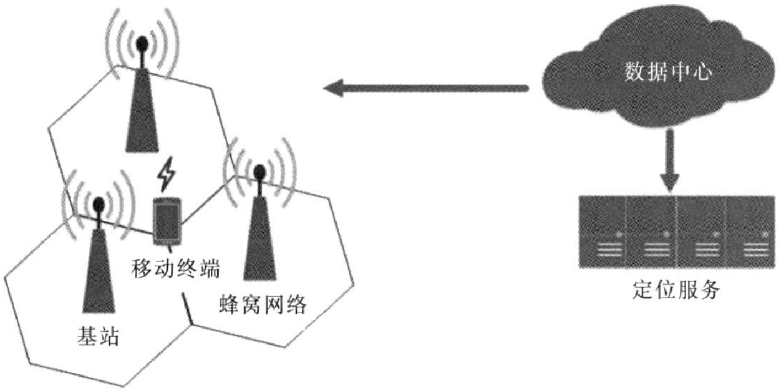

图 3-30　蜂窝基站定位
（图片来自互联网）

实际中，我们一般通过多个基站测量从移动终端发出的电波信号参数，如传播时间、相位或入射角等，再通过合适的定位算法推算出移动终端的位置，更进一步地结合地理信息系统（Geographic Information System，GIS），获取移动终端用户的位置信息（经纬度坐标），为用户提供基于位置的服务（Location Based Service，LBS）。

相比于卫星定位，蜂窝基站定位精度不够，在几十米至几千米，但是更快速、更省电、成本更低，在一些精度要求不高的场景下，也大有用武之地。

GPS定位以其高精度得到更多的关注，但是其弱点也很明显，如卫星信号穿透力弱，容易受到建筑物、树木等的阻挡而影响定位精度；硬件初始化时间较长等。而蜂窝基站定位速度快、成本低、耗电少，在智能交通运输系统、提高用户的安全保障、优化网络资源管理等方面都有着广泛的应用，但定位精度不高。

AGPS定位（辅助GPS定位）是一种混合定位，即GPS定位技术与蜂窝基站定位技术的结合，具有很高的定位精度，目前使用越来越广泛。AGPS定位技术，使GPS定位和蜂窝基站定位互补短长，从而获得快速、高精度定位。

二、室内定位技术

随着生产生活的需要，人们对于像机场大厅、会展中心、体育馆、博物馆、商场、仓库等室内环境的定位服务需求与日俱增，但卫星定位无法提供室内定位服务，蜂窝定位的室内定位效果也不理想。随着科学技术的发展，人们开始研究室内高精度定位技术，并且提出了一些系统解决方案，之后室内定位技术的不断成熟，一些室内定位技术不再局限于室内，也出现了应用于室外的解决方案。

（一）短距离无线通信定位

短距离无线通信技术是指传输距离在几十米之内的无线传输技术，如无线个域网和无线局域网，常见的有 ZigBee、IrDA、RFID、UWB、蓝牙、NFC 和 Wi-Fi 等。短距离无线通信定位技术利用短距离无线通信来定位、追踪和监测特定目标的位置。短距离无线定位可以用于室内定位、医疗监护、资产管理、物流管理等方面，协助用户高效地完成物资管理和监控。

不同短距离定位技术的基本原理不同,但是多数短距离定位技术都可以采用和卫星定位相似的原理。如Wi-Fi定位,首先要部署定位AP(接入点,类似于卫星,位置已知)和定位服务器,3个定位AP通过和被定位设备间(设位置为x、y、z)通信信号的强度、时间差等参数测定距离,得出3个以上含有x、y、z的距离方程式,然后定位服务器计算方程组,得到被定位设备的精确位置。

短距离无线通信技术在本书第四章的第四节会进行详细学习,这里仅简单介绍一下主要定位方法、关键技术和应用领域。

1. RFID定位

RFID定位就是利用RFID标签和多个RFID阅读器的通信达到识别和三角定位的目的。RFID可以在几毫秒内得到厘米级定位精度,并且具有非视距、RFID标签体积小、造价低等优点。但是,RFID作用距离短,不具有通信能力,抗干扰能力较差,不便整合到其他系统之中,并且用户的安全隐私保障和国际标准化都不够完善。目前,RFID定位技术广泛应用于仓库、工厂、商场的货物流转和定位,以及紧急救援、资产管理、人员追踪等领域。

2. Wi-Fi定位

Wi-Fi定位有两种方法:一种是传统定位法,通过移动设备和多个无线网络接入点的无线信号强度,进行三角定位;另一种是首先通过采集巨量的确定位置点的信号强度构建数据库,然后用新加入的设备的信号强度对比拥有巨量数据的数据库,来确定位置。

由于路由器和移动终端的普及,以及便于扩展、低成本的优势,Wi-Fi最先实现了规模化,但它易受到周围环境的影响,精度较低。Wi-Fi可以实现复杂的大范围定位、监测和追踪任务,主要应用于对人、车的定位导航,如医疗机构、主题公园、工厂、商场等各种需要定位导航的场景。

3. ZigBee定位

ZigBee定位是通过若干个待定位的节点和一个已知位置的参考节点与网关之间形成网络,节点之间通过相互协调通信实现全部定位。ZigBee定位的优点是低功耗、低成本、效率高,但是其信号容易受多径效应和移动的影响,定位精度取决于信道物理品质、信号源密度、环境和算法的准确性,定位软件的成本较高,仍有很大提升空间。ZigBee定位主要应用于大型工厂和车间。

4. 蓝牙定位

蓝牙定位就是利用室内安装的若干个蓝牙局域网接入点,通过测量信号强度对新加入的定位节点进行三角定位,根据不同公司使用的技术手段或算法不同,精度可保持在3~15米。蓝牙定位设备体积小、短距离、低功耗、易集成,并且已经在智能移动设备普及,如手机、平板电脑、笔记本电脑、手环、耳机等,但蓝牙稳定性不好,易受干扰且设备昂贵,因此主要应用于对人的小范围定位,如零售业、酒店、景区等。

5. 红外定位

红外定位有两种方法:一种是通过一对红外线发射和接收装置进行精确定位;另一种是通过多对发射和接收装置组成红外线网络覆盖待测空间,对运动目标进行定位。红外线定位精度相对较高,但穿透性极差,仅能视距传播,且易受灯光、烟雾等环境因素影响。目前,红外定位仅适用于小范围内对简单物体进行精确轨迹定位,如室内移动机器人的位置定位。

6. UWB定位

UWB(Ultra Wide Band,超宽带)是一种近年来新兴的、与传统通信技术有极大差异的无线通信新技术,在无线室内定位领域具有良好的前景。UWB是基于极窄脉冲的无线技术,无载波,通过发送和接收具有纳秒或微秒级以下的极窄脉冲来传输数据,具有传输速率高、发射功率较低、穿透能力较强、抗多径效果好、安全性高、系统复杂度低等优点。

UWB具有超高的时间和空间分辨率,利用三角定位等几何定位方法定位,UWB定位精度可达厘米级别,根据不同公司使用的技术手段或算法不同,精度可保持在0.1~0.5米。但由于新加入的盲节点需要主动通信,使得功耗较高、成本较高。目前,UWB可用于室内精确定位和导航,包括对人和车的定位和导航,如战场士兵的位置发现、机器人运动跟踪、汽车地库停车导航、矿井人员定位、贵重物品仓储等。UWB定位基站和定位终端示例分别如图3-31和图3-32所示。

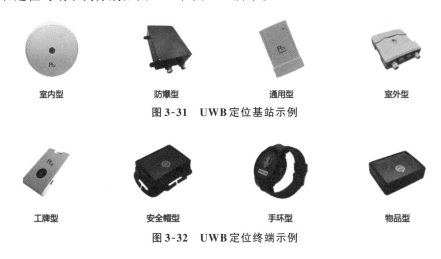

图3-31　UWB定位基站示例

图3-32　UWB定位终端示例

（二）地磁定位

地球是一个巨大的磁体,在南北两极间形成磁场。很多鸟类在做长途飞行时,利用地球磁场来保持其飞行路线不发生偏离。人类也很早就利用地磁进行方向辨认和导航,如指南车、航海罗盘等。如今,这个天然磁场在人类现代化的钢筋混凝土建筑物内,由于受到金属物的干扰而发生扭曲,因此在建筑物内形成一个独特的、有规律的室内磁场,室内地磁定位正是利用室内磁场的规律特征来实现的。

地磁定位技术是利用室内不同位置的磁场差异来确定被测物体在室内的位置。由于地球磁场被现代建筑的钢筋混凝土扰动而扭曲,室内便形成了独特的"磁性纹路"。而且,如果建筑物本身不发生钢筋体的结构性改变,室内磁场的特性也就固定不变。与Wi-Fi指纹定位类似,地磁定位首先需要人工采集室内的地磁分布,可以通过现代智能手机内集成的地磁传感器收集室内的磁场数据,辨认室内环境里不同位置的磁场信号强度差异,建立磁场数据库,然后将被测地磁传感器检测的磁场特征与磁场数据库进行匹配,确定其在室内的位置。

地磁定位精度一般在2米左右,具有不需要部署额外硬件、零施工、终端就可使用带有地磁传感器的手机、不分场景和时间、不需要现场维护等优点。但是,需要事先建立地磁定位数据库,而且每当室内环境有较大的变动,就需要重新采集并更新数据。另外,地磁信号容易受到金属物的干扰,如附近驶过的车辆,对其位置的获取势必产生影响。

(三) 超声波定位

人类耳朵能听到的机械波波长为2厘米～20米,把波长小于人类听觉的声波频段下界的机械波称为"超声波"(Ultrasound)。超声波必须依靠介质进行传播,真空中无法传播。超声波波长短(小于2厘米),因此在空气中则极易损耗,容易散射,不如可听声波传得远。

超声波定位主要采用超声波反射式测距法,目前,比较流行的基于超声波室内定位的技术有两种。

一种为将超声波与射频技术(RFID)结合。由于射频信号传输速度快(接近光速),可以利用射频信号先激活电子标签而后使其接收超声波信号,利用时间差的方法测距。这种技术成本低、功耗小、精度高。

另一种为多超声波定位技术。其原理与卫星定位和多数无线电定位原理相似,此技术采用全局定位,适当部署多个超声波定位传感器。定位时,被定位超声波传感器向多个(至少3个)超声波接收器发射同频率的信号,接收器接收后再反射给被测超声波传感器,根据回波和发射波的时间差测出距离,并计算得到被测主体所在的位置。

超声波定位精度在5厘米之内,响应速度为0.1秒,但是,由于超声波在空气中的衰减较大,传播距离一般只有几十米,因此,定位半径一般在30米以内,而且超声波受多径效应和非视距传播影响较大。

三、智慧旅游应用案例

从物理意义上来说,旅游就是游客位置的改变,因此,位置信息对旅游系统来说至关重要。游客的位置、旅游资源的位置对旅游服务、营销和管理来说都是不可或缺的信息。现如今,基于位置的服务、营销和管理技术已经应用到智慧旅游平台。

(1) 基于位置的服务(Location Based Services,LBS):LBS服务融合了移动通信、互联网络、空间定位、位置信息、大数据等多种信息技术,利用移动互联网络服务平台进行数据更新和交互,可使用户通过空间定位来获取相应的服务。比如智能导览系统,基于定位和GIS技术,在地图上找出酒店、景点、厕所、服务商亭的位置,并规划最优路径,已经成为基本服务。

(2) 基于位置的营销:随着移动互联网发展和智能手机的普及,基于位置的场景营销已成为必不可少的选择。尤其是旅游中的一些商品,只有游客在附近,才具有营销价值,因此感知游客位置,适时推荐游客需要的产品,能有效提高营销成功率。

（3）基于位置的管理：基于游客的位置、数量等信息，合理调度和配置旅游资源是旅游管理的重要内容，如游客分流、安全预警、疏散等。

当前，一些大企业如移动通信运营商（移动、联通和电信）和互联网巨头（如腾讯、百度等），凭借庞大的移动用户群体，已经掌握了时空大数据，并且针对行业提供完整的解决方案。一些第三方企业，利用这些时空大数据，针对具体行业提供深入的垂直服务解决方案。然而，这些时空大数据对于室内（如博物馆、图书馆、展览馆等）场景的需求来说还不够，因此需要其他解决方案。下面给出几个解决方案实例。

（一）腾讯位置服务

凭借庞大的用户群体，腾讯位置大数据日均全球定位请求已经超过1100亿次，覆盖用户数超过10亿，全球覆盖范围超过200个国家和地区。依据海量的实时数据和精准的时空模型，提供丰富的应用场景，如智慧交通、智慧城市、智慧医疗等。腾讯位置服务具备定位、地图、地点搜索、路线规划、导航、室内图、位置大数据等多种LBS能力。

根据行业自身的业务流程及应用场景，提供全方位的行业解决方案，助力行业业务发展。如图3-33所示，腾讯位置大数据可为精准宣传和功能评估提供依据，助力公园管理。例如：精确了解游客来源，针对性地投放宣传；精确了解公园内的人流变化，及时开展客流的引导和内部监控；跟踪评估公园功能和效率，为评估和优化措施提供决策参考等。

图3-33　腾讯位置大数据示例[①]

WeMap腾讯地图产业版提供智慧文旅解决方案，基于海量位置数据，为客户提供定位、地图、搜索、路线规划、导航、位置大数据等专业的LBS能力支持，助力行业伙伴业务发展。解决方案架构如图3-34所示，分为数据层、服务层和应用层。其中数据层获取相关时空数据，如定位数据、道路数据等；服务层提供基于位置的相关服务，如定位服务、导航服务、路线规划服务等；应用层针对不同客户提供具体应用，如面向游客提供AI导游、AR导航等，针对管理部门提供客流监测、热力图等，针对企业营销提供

[①]图片来源：《京沪公园使用大数据及规划启示报告》，https://heat.qq.com/bigdata/index.html。

LBS数据魔方、客群分析、精准营销等功能。

图 3-34　解决方案架构①

腾讯面向智慧文旅解决方案提供的部分产品如下。

（1）腾讯云智慧导览：腾讯云智慧导览基于小程序的产品形态，作为景区服务游客的智能化帮手，让游客通过手机便可一键了解景区全貌、景区介绍、游玩路线推荐、景点讲解等内容，以及查找要找的设施场所，使游客仿佛拥有私人专属导游一般畅游景区。产品功能包括实时定位、手绘地图、推荐路线、路线规划、语音讲解、设施查找、通知推送、点位收藏、排队时间、景区名片、VR全景、AI导游、AR导航、AR互动等。

（2）腾讯文旅客情分析平台：腾讯文旅客情分析平台基于腾讯海量数据计算处理引擎和大数据分析能力，高度还原现实世界客流分布情况。在无须硬件铺设支持的情况下，可以提供景区实时人数、当日人流预测、实时热力分布等多维客流在园状态分析数据，并构建了丰富客流画像体系。可以帮助景区管理者全面深入地了解客流情况及客群画像，提升景区安全运营、精准运营及营销能力。

（3）腾讯LBS数据魔方：腾讯LBS数据魔方基于腾讯海量数据计算处理引擎和大数据分析能力，将现实空间、人口、人地关系数据进行结合，通过AI算法挖掘数据价值，为客户提供洞察分析报告、网络规划、开店选址、经营管理、市场营销等多业务环节的大数据赋能。

（4）腾讯文旅专网地图：腾讯文旅专网地图是一款专为政府、企业用户打造的地图服务平台产品。它是集数据、GIS、导航、位置服务于一体的综合开放性地图平台，支持在私有云、物理机、专网环境下快速集成地图，为用户提供专业的一站式地图服务。

基于腾讯鲜活的时空大数据、WeMap产品能力及小程序原生能力，为景区提供智

---

① 资料来源：WeMap 腾讯地图产业版智慧文旅解决方案。

慧导览、位置大数据、专网地图等多维度的智慧产品，帮助景区优化游客体验，提升运管能力。应用场景包括游客服务、精准营销、安全运营和园区管理，如图3-35所示。

图 3-35　应用场景①

（二）百度地图慧眼

百度地图慧眼号称时空大数据服务专家，为城市规划、智慧交通、智慧文旅、政府管理、人口统计等提供解决方案。例如，百度迁徙平台可以查询旅游城市的人口迁徙，为游客流量预测、管理，以及客源地分析提供基础数据；百度地图交通出行大数据平台可对全国城市、高速、枢纽、景区和商场等进行拥堵监测，对旅游出行安排、客流管理等具有重要意义。

百度地图慧眼提供智慧文旅解决方案助力文旅行业应变新挑战，打通"管、运、服"全流程。解决方案架构如图3-36所示。

图 3-36　解决方案架构②

其提供的服务包括：

(1)城市管理：着眼全域旅游资源管理，构筑城市文旅大脑。

① 全域客流分析：打通全域数据，监测景区客流情况，支持管辖区/景区历史客流

---

①图片来源：https://wemap.qq.com/solution/tourism/。
②图片来源：https://huiyan.baidu.com/solution/culturaltourism/。

横向对比。

②游客过夜率分析：分析游客在城市的过夜情况，掌握外地游客的过夜需求。

③游客出行目的分析：分析时间变化趋势，掌握游客的主要出行目的。

④游客迁徙方式分析：分析游客迁徙方式，掌握外地游客迁入迁出使用的交通工具比例。

⑤游客游览路径分析：分析游客游览的前一景区和下一景区分布占比，掌握各景区之间的关联度。

⑥智能调度：发布车辆绕行信息，进行停车到达点引导，保障景区周边交通顺畅。

⑦大数据报告：针对智慧文旅行业，提供多维度的大数据分析报告。

⑧商业分析：分析不同类型地点游客聚集度，掌握游客爱逛、爱吃、爱买品类。

(2)景区运营：数据智能支撑精细化运营，助力景区降本增效。

①客流分析：监测景区实时客流和热力分布情况，预测未来客流趋势。

②游客画像分析：分析景区游客人群特征，横向对比城市、同类型景区游客画像。

③游客来源分析：分析景区游客来源地分布情况，助力景区做好宣传的定向包装投放。

④交通拥堵分析：分析景区周边路径交通拥堵情况，预测未来交通趋势。

⑤AI决策小度：根据景区类型和海量数据，向景区提供多种决策建议。

⑥智能报警：游客遇到紧急情况可通过百度地图客户端一键求助，平台端实时获取游客求救信息，高效处理景区突发状况。

(3)游客服务："吃、住、行、游、购、娱"一键智能游，全方位服务游客。

①精细化底图：打造专属特型 Icon 和 3D 模型，呈现景区内部精致布局和特色细节。

②AI导游：详细介绍景区各个景点信息，为游客打造沉浸式的游玩体验。

③精品全景：360°全面展现景区美景，让固化的景区"活"起来。

④智慧停车：打造全场景停车场推荐引导，让游客提前预约、顺利到达、快速停车入园。

（三）恒高室内定位

恒高(EHIGH)号称UWB室内定位专家，其室内定位系统单区域支持多于1000张/秒的定位标签，精度高(10厘米)，容量大，提供位置实时显示、历史轨迹回放、人员考勤、电子围栏、行为分析、多卡判断、智能巡检等功能，可应用于化工厂人员定位、监狱犯人定位、养老院人员定位、施工人员定位、隧道人员定位、室内管廊定位、车辆定位、物资定位、仓储定位等多种室内场景。

博物馆是社会历史文化传承的重要载体和旅游观光的重要景点之一，但是由于博物馆人流量密集、展品多、面积大，往往也面临着很多问题。比如经常在博物馆或展览馆内，想要去看某展品或前往某展区，研究了半天平面图，仍找不到其位置；想要了解展品文化，但讲解员人数有限，或者不希望跟在讲解员身后而限制了自由等。博物馆传统的游客数据统计方法效率低、数据误差大，如何改变这一现状，提高数据分析能力仍是难点。面对博物馆在管理和服务中的一些问题,如何为观众提供更多一流的服务、如何为博物馆的管理工作带来便捷成为目前需要解决的问题,因此建设智慧博物馆已是势在必行。特别是在位置感知、大数据、物联网等技术的推动下,智慧博物馆的雏形已呼之欲出。

恒高的博物馆室内定位解决方案,使用UWB室内定位技术,能够实时获取人员精确位置。利用观众自带移动终端(如手机),将展品信息及整个展馆的参观线路全部加载到观众的手机上,观众可自行安排参观行程,在参观过程中,系统会自动将观众周边的展品信息推送至手机。

此系统解决了博物馆关于长期存在的藏品保护与展示之间的矛盾,同时还带动博物馆的其他业务的信息化管理,提高了工作效率,为博物馆的规范化、标准化、数字化管理发挥了积极作用。以深圳博物馆为例,其室内定位系统功能如下。

(1)实时定位与人员分布:博物馆室内定位系统,实时人员位置跟踪,统计人员位置和分布热度图,随时随地掌握工作人员动态,便于实现人员管理和调度。

(2)静态/动态电子围栏:可设定静态和动态电子围栏,实现区域的进入权限管理,确保观展人员在安全范围内活动。

(3)视频联动:高速视频联动,针对博物馆展厅进行视频跟踪,随时随地观察每个区域的人流情况,方便进行管理。

(4)智能导览:一键导航,提供每个展位的具体导航位置,提高观展人员效率,及时推送信息,提高展品曝光率。

(5)聚众监测:对区域实行聚众监测,区域内人数密度超过规定密度则进行报警,防止因人员过度拥挤而发生意外事故。

(6)历史轨迹储存和回放:无时限存储人员运动轨迹,为事件处理提供决策依据,可按人员或区域回放指定时间段内的人员运动轨迹。

(7)自定义开发功能:自定义开发功能,支持快速集成并二次开发,兼容所有功能和开发平台,短时间内快速完成定位系统开发。

课后练习

第四章
网络传输技术

计算机网络技术诞生几十年来,已经渗透到了社会中的各个领域,成为人们生活中不可或缺的技术。在智慧化的今天,网络传输技术是连接物理(现实)世界和信息(虚拟)世界的桥梁,是构建信息物理系统(CPS)和数字孪生系统的关键,是沟通"物理—社会—信息"三元世界的纽带。因此,网络传输技术在智慧系统中占有重要地位,网络传输失效是当代人类社会的一大灾难。

为此,针对不同应用场景,各种各样的网络技术层出不穷,从ARPANET(阿帕网)到Internet(互联网),从互联网到移动互联网再到物联网,等等。物联网的短距离通信技术,如IrDA、ZigBee、蓝牙、UWB等,可谓百花齐放;低功耗广域网LoRa和NB-IoT等,也是百家争鸣;离我们生活较远的太空互联网、深空通信、水声通信等,更是成为"上九天揽月、下五洋捉鳖"等大工程中不可或缺的网络技术。本章不深入探究相关网络技术的概念、原理和实现细节,而是为学生系统梳理各项网络技术的发展、特点和应用。希望学生能用动态的、发展的眼光看待不同网络技术的演进,熟悉它们已有的特点和应用场景,为将来技术应用创新打下基础。

学习目标

知识目标:了解互联网的发展历程,掌握互联网的组成、特点和体系结构,理解互联网关键技术和互联网思维;了解移动互联网的发展历程,理解移动互联网,尤其是5G技术的特点和应用;了解典型短距离通信技术的发展历程,掌握短距离通信技术的特征和应用,尤其要了解它在智慧旅游中的综合应用;了解低功耗广域网络的特征,掌握主流的低功耗广域网络的应用,尤其要了解它在智慧旅游中的应用;了解其他网络技术,包括太空互联网、深空通信和水声通信。

能力目标:运用本章知识,不但能够厘清物联网网络传输技术,而且通过网络技术的应用案例,尤其是在智慧旅游中的综合应用案例,深刻理解技术的特征和应用,为后期构建智慧旅游系统奠定基础。

素养目标:通过互联网技术的创新应用,培养学生互联网思维;通过互联网创新、发明的人物故事,培养学生创新和奉献精神;通过我国在网络技术上,从落后到追赶,再到突破和引领(如中国移动通信的发展到5G技术的引领),培养学生的家国情怀。

第四章　网络传输技术

知识导图

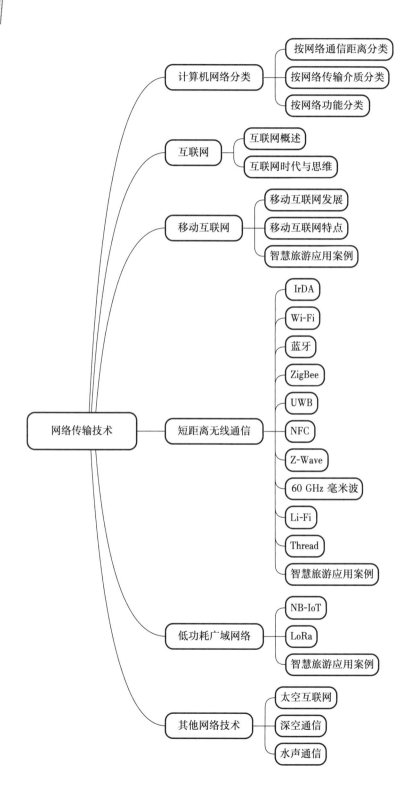

第一节 计算机网络分类

计算机网络从不同角度有多种分类,下面给出三种常见分类,以方便本章内容介绍。

一、按网络通信距离分类

(1) 局域网(Local Area Network,LAN):局域网是一种在小区域内使用的网络,其通信距离通常从几十米到几千米不等,涉及几台计算机到几千台计算机,一般属于一个单位或部门组建的小范围网络,如景区或校园等,局域网内的资源可以共享。局域网一般不对外提供公共服务,管理方便,安全保密性高。

(2) 城域网(Metropolis Area Network,MAN):城域网通过光纤或其他高速线路联通多个局域网,其通信距离一般可以延伸至整个城市,使得局域网之间的资源也可以共享。

(3) 广域网(Wide Area Network,WAN):广域网是一种远程网,其通信距离可以超过几千千米,可以从一个地区到一个国家或多个国家,甚至整个世界,如互联网(Internet)就是世界范围的最大的广域网。

(4) 个域网(Personal Area Network,PAN):个域网又称个人域网,是近年才出现的一种网络类型,指应用短距离通信技术在家庭、办公室或个人携带的信息设备之间构建成一个"个人小范围"的网络,一般其通信距离在10米以内。个域网在家庭娱乐设备之间、计算机与其外围设备之间、智能手机与可穿戴式设备之间用无线传输代替传统的有线电缆,组建个人信息网络,应用在智能家居、健康医疗等领域,是构建物联网的重要类型。

二、按网络传输介质分类

(1) 有线网络:如同轴电缆、双绞线、光纤等。
(2) 无线网络:如红外线、电磁波等。

三、按网络功能分类

(1) 骨干网(Backbone Network):骨干网是用来连接多个区域或地区的高速网络。不同的网络供应商都拥有自己的骨干网,用以连接位于不同区域的网络。这些骨干网由国家批准的国家级互联网服务提供商(Internet Service Provider,ISP)管理,骨干网一般都是广域网,采用光纤结构,传输速度快。

(2) 接入网:接入网是指从骨干网络到用户终端设备之间的网络,包括设备和传输媒体,距离一般从几百米到几千米不等。相对于骨干网,接入网的速度成了整个网络系统的瓶颈。接入网有有线接入和无线接入两种方式,物联网感知设备大都通过无线网络将数据传输到后台,也叫无线接入网。

本章将从互联网谈起,介绍物联网中的无线接入技术,按照通信传输距离可分为短距离与长距离两大类,其中,短距离传输技术包括 IrDA、蓝牙、Wi-Fi、ZigBee、Z-Wave、UWB、NFC、60 GHz 毫米波通信、Thread 等,其主要应用于如手机、平板电脑、可穿戴设备、家居、工业、交通物联网等领域。长距离无线通信技术主要是移动互联网(从 1G 到 5G,甚至是 6G)。针对需要较大的覆盖范围、较低数据率的应用需求,如远程抄表、土壤监测等,发展出的能够远距离传输的低功耗无线通信技术,被称为低功耗广域网(Low Power Wide Area Network,LPWAN)。

第二节 互 联 网

如今,互联网的应用几乎渗透到了社会中的各行各业,互联网引发的变革是时代性的。本节将探讨什么是互联网,有哪些关键的技术,什么是互联网思维,互联网时代企业面临的机遇和挑战,互联网未来发展的可能和对人类社会、人类文明的深远影响。

一、互联网概述

置身于如今的互联网时代,不管你是否了解,是否喜欢,都难以回避互联网的影响。互联网正在改变我们的生活方式,颠覆我们的商业模式。

(一) 什么是互联网

计算机网络是指将地理位置不同的、具有独立功能的多台计算机及其外围设备,通过通信线路(有线或无线)和通信设备(交换机和路由器)连接起来,利用网络软件(通信协议和网络应用),实现数据传输与资源共享。

互联网,广义上泛指网络与网络之间互相连通(即"网络互联")所构成的网络;当前,互联网多是从狭义上特指从阿帕网(ARPANET)演变而来的覆盖全球的最大的互联网,一般写成 Internet,即因特网,或者国际互联网。Internet 是信息技术发展的一个浪潮,现在已经深入人们生产生活的各个领域,引起了社会的大变革。

(二) 互联网产生与发展

1946 年,世界上第一台电子计算机诞生,由于价格很昂贵,电脑数量极少,很难让更多人使用计算机,早期的计算机网络就是为了解决这一矛盾而产生的。用通信线路将多台终端机接入一台计算机,这便是远程终端连接的计算机网络,诞生于 20 世纪 60 年代,主机是网络的中心和控制者,终端(键盘和显示器)分布在各处并与主机相连,用户通过本地的终端使用远程的主机。

现代计算机网络认为网络节点是具有独立功能的计算机。因此,从严格意义上来说，早期的远程终端网络并不算真正的计算机网络，只是简单的网络雏形。

1957年，苏联发射了第一颗人造地球卫星。作为响应，1958年美国国防部组建了高级研究计划局（Advanced Research Projects Agency，ARPA），开始将科学技术应用于军事领域的研究。

1969年，美国开始建立阿帕网（ARPANET），其设计目标是当部分网络遭到战争破坏时，其余部分仍能正常运行，现代计算机网络的许多思想、方法和技术都源于这里，如分组交换技术等。

1969年10月29日22点30分，美国加州大学洛杉矶分校与斯坦福研究院的两个阿帕网节点，首次实现了两台主机的互联。按照事先约定，发送方只需要键入"LOG"3个字母传送过去，斯坦福那边的机器自动产生"IN"，合成为"LOGIN"，但当时只传送了2个字母"LO"后系统就崩溃了。

世界上第一次互联网络通信试验，仅仅传送了2个字母。尽管如此，这依然是激动人心的时刻，人类从此跨入了网络时代。互联网改变了世界、改变了生活。最初ARPANET只有4台主机，一年后阿帕网扩展到15个节点。1973年，阿帕网利用卫星技术跨越大西洋与英国、挪威实现了连接。

1974年，为了连接多个不同的局域网，卡恩与瑟夫正式发表了著名的TCP/IP协议，形成"互联网"，研究人员称之为"Internetwork"，简称"Internet"。

1981年，国际标准化组织（ISO）制定开放体系互联基本参考模型（OSI/RM），以实现不同厂家生产的计算机的互联。

1983年，ARPANET分成两部分：一部分供军用，称为MILNET；另一部分仍称ARPANET，供民用。

1984年，美国国家科学基金会（National Science Foundation，NSF）规划建立了13个国家超级计算中心及国家教育科技网，形成NSFNET，之后逐步替代了ARPANET的骨干地位。

1988年，NSFNET成为Internet的主干网，开始对外开放，准许大学、政府或私人科研机构的网络加入。又经过十几年的发展，Internet的应用范围迅速覆盖全球的各个领域，运营性质也从以科研、教育为主而逐渐商业化。

1991年6月，在连通Internet的计算机中，商业界用户首次超过了学术界用户，这是Internet发展史上的一个里程碑，从此Internet开始迅猛发展。

1994年4月20日，中国国家计算机与网络设施（The National Computing and Networking Facility of China，NCFC）开通专线直接连接Internet，翻开了中国Internet发展史的首页。

《世界互联网发展报告2020》显示：全球互联网用户数约为45.4亿，普及率达59%，比2019年增长了近3亿。

（三）互联网组成

各计算机之间首先通过通信设备和通信链路（无线或有线）进行通信，然后通过网络软件共享其他计算机上的软硬件资源和数据。因此，庞大的互联网可分为通信子网和资源子网两部分（见图4-1）。

拓展阅读

中国互联网——"三十而已"

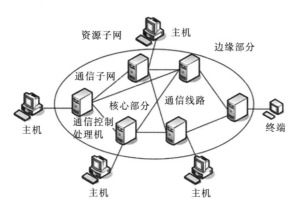

图 4-1 互联网组成

(图片来自互联网)

(1)通信子网,也被称为核心部分,是指网络中实现网络通信功能的设备及软件的集合,是网络的内层,负责数据传输,由大量的交换机、路由器和中继器等网络设备组成。

(2)资源子网,也被称为边缘部分,是指网络中实现资源共享功能的设备及软件的集合,由所有连接在互联网上的主机组成,包括网络的服务器、工作站、PC和其他设备,以及相关软件、数据。

(四)互联网特点

互联网联通了整个世界,从信息世界构建了虚拟空间,通过信息交互和资源共享,使我们的生活更便利,具有很多特点。

(1)开放性、公平性:任何一个普通人都可以申请接入互联网,互联网上的每个人都是相对平等地发布和接收信息。

(2)交互性、虚拟性:人与人、人与信息之间通过网络可以互动交流,人和人不用面对面,也不知道对方的身份,是一个虚拟世界。

(3)人性化、个性化:互联网很多应用都是按人性需求而研发的,因此得以迅速发展,并且信息交换趋向于个性化,任何人都可在网上表达自己独到的想法。

(4)范围广、资源丰富:互联网用户多,覆盖范围广,资源丰富,信息交换能以多种形式存在(如文本、图片、视频等),有价值的信息被资源整合,信息储存量大、高效、快速。

(5)实时性、时效性:人们可以随时通过网络和朋友互动,信息更新迅速,具有时效性。

(6)资源共享、低成本、超越时空限制:资源共享且不受时间和空间的限制,能最大限度地节省成本、提高效率。

此外,有人将互联网的特点总结为"多、快、好、省":多,指用户多、信息多、服务多,在庞大的消费群体的作用下,有着巨大的利润空间;快,指信息获取和传播速度快,给信息交流和商贸活动提供了快速的通道;好,指互联网丰富的应用服务,满足个性化需求;省,指省时、省力、省心、省钱。

（五）体系结构[①]

1. 分层思想

相互通信的计算机系统要高度协调工作才可以，而这种协调是极其复杂的事情，为了设计这样复杂的网络系统，在设计ARPANET时，研究人员就提出了分层的方法。"分层"是分而治之的思想，可将庞大、复杂的问题转化为若干较小的、单一的、局部的、容易解决的问题。

在互联网中传递信息和在邮政系统中发送信件是有相通之处的，下面我们通过邮政系统描述分层思想，并介绍互联网的体系结构。

如图4-2所示，在邮政系统中，信件发送方写好信后，要将信封入信封，并写上寄件和收件地址才能交给邮递员；邮递员仅负责将信件送到邮政中心；在邮政中心，分拣员负责依据收件地址对信件进行分类；分类后的信件通过运输系统，经过若干站后到达目的地的邮政中心；目的地邮政中心的分拣员负责按照更细的地址进行分类；目的地的邮递员则将按照地址和姓名将信件送给接收方；接收方收到并确认后，打开信封，阅读信件。

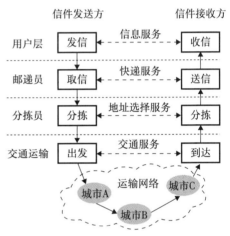

图4-2 邮政系统分层思想

在整个过程中，信件发送方和接收方的主要工作是写信和读信，相互之间传递信息，是信息服务；为了邮寄信件，他们只是负责和邮递员打交道，将信件交给邮递员或者从邮递员接收信件；至于底层（邮政系统）如何邮递信件，用户不用关心。

邮递员只负责将信件在用户和邮政中心之间传递，提供取信和送信的邮递服务；分拣员只是在邮递中心负责按照地址对信件进行分类，提供分类服务；运输系统只负责将包裹（信件）送到目的地的邮政中心，负责运输服务。在整个邮递过程中，每个人都各司其职，在功能上相互独立，又通过上下层之间的协作达成一种"高度默契"。

分层思想就是把复杂的系统分解成若干个涉及范围小且功能简单的子单元，不但系统结构清晰，而且各个层次之间耦合度低，下层通过接口向上层提供的服务，层内具体实现对上层来说是"黑箱"，因此，只要保持接口不变，层内实现细节可以改变，系统实现、调试和维护都会变得简单和容易。

---

① 鉴于谢希仁教授《计算机网络》一书在计算机网络概念、原理方面的专业性，在编写本节时部分内容参考该书，在此表示感谢。

2. 计算机网络体系结构

计算机网络体系结构采用分层思想,国际标准化组织 ISO 组织专家、学者于 1981 年正式推荐了一个网络系统结构,即开放系统互连模型(Open System Interconnection,OSI),OSI 模型有七层,由于设计缺乏实际经验和商业驱动力,体系结构太复杂,在实际中并未采用。与此同时,随着互联网在世界范围内的推广,TCP/IP 体系结构模型已经占领了市场。因此,OSI 是官方制定的国际标准,而 TCP/IP 是事实上的国际标准。作为折中,我们一般学习五层协议体系结构(见图 4-3)。

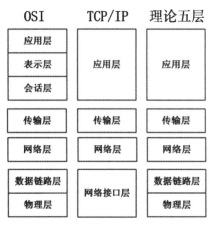

图 4-3 计算机网络体系结构

(1)应用层(Application Layer)。

应用层是体系结构中的最高层,直接为用户的应用进程(如电子邮件、文件传输、远程登录等)提供服务。互联网中的应用层协议有很多,如支持万维网应用的 HTTP 协议、支持电子邮件的 SMTP 协议、支持文件传送的 FTP 协议,以及 DNS 协议、POP3 协议、SNMP 协议、Telnet 协议等。应用层的作用,就是规定应用程序的数据格式,以正确解读运输层的数据。

(2)运输层(Transport Layer)。

运输层的任务就是负责两个主机进程之间的通信提供服务,由于一个主机可同时运行多个网络进程,比如 QQ、IE 等,通过端口号(Port Number,0 到 65535 之间的一个整数)标识两个主机中正在进行通信的进程。运输层可对多个进程的网络数据进行复用和分用。复用就是多个应用层进程可同时使用下面运输层的服务,分用就是把收到的信息分别交付给上面应用层中相应的进程。

运输层主要使用两种协议:传输控制协议(Transmission Control Protocol,TCP)和用户数据报协议(User Datagram Protocol,UDP)。TCP 是面向连接的,数据传输的单位是报文段,能够提供可靠的交付;UDP 是无连接的,数据传输的单位是用户数据报,不保证提供可靠的交付,只能提供"尽最大努力交付"。

(3)网络层(Network Layer)。

网络层负责为互联网上的不同主机提供服务,最主要网络层协议是无连接的互联网协议(Internet Protocol,IP),规定网络中计算机的地址,即 IP 地址,网络层通过 IP 地址标识计算机,并利用 IP 地址进行路由选择。在发送数据时,网络层把运输层的报文段或用户数据报封装成分组或包(IP 数据报)进行传送,依据目标 IP 地址选择下一跳节点,然后将数据报发往适当的网络接口。

(4)数据链路层(Data Link Layer)。

两个主机之间是通过一段链路转发,传送数据到相邻一段链路来实现数据传输的,链路上相邻的两个节点(主机或者路由器)之间传送数据是直接的点对点传送,这时就需要使用专门的链路层的协议。在两个相邻节点之间传送数据时,数据链路层将网络层交下来的IP数据报组装成帧(Framing),并在局域网中广播,在帧中通过MAC地址(硬件地址)标识局域网中的接收节点,从而实现在两个节点之间透明地传送帧中的数据。

(5)物理层(Physical Layer)。

在物理层上所传数据的单位是比特(bit),物理层的任务就是透明地传送比特流。因此,物理层要考虑的是网络中的电气特性,负责传送0和1电气信号,并在接收方识别出信号。

需要注意的是,传递信息的物理媒体,如双绞线、同轴电缆、光缆和无线信道等,并不在物理层协议之内,有人称之为0层,即媒体层。

计算机网络体系结构和邮政系统有相似之处:在网络系统中,位于发送方和接收方主机应用层的网络程序(如QQ聊天工具)相当于邮政系统的发件人和收件人,双方只负责编辑和阅读信息,并不关心网络底层如何传输信息。传输层用端口号来标识应用进程,相当于发件人和收件人的姓名,网络层的IP相当于发件和收件的地址。

数据链路层和物理层相当于邮政系统,通过目的IP地址规划数据包转发路径(即路由),类似于邮政系统的转发包裹,包裹是一段路、一段路地转发,数据转发也是如此,相邻数据链路层的MAC地址类似于相邻的两个邮政中心的地址,物理层和媒体层相当于转发包裹时选择的交通工具(如汽车、高铁、轮船或飞机等)和相应的道路(高速公路、铁路、航行线路等)。包裹到达目的IP地址(目的地)后,再交付给某个具体的应用进程(人),由相应的应用进程进行消息解读(打开包裹)。

如图4-4所示,当主机A中的应用进程AP_1向主机B中应用进程AP_2发送数据时,在应用层加上H_5首部,然后向下面的运输层递交应用层数据包,运输层要加上H_4首部形成数据报后递交给网络层,网络层加上H_3首部形成IP数据报向下递交给数据链路层,数据链路层加上H_2首部和T_2尾部形成数据帧然后递交给物理层,物理层则将数据以0和1二进制比特流发送到网络中。

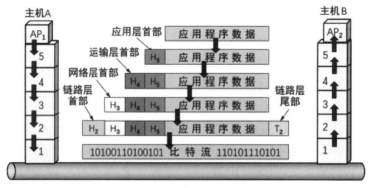

图4-4 数据在协议栈中封装过程

网络中的数据并不是直接到达目的主机节点B,而是在网络中经过多次路由器转发,如图4-5所示数据经过路由器R_1、R_2和R_3转发后到达B。路由器R_1收到数据后,要逐层拆包,首先物理层接收二进制流,通过包头尾的H_2和T_2定界一个数据帧,链路层去掉首尾,获得网络层IP数据报,通过查看网络层中目的主机B的IP地址,选择下一跳节点，并从网络层IP数据报开始，依据选择的下一跳节点，重新包装数据链路层，再通过R_1节点的物理层将数据发送到网络中。类似地依次经过3个路由器后到达目的主机B，主机B逐层拆包，到达网络层时，查看数据报的目的IP地址是自己的IP_B，拆包后上交给运输层，运输层通过查看端口地址，将拆包后的数据转发给应用程序AP_2，AP_2拆包后获得主机A通过AP_1发送给自己的数据包信息。

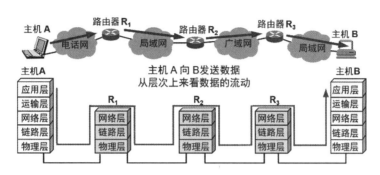

图4-5　数据在网络中的转发过程

中间节点的路由器是网络的核心，不生产数据，仅负责传输数据，因此没有应用层和传输层。如图4-6所示，在数据转发过程中，路由器R_1至R_2只是查看数据包的IP地址，依据目的IP地址选择下一跳节点，并不更改IP地址。而每一段链路数据转发都是在局域网内部，如图4-6中的主机A和路由器R_1的IP_3网卡在同一网络，路由器R_1的IP_4网卡和路由器R_2的IP_5网卡在同一网络，路由器R_2的IP_6网卡和主机B在同一个网络。由于局域网内转发数据通过MAC地址来标识，因此在数据链路层中，每次首部的源和目的MAC地址都是变化的，是一段链路的两个节点的MAC地址，如图4-6中从HA_1到HA_3、从HA_4到HA_5，以及从HA_6到HA_2。

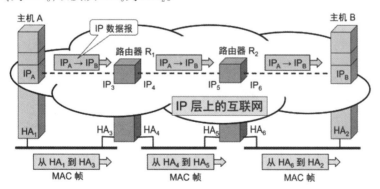

图4-6　数据转发过程中的地址变化情况

局域网内是通过广播方式来转发数据的。例如，主机A的IP_A的网卡向路由器IP_3的网卡转发数据时，首先封装数据，数据链路层的MAC地址为源地址HA_1、目的地址HA_3，然后在网络中广播数据，网络中的所有节点都收到该数据包，但是网络中的其他节点数据链路层通过检测数据包首部的MAC地址时发现自己不是目的地址，于是放弃数据包，不向上层转发，而IP_3网卡则接收数据包并向上层转发。

IP地址是主机在网络中的标识，是公开的，但是MAC地址并不是公开的，网络内的节点如何知道目的节点的MAC地址呢？如图4-7所示，主机A广播发送ARP请求：我是IP_A，MAC地址是HA_1，谁是IP_3，IP_3的MAC地址是什么？然后网络中的所有节点都收到该ARP请求数据包，当IP_3收到请求时按照图4-8响应节点A，回复IP地址和MAC地址，其他节点则忽略此消息。

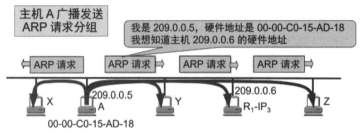

图4-7 ARP协议（请求）

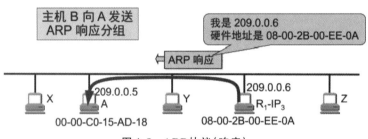

图4-8 ARP协议（响应）

（六）关键技术

1. 分组交换

在分组交换之前，电话通信一直使用的是电路交换，如图4-9所示，电路交换需要事先建立链接、独占整个链路，以免造成资源浪费。

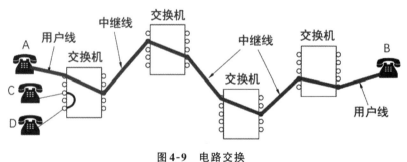

图4-9 电路交换
（图片来自互联网）

分组交换技术（Packet Switching Technology）也称包交换技术，是互联网的技术基础。分组交换技术是将用户传送的数据划分成一定的长度，每个部分叫作一个分组，通过传输分组的方式传输信息的一种技术。

如图4-10所示，主机A、B、C的数据包分别为A_1、A_2、B_1、B_2、B_3、C_1、C_2，当数据包经过节点交换机时，每个数据分组按照不同的路径单独寻路转发，当到达目的节点时，再

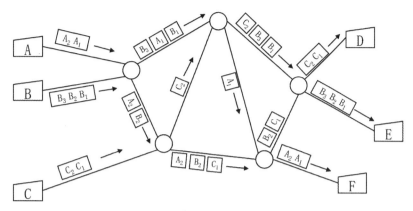

图4-10 分组交换示意图

按照顺序重新组装。

图4-11为电路交换与分组交换时序图。和电路交换相比,分组交换的优点包括:

(1)高效:动态分配传输带宽,对通信链路是逐段占用,更加高效。

(2)灵活:以分组为传送单位和查找路由。

(3)迅速:不必先建立连接就能向其他主机发送分组,更加迅速。

(4)可靠:保证可靠性的网络协议;分布式的路由选择协议使网络有很好的生存性。

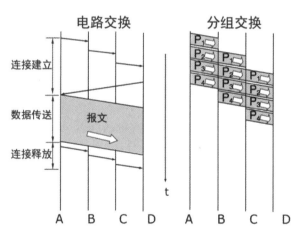

图4-11 电路交换与分组交换时序图

(图片来自互联网)

2. IP

IP(Internet Protocol,互联网协议)是TCP/IP体系中的网络层协议,不是知识产权(Intellectual Property)的缩写。设计IP的目的是提高网络的可扩展性:一是解决互联网问题,实现大规模、异构网络的互联互通;二是分割顶层网络应用和底层网络技术之间的耦合关系,以利于两者的独立发展。根据端到端的设计原则,IP只为主机提供一种无连接、不可靠的、尽力而为的数据包传输服务。如图4-12所示,IP在TCP/IP协议栈中处于关键地位,统一了互联网复杂繁多的上层和下层。

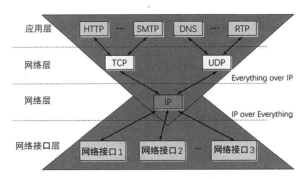

图 4-12　TCP/IP 协议栈

（图片来自互联网）

IP 有 IPv4 和 IPv6 两个版本。早期版本 IPv4(Internet Protocol Version 4,第四版互联网协议),长度是 4 个字节,1 个字节 8 个二进制位,共 32 个二进制位,每个字节按照十进制表示为 0～255,即用 4 组从 0～255 的数字来表示一个 IP 地址。IPv4 的主机容量近 2^{32} 个(约 40 亿个),经历了分类 IP 地址、子网划分和超网等技术,IPv4 地址还是于 2019 年 11 月 25 日 15 时 35 分(欧洲当地时间)耗尽。

IPv6(Internet Protocol Version 6,第六版互联网协议)是互联网工程任务组(IETF)设计的用于替代 IPv4 的下一代 IP 协议。随着互联网规模逐年扩大和物联网时代的到来,IPv4 网络地址资源严重不足,制约了互联网和物联网的应用和发展。早在 1996 年就有关于定义 IPv6 的 RFC(Request for Comments,征求意见稿)发布;2003 年 IETF 发布了 IPv6 测试性网络;2012 年 6 月 6 日国际互联网协会举行了"世界 IPv6 启动纪念日"活动,这一天全球 IPv6 网络正式启动;2016 年互联网数字分配机构(IANA)已向国际互联网工程任务组提出建议,要求新制定的国际互联网标准只支持 IPv6,不再兼容 IPv4。

IPv6 的使用,不仅能解决网络地址资源数量的问题,而且也解决了多种接入设备连入互联网的障碍。IPv6 地址长度是 128 位,可容纳主机数量为 2^{128}(约 3.4×10^{38}),如果地址分配的速率是每微秒 100 万个,那么也需要 10^{19} 年才能将所有的地址分配完毕。

3. WWW

WWW(World Wide Web,万维网),也称为 Web、3 W 等,发明者是蒂姆·伯纳斯·李,WWW 广泛应用于互联网,以至于人们将互联网和万维网混淆。

WWW 基于客户机/服务器(C/S)方式,服务器通过 HTML(Hyper Text Markup Language,超文本标记语言)把文本、图形、视频、音频等多媒体信息(称为超媒体)组织成为图文并茂的超文本(Hyper Text),彼此有关联的超文本信息通过超链接(Hyperlink)连接在一起。在客户端,超文本是由网页浏览器(Web Browser)程序负责解析并显示,如 IE、Chrome、360、火狐等浏览器,用户可以通过点击网页浏览器显示的超链接,实现不同网页或者网站间的切换,如同"冲浪"般体验。

浏览器和服务器之间的应用层通信协议是 HTTP(Hypertext Transfer Protocol,超文本传输协议)。HTTP 协议是基于 TCP/IP 之上的协议,它不仅能保证正确传输超文本文档,还能确定传输文档中的哪一部分,以及哪部分内容首先显示(如文本先于图形)等。之后,美国网景公司推出了万维网产品,顿时风靡全世界。万维网的诞生给全球信息的交流和传播带来了革命性的变化,一举打开了人们获取信息的方便之门,大大方便了广大非专业人员对网络的使用,成为互联网指数级增长的主要驱动力。

4. DNS

DNS(Domain Name System,域名系统)是互联网的一项重要服务,本质上是一个将域名和IP地址相互映射的分布式数据库,用以解决互联网上机器命名的系统,能够使人更方便地访问互联网。

在互联网上,一般用IP地址标识主机和寻址,因此访问一台主机时,需要知道目的主机的IP地址。然而IP由4个或者16个数字组成,如百度的IP地址是220.181.38.150,不方便记忆。因此,人们将一个IP地址和一组有意义的比较容易理解和记忆的字符串(即域名,Domain Name)关联,如"www.baidu.com"是百度的域名,这样通过域名访问网站更方便和人性化。

域名是互联网上某一台计算机或计算机组的名称,用于在数据传输时标识目的计算机的地址(电子方位)。域名是由一串用点分隔的名字组成的,通常包含组织名,而且始终包括两到三个字母的后缀,以指明组织的类型和所在的国家或地区。

域名由互联网域名与地址管理机构(Internet Corporation for Assigned Names and Numbers,ICANN)管理。ICANN为不同的国家或地区设置了相应的顶级域名,如".cn"代表中国、".uk"代表英国、".us"代表美国。除了代表各个国家顶级域名,ICANN最初还定义了顶级类别域名,如".edu"用于教育机构、".gov"用于政府机构、".mil"用于军事部门、".net"用于互联网络及信息中心、".org"用于非营利性组织。例如,桂林理工大学主页域名为"www.glut.edu.cn",其中".edu.cn"代表中国的教育机构,"glut"则是学校名称的缩写。

根域名服务器主要用来管理互联网的主目录,最早是IPv4,全球只有13台,其中主根服务器只有1个,在美国。其余12个为辅根服务器,9个在美国,英国、瑞典和日本各1个。2016年,全球16个国家完成了25台IPv6根服务器架设,为建立多边、民主、透明的国际互联网治理体系打下了坚实基础。其中,中国部署了4台,其中1台为主根服务器,3台为辅根服务器。

5. Web 2.0

Web 2.0的概念始于2004年,是一种由用户主导生成内容的互联网产品的模式。Web 2.0更注重用户的交互作用,是以人为本的理念在互联网领域的典型体现,为了区别传统网站内容由网站工作人员主导生成的时代,而定义为第二代互联网,即Web 2.0。

在Web 1.0时代,互联网是单向的"阅读式互联网",是一种网络内容由少数资源控制者集中控制主导的互联网体系,如门户网站,广大网民只是网络数据的消费者,网络数据是少数"精英文化"的体现。

在Web 2.0时代,互联网是双向的、可读可写的互联网,是一种网络数据自下而上的由广大用户集体智慧和力量主导的互联网体系,体现了"草根文化",用户既是网站内容的浏览者,也是网站内容的制造者,如BBS、博客等。Web 2.0模式下的互联网应用具有去中心化、交互、开放、共享等显著特点,其灵魂是人。

Web 2.0是一个新的时代，是互联网的一次理念和思想体系的升级换代，其核心不在于技术而在于指导思想。Web 2.0时代与Web 1.0时代并没有绝对的时间界限，Web 2.0技术可以成为Web 1.0网站的工具，而在Web 2.0概念诞生之前，有些网站已经具有Web 2.0的特性，比如网络社区类网站的内容来源于用户。

在Web 2.0基础上，随着人们的需求和社会的发展，互联网技术仍然在不停地迭代。假设Web 1.0的本质是联合，那么Web 2.0的本质就是互动。Web 2.0让网民更多地参与信息产品的创造和分享，但是Web 2.0没有体现出网民劳动的价值，所以很脆弱。Web 3.0可读、可写、可拥有，能够更好地体现网民的劳动价值，实现价值均衡分配，是一种去中心化、更智能的互联网方式，未来互联网Web 3.0时代正在到来。

6. SNS

现如今，互联网的发展早已超越了当初ARPANET的军事和技术目的，如社交网络（Social Network Service，社交网络服务）使得互联网从军事通信、研究机构、学校、政府、商业应用平台扩展成一个人类社交的工具，是"以人为本"的技术，是一个能够相互交流、沟通、参与的互动平台，如社交电商、社交游戏、社交媒体等，网络社交不仅仅是一些新潮的商业模式，从历史维度来看，它更是一个推动互联网向现实世界无限靠近的关键力量。

SNS社交网络源自网络社交，网络社交的起点是电子邮件。人类第一封电子邮件诞生于1971年，起初仅是为了方便ARPANET项目的科学家们互相之间分享研究成果；BBS（Bulletin Board System，电子公告板）把网络社交推进了一步，从点对点推进到点对面，降低了交流成本；即时通信（Instant Message，IM）提升了即时效果（传输速度），提高了同时交流能力（并行处理）；博客（Blog）则开始体现社会学和心理学的理论，信息发布节点越来越体现个体意识。如今的社交媒体早已突破文本等信息交流模式，从语言到照片再到视频，越来越丰富，如照片分享社交网站Facebook及视频社交分享网站YouTube、抖音等；OTA也同时具有社交功能。

/ 思考与讨论 /

我们使用的社交网络有哪些？和旅游相关的社交网络有哪些？请描述一下你的使用体验和感受。

二、互联网时代与思维

从农耕时代到工业时代再到信息时代，技术力量不断推动人类创造新的世界。世界是多元的，不论过去、现在和将来，都将依然是文化传承和价值观的多样化。互联网进入不同发展阶段、不同文化和社会特性的国家，呈现出不同的特点，也影响着各国的现在和未来。

从互联网技术到互联网思维，再到互联网创新，互联网正以改变一切的力量，在全球范围内掀起一场影响人类所有层面的深刻变革。置身于如今的互联网时代，不管你了解与否，喜欢与否，都难以回避互联网的影响，互联网正在改变我们的生活方式，颠覆我们的商业模式。

(一)互联网时代

2014年,中央电视台推出大型纪录片《互联网时代》,这是中国第一部,乃至世界上第一次全面、系统、深入、客观解析互联网的大型纪录片。全片以互联网对人类社会的改变为基点,从历史出发,以国际化视野和面对未来的前瞻思考,深入探寻互联网时代的本质,思考这场变革对经济、政治、社会、人性等各方面的深远影响。该作品旨在引导全社会更准确、全面地认识和理解互联网,更深刻地思考互联网,有准备地迎接一个新时代的到来。

互联网技术在短短几十年的商业化浪潮中,以前所未有的速度谱写着改变世界的产业传奇和创业人生。互联网引发了各产业生产方式、生产关系、生产要素的重构;互联网根据去中心化、扁平化、自组织的特性,解构并重构着社会结构,创造新的组织方式和组织形态;互联网赋予每个人无限的可能,让个人力量增强,使个人价值释放;互联网推动了一次新的人类迁徙,即由传统社会向网络化生存的"新大陆"的一次集体迁徙。

互联网以一种大视野、大思路,通过"通融互联",引领了一个时代的大趋势、大潮流和大变革。电商把五大洲、四大洋汇于尺幅屏幕,使人足不出户即可通融万里、触及世界,任何网店,无论大小,都可面向全世界。互联网使人与人、组织与用户之间的交流跨越时空,零距离沟通使界限模糊,整个世界的多元要素融为一体。电商以快捷、便利、准确、安全、可靠等特点,显示出无与伦比的优势和强大的生命力。中国经济迎来了"互联网+"的新时代,它成为新世纪最为壮观的潮流。

互联网拥有"开放的有机生态圈"和"网状价值结构",以用户为中心的价值交互网和以人为中心的价值创造网,企业必须具备自我变革、新陈代谢的功能。"互联网+"与消费者共享利益的分配制度是对传统商业的又一次划时代革命,从根本上革除了传统商业把消费者关在社会财富转移所创利益分配门外的弊端。在互联网这个大舞台上,人人都可能是主角,任何人都可以张扬自己的个性,充分发挥无限想象力和创意,一切皆有可能!

虽然技术是中性的,但人性有善恶,互联网的能量同样可以将人性恶的一面放大。新时代涌现的网络犯罪、网络暴力、网络安全、隐私泄露等问题,使互联网的管理和控制变得更加迫切、重要而复杂。人类不断探索着新的管理规则与方式,学习对互联网进行科学、必要、合理的治理。如何共同努力在治理与发展的平衡中寻求新规则,互联网技术已经向整个人类发出了叩问。

(二)互联网思维

随着互联网的兴起和应用,互联网思维已经成了互联网中很知名的词了,好像人人都在谈互联网思维、互联网思维营销等,那究竟什么是互联网思维呢? 互联网思维是一个比较宽泛的概念,尚且没有明确的定义,每个行业、每个人对于互联网思维都有自己不一样的理解。

互联网思维最早是百度公司创始人在一个大型活动上,与传统产业的老板、企业家探讨发展问题时提出的。他说:"我们这些企业家们今后要有互联网思维,可能你做的事情不是互联网,但你的思维方式要逐渐从互联网的角度去想问题。"用比较官方的说法来讲就是指在(移动)互联网、大数据、云计算等科技不断发展的背景下,对市场、对用户、对产品、对企业价值链乃至整个商业生态进行重新审视的思考方式。

事实上,互联网思维就是人们立足于互联网去思考和解决问题的思维,它是互联网发展和应用实践在人们思想上的反映,这种反映经过沉积内化而成为人们思考和解决问题的认识方式或思维结构。

互联网已经越来越广泛地深入人们生产生活的方方面面,人际交往、工作方式、商业模式、企业形态、文化传播、社会管理、国家治理等都因为互联网而发生巨大变化。互联网已经成为这一轮科技革命的时代标志,相应地,互联网思维逐步被越来越多的各行各业、各个领域的人所认可,互联网思维不单单是个人思维,而是成了社会思维、时代思维。因此,有人说,过去企业的失败是因为竞争对手,现在企业的消亡则是被时代淘汰。

这是因为互联网几乎对所有传统行业和管理模式都形成了巨大冲击,如传统的出租车业、商业、金融业、制造业、物流业、医疗业、出版业等,不少行业和企业陷入困境。同时,互联网应用本身存在着诸如假冒伪劣、信息垄断、侵犯隐私、宣传过头等问题。于是,批评、谴责、要求限制互联网的声音也此起彼伏。这些声音所反映的互联网的问题值得重视,但要求限制互联网的心态,恰恰折射出他们对互联网的不适应,需要通过强化互联网思维来加以改变。

人类社会每次经历的大飞跃,最关键的并不是物质催化,甚至不是技术催化,本质是思维工具的迭代。一种技术从工具属性到社会生活,再到群体价值观的变化,往往需要经历很长的过程。阿里巴巴创始人认为:"互联网不仅仅是一种技术,不仅仅是一种产业,更是一种思想,是一种价值观。互联网将是创造明天的外在动力。创造明天最重要的是改变思想,通过改变思想创造明天。"

互联网思维就应当按互联网特点和规律思考,互联网较重要的特点有开放、平等、互动、共享等,与之相对应,开放要求互联互通,体现一种"融通互联"的网络思维;平等要求与网民、客户平等地交流共商,赢得他们的关注和使用兴趣;互动要求实现最优互动、确保信息对称;互联网思维要让"共享"二字在思维中深深扎根,利用好众包、众筹、共享经济等理念。

怎样建立起完整的互联网思维?《互联网思维——独孤九剑》一书勾勒出互联网思维的九大维度、二十二个法则。限于篇幅,我们简单整理这九大思维,建议感兴趣的学生阅读原著。

(1) 用户思维:在价值链的各个环节中,要"以用户为中心"去考虑问题。"用户至上"的理念在互联网思维中更加居于核心位置。

(2) 简约思维:简约即是美。互联网时代,信息越来越多,用户的耐心越来越不足,所以,必须在短时间内抓住它!

(3) 极致思维:把产品、服务和用户体验做到极致,超越用户预期,打造让用户尖叫的产品。

（4）迭代思维：以人为核心、迭代、循序渐进的开发方法，允许有所不足，不断试错，在持续迭代中完善产品。

（5）流量思维：流量的本质就是用户关注度。目光聚集之处，价值不必多言。

（6）社会化思维：社会化商业的核心是网，公司面对的客户以网的形式存在，这将改变企业生产、销售、营销等形态。利用好社会化媒体，众包协作。

（7）大数据思维：在互联网时代，数据就是资源、财富、竞争力。收集数据、积累数据、分析数据，依据大数据思考和决策，用大数据立业，就是大数据思维。

（8）平台思维：就是开放、共享的思维。平台模式最有可能成就产业巨头。全球较大的100家企业里，大部分企业的主要收入来自平台商业模式，包括苹果、谷歌等。平台思维有三个重点，即打造多方位共赢的生态圈、善用现有平台、让企业成为员工的平台。

（9）跨界思维：随着互联网和新科技的发展，很多产业的边界变得模糊，互联网企业的触角已无孔不入，涉及零售业、金融业、电信业、娱乐业、交通运输业等。为什么现在一些互联网企业能够参与并完美成功跨界呢？答案就是用户！

另外，周文彰教授认为：凡事都有底线，无论未来互联网发展到什么程度，无论文化产业在互联网上多么千姿百态，互联网思维必须坚守底线，即内容为王、社会责任、诚实守信。无论互联网未来多么发达，作用多么神奇，互联网只是工具、只是载体、只是环境，互联网所提供的一切产品和服务，都要遵循前互联网时代人类世代积累起来的商业精神文明的积极成果。

综上所述，互联网思维是具有鲜明时代特征的思维，是以互联网技术为思维基础，以重视、适应、利用互联网为思维指向，以收集、积累、分析数据，用数据"说话"为思维特点，没有什么神秘之处。尤其是，互联网思维与其他思维并行不悖，它不可能取代经济思维、政治思维、法治思维、道德思维、战略思维等；相反，互联网思维要综合运用这些思维，或者说，要整合这些思维于一身。离开了这些思维，互联网思维就会迷失方向，走向歧途。

（三）互联网+旅游

1997年，全球互联网投资高潮兴起，借助资本的力量，互联网开始向传统行业渗透，随后催生了中国第一批旅游网站，如华夏旅游网等。中国"互联网＋旅游"进入萌芽期。

2000年，在线旅游服务商开始尝试新的运营模式，通过收购传统的分销商，来拓展市场覆盖范围，为行业的发展带来崭新的生机，如艺龙收购LOHOO、携程收购北京现代运通。中国"互联网＋旅游"进入起步期。

2003年和2004年，携程和艺龙分别在美国纳斯达克上市。2005年，中国在线旅游行业呈现多元化、差异化发展态势。传统以商务旅游为主的OTA，开始开发新的旅游产品，以期开拓新的盈利增长点。

2009年以后，互联网的迅速普及，加速了移动互联网的快速发展，这给旅游业的发展带来了无限生机与商机，中国"互联网＋旅游"进入高速发展期。各种旅游资源与信息技术紧密结合，尤其是与移动互联网相关技术的结合，创造出新的产品形态、新的生产方式和新的消费模式，成为带动科技创新和旅游创意的动力，加速了产业融合的进程，各种旅游垂直网站开始兴起，创造出巨大的经济社会价值。

从最初的依靠旅行社制订旅游计划、预订机票和酒店，到互联网时代的查询信息、电话预订，再到今天越来越多的旅游者喜欢使用智能手机、智能终端等设备来获取航班、景点、酒店等旅游信息，并对相应满意的旅游产品直接采用在线支付的方式进行预订与选购。在旅游的过程中随时、随地、随心地通过手机发微博、微信朋友圈、OTA游记、点评等方式分享个人的旅游经历与感受。互联网技术的每一次进步都对传统旅游业产生了深刻的影响，在服务、营销和管理三个方面都有相应表现：

（1）为游客提供便捷性、个性化的服务。移动互联网时代，为游客提供随时、随地、随心的服务，伴随旅游全过程，让人们再也不用担心到了景点之后需要长时间排队购票了，也不用担心因游客爆满而订不到房间了；基于游客信息（如位置、偏好、经济条件等）推荐行程线路等；"云"游四方，突破时空限制，提升旅游资源的观赏性，如虚拟旅游将人类的听觉、视觉、嗅觉、触觉进行完美融合，游客可以在极为逼真的虚拟环境中随心遨游。

（2）为商家提供精准化、实时性的营销。为旅游景点、酒店、餐厅等的推广宣传搭建了平台，大大降低了运作成本，提高了客流量；通过游客在互联网上留下的旅游数字足迹，对游客进行精准画像，为商家营销提供精准数据。

（3）为管理部门提供智慧化的管理。利用互联网数据，对游客流量进行分析和预测，可以提前进行资源配置和调度，做好安全预警等各项管理服务。

当前，旅游业已是现代服务业的重要组成部分，成为我国国民经济的战略性支柱产业。以互联网为代表的现代信息技术持续更新迭代，为旅游业高质量发展提供了强大动力，推进了全域数字化旅游体系建设，创新了旅游服务、旅游管理、旅游营销和旅游扶贫。为此，近年来，国家不断推出相关政策。

2020年11月18日，国务院常务会议确定了适应消费升级需求支持"互联网＋旅游"发展的措施，包括支持建设智慧旅游景区、鼓励景区加大线上营销力度、完善包容审慎监管等。

为持续深化"互联网＋旅游"，推动旅游业高质量发展，更好发挥旅游业在促进经济社会发展、满足人民美好生活需要等方面的重要作用，助力构建以国内大循环为主体、国内国际双循环相互促进的新发展格局，2020年12月25日，文化和旅游部、国家发展和改革委员会、教育部等十部门联合印发《关于深化"互联网＋旅游"推动旅游业高质量发展的意见》（以下简称《意见》）。

《意见》提出：到2025年，"互联网＋旅游"融合更加深化，以互联网为代表的信息技术成为旅游业发展的重要动力。国家4A级及以上旅游景区、省级及以上旅游度假区基本实现智慧化转型升级。依托网络平台的定制化旅游产品和服务更加普及。全国旅游接待总人数和旅游消费规模大幅提升，对境外游客的吸引力和影响力明显增强。

为达到以上目标，制定了八项重点任务：

（1）加快建设智慧旅游景区。制定出台智慧旅游景区建设指南和相关要求，明确在线预约预订、分时段预约游览、流量监测监控、科学引导分流、非接触式服务、智能导游导览等建设规范,落实"限量、预约、错峰"要求。引导旅游景区开发数字化体验产品并普及景区电子地图、线路推荐、语音导览等智慧化服务。建设一批世界级旅游景区和度假区,树立智慧旅游景区样板。推进乡村旅游资源和产品数字化建设,打造一批全国智慧旅游示范村镇。支持旅游景区运用数字技术充分展示特色文化内涵,积极打造数字博物馆、数字展览馆等,提升旅游体验。

(2)完善旅游信息基础设施。加快提升国家全域旅游示范区、国家5A级旅游景区、国家级旅游度假区等各类旅游重点区域5G网络覆盖水平。推动停车场、旅游集散与咨询中心、游客服务中心、旅游专用道路及景区内部引导标识系统等数字化与智能化改造升级。推进物联网感知设施建设,加强对旅游资源、设施设备和相关人力资源的实时监测与管理,推动无人化、非接触式基础设施普及与应用。进一步规范各地区旅游大数据中心建设,建立省域统一的数据标准并逐步推广至全国,实现涉旅数据整合和共享,发挥数据综合服务和应用效能。

(3)创新旅游公共服务模式。厘清政府公共服务与市场旅游信息服务边界,鼓励各地区采取政府与市场相结合的旅游公共服务平台运营模式,提升平台服务效能,实现可持续运营与发展。各地区要进一步拓宽旅游公共服务信息采集渠道,有效整合文化和旅游、公安、交通、气象等部门的相关数据信息,综合运用大数据、云计算等技术,在平台上及时发布旅游景区实时游客量、道路出行、气象预警等信息,引导旅游资源优化配置。依法依规推动政府与企业间相关数据资源共享。推进旅游厕所数字化建设,实现信息查询、路线导航、意见反馈等功能。完善入境游客移动支付方案,为其旅游消费提供便利。在为老年人等特殊群体保留线下服务的基础上,支持旅游公共服务平台开发专门应用程序和界面,优化使用体验。

(4)加大线上旅游营销力度。统筹线上线下,强化品牌引领,实施国家旅游宣传推广精品建设工程。通过互联网有效整合线下资源,总结推广全域旅游发展经验模式,推动建设一批世界级旅游城市。开展长城、大运河、长征、黄河等国家文化公园,以及丝绸之路等重要主题旅游线上推广行动,打造一批世界级旅游线路。鼓励旅游景区、旅游酒店、博物馆等与互联网服务平台合作建设网上旗舰店,实现门票在线预订、旅游信息展示、会员管理、优惠券团购、文化和旅游创意产品销售等方面功能。鼓励电商平台拓展"旅游+地理标志产品+互联网+现代物流"功能,扩大线上销售规模。鼓励采用网络直播、网站专题专栏、小程序等线上营销方式,推介全国乡村旅游重点村镇、中国美丽休闲乡村和乡村休闲旅游精品景点线路。结合旅游扶贫,通过人员培训或技术帮扶等多种方式,推动更多贫困地区旅游业商户"触网",利用网络直播平台开展营销。支持各地区建立旅游营销科学评价机制,提升旅游营销成效。

(5)加强旅游监管服务。通过大数据采集分析加强旅游安全监测,提升旅游领域突发事件预警和应急处置能力。推动北斗系统等导航定位、可穿戴设备、电子围栏、遥感卫星等技术和设备在自助旅游、特种旅游中的运用。完善全国旅游监管服务平台,健全中央—地方旅游监管服务平台体系,形成旅游市场信息化、智能化监管服务格局。鼓励各地区建设基于大数据的旅游市场经济运行监测体系,实时监测区域旅游消费趋势,建立数据导向的政策调整机制。

（6）提升旅游治理能力。推广旅游电子合同使用,推进旅游电子合同标准制定。推动各地区建立健全线上旅游投诉和处理机制,提高游客投诉快速处理能力,打击欺客宰客行为。用好文化、旅游市场严重失信名单管理制度,对列入严重失信名单的市场主体和从业人员,依法依规实施联合惩戒,构建放心消费环境。创新旅游统计应用,提高旅游统计的时效性、科学性和精准性。

（7）扶持旅游创新创业。鼓励以产品和内容为载体开展业态融合创新,支持建设一批旅游营销创新基地,孵化一批具有较高传播力和影响力的旅游品牌。引导云旅游、云演艺、云娱乐、云直播、云展览等新业态发展,培育"网络体验＋消费"新模式。引导旅游企业、大中专院校、科研机构建立产学研合作机制,积极开展科技创新支撑下的应用研发,通过举办各级各类创新创意大赛等方式,提高创新成果转化率,推广一批优秀应用案例和行业解决方案。开展数字文旅商结合促进行动,促进旅游业线上线下深度融合。在确保房屋安全的前提下,推动"互联网＋旅游民宿"规范发展,研究出台相关政策,推广一批应用示范。

（8）保障旅游数据安全。按照数据安全和个人信息保护相关法律法规要求,落实旅游数据安全管理责任,保障旅游数据收集、传输、存储、共享、使用、销毁等全生命周期安全,防止数据丢失、毁损、泄露和篡改。定期开展安全风险和隐患排查,增强应急处置能力。对存在重大旅游数据信息安全风险隐患的地区,采取通报、约谈等方式推动严肃整改。

／思考与讨论／

根据你的体验和感受,谈一谈互联网为旅游业带来的改变。

第三节　移动互联网

截至2020年3月,中国手机网民规模达8.97亿人,全国已建成5G基站19.8万个,套餐用户规模超过5000万。移动互联网已经渗透到人们生活、工作的各个领域,微信、支付宝、位置服务等丰富多彩的移动互联网应用迅猛发展,正在深刻改变信息时代的社会生活。移动互联网是移动通信和互联网融合的产物,扩展了使用互联网的时空局限性,继承了随时、随地、随身移动,以及互联网开放、分享、互动的优势,近年来,移动通信技术更是实现了从2G到5G的跨越式发展。本节将介绍移动互联网的发展历程,以及移动互联网的特点和应用。

一、移动互联网发展

（一）1G

1G(The 1st Generation)即第一代移动通信技术,指最初的以模拟信号为传输载体、仅限于语音通话的蜂窝无线电话系统标准,基于频分复用技术(Frequency Division

Multiple Access,FDMA)和模拟调制技术,制定于20世纪80年代,现已被逐步淘汰。

1976年,美国摩托罗拉公司的工程师马丁·库帕成功研制移动电话,即俗称的"大哥大"。如果说当年的AT&T公司是有线通信之王,摩托罗拉就是移动通信的开创者。

1976年,国际无线电大会批准了800/900 MHz频段用于移动电话的频率。

1978年,美国贝尔实验室成功研发全球第一个高级移动电话系统(Advanced Mobile Phone System,AMPS),获得巨大成功。

1980年,瑞典等北欧4国成功研发NMT-450移动通信网并投入使用。

1984年,联邦德国研发C-Netz。

1985年,英国开发出全接入通信系统(Total Access Communications System,TACS)。

在各种1G移动通信系统中,美国的AMPS应用最广,超过72个国家和地区运营;英国的TACS有近30个国家和地区采用。这两个移动通信系统在世界上较具影响力。

1987年11月18日,我国在广东开通第一代模拟移动通信系统,采用的是英国TACS制式。2001年12月底中国移动关闭模拟移动通信网,1G系统在中国的应用长达14年,用户数最高曾达到660万。如今,"大哥大"(见图4-13)时代已经成为人们的回忆。

1G的数据传输速率约为2.4 Kbps,仅限语音通信。其抗干扰性能差,语音质量不好,安全性低,容易掉线、串号和盗号等。

图4-13 1G时代移动通信经典设备

（二）2G

2G(The 2nd Generation)即第二代移动通信技术,将手机从模拟通信转移到数字通信,以数字语音传输技术为核心,用户体验速率为10 Kbps,峰值速率为100 Kbps,支持短信业务(Short Message Service,SMS)。2G的2个主要制式分别基于时分多址(TDMA)技术和码分多址(CDMA)技术。

1982年,欧洲电信标准化协会(ETSI)成立移动特别行动小组,改进有关泛欧数字移动通信系统。

1991年,爱立信和诺基亚率先在欧洲开通了全球移动通信系统(Global System for Mobile Communications,GSM),即"全球通",以向全世界推广GSM,GSM是迄今为止最为成功的全球性移动通信系统。之后GSM不停演进,出现GPRS和EDGE。

GPRS(General Packet Radio Service,通用分组无线业务),相对于原来GSM的电路交换技术,GPRS是一种基于GSM系统的无线分组交换技术,提供端到端的、广域的无线IP连接。GPRS是GSM向3G过渡的"2.5G"通信技术。

EDGE(Enhanced Data Rate for GSM Evolution,增强型数据速率GSM演进技术),是一种从GSM到3G的过渡技术,俗称"2.75G"通信技术,它主要是在GSM系统中采用了先进的多时隙操作和8 PSK调制技术,使每个符号所包含的信息是原来的多倍。

相对于GSM,CDMA技术的基础原理和专利很早就已经提出,但是成为2G的标准却比GSM晚。

1942年的8月,"CDMA之母"海蒂·拉玛(Hedy Lamarr)获得"保密通信系统"的美国专利,这就是"扩频通信技术"。

1985年,欧文·雅各布斯(Irwin Jacobs)创立高通公司Qualcomm(意为高质量通信,Quality Communication),并和美国军方签订CDMA技术研究项目。

1988年,高通研发CDMA技术在民用地面移动通信上的应用,使得CDMA由军用转为民用,这才有了CDMA日后的辉煌。

面对技术产品化已经趋向成熟的GSM,高通一方面把CDMA技术提交到美国通信工业协会(Telecommunications Industry Association,TIA)和国际电信联盟(International Telecommunication Union,ITU),申请确立世界移动通信标准;另一方面把CDMA研发过程中所有技术都申请了专利,成为日后博弈的利器。

1995年,我国正式进入2G时代,以GSM为主,IS-95、CDMA为辅的第二代移动通信用10年的时间,发展了近3亿用户。

2G时代经典移动电话是诺基亚,支持WAP,支持互联网接入。2G抗干扰能力大大增强,为接下来的3G和4G奠定了基础,使得手机不再只有语音、短信这些功能,还可以更有效率地接入互联网。2G的缺点是传输速率低,网络不稳定,维护成本高等。

(三) 3G

3G(The 3rd Generation)即第三代移动通信技术,相对1G模拟制式和2G的GSM、CDMA等数字系统,3G主要采用了CDMA技术,一般是指将无线通信与Internet通信结合的蜂窝移动通信系统。它能处理图像、音乐、视频等多媒体数据,提供包括网页浏览、电话会议和电子商务等多种信息服务。相对2G来说,3G通过增加频谱利用率提升了速率,更加利于Internet业务。

在1G和2G移动通信系统中,没有国际标准,各个国家和地区的通信标准化组织自己制定协议。3G时代,国际电信联盟提出了IMT-2000标准,要求符合IMT-2000要求的才能被接纳为3G技术。

1998年12月,3GPP(The 3rd Generation Partnership Project)成立,现已延伸到5G。其目标是以GSM核心网为基础,实现由2G到3G的平滑过渡,保证未来技术后向兼容,主要是通用移动通信系统(Universal Mobile Telecommunications System,UMTS),即3G时代的欧洲提出的W-CDMA(Wideband CDMA,也称为CDMA Direct Spread)。UMTS是GSM标准的后续标准,因此也叫3GSM,UMTS分组交换系统是由GPRS系统演进而来的。

1999年1月,3GPP2(The 3rd Generation Partnership Project 2)成立,3GPP2致力于从2G的CDMA演进到3G网络,即美国的CDMA2000。

1999年6月29日,中国向国际电信联盟提出中国独自制定的3G标准TD-SCDMA(Time Division-Synchronous Code Division Multiple Access,时分同步码分多址),具有辐射低的特点,被誉为绿色3G。

2000年5月,国际电信联盟正式公布第三代移动通信标准,我国的TD-SCDMA、欧洲的W-CDMA、美国的CDMA2000成为3G时代主流的三大技术。中国的加入,使得无线通信的格局再次发生变化:从1G时代的一家独大,到2G时代两强对峙,再到3G

时代的三足鼎立。

2007年,IEEE的WiMax(World Interoperability for Microwave Access,全球微波接入互操作性),也获准加入IMT-2000家族,成为3G标准。WiMax也叫IEEE 802.16,是一项基于IP网络的宽带无线接入技术,能提供面向互联网的高速连接,数据传输距离最远可达50千米,但是后来由于缺乏产业链的支持而没有推广。

2009年,发放3G牌照,对于非移动设备,3G的最高数据传输速率约为2 Mbps,而处于移动状态的车辆的最高速率约为384 Kbps。3G采用的CDMA系统以其频率规划简单、系统容量大、频率复用系数高、抗多径能力强、通信质量好、软容量、软切换等特点显示出巨大的发展潜力。

2009年被称为中国3G元年,这一年中国移动正式向社会提供3G服务,这一年苹果公司发布了iPhone第三代产品iPhone 3GS,S代表速度,意味着将拥有更快的3G网络载入速度。

(四)4G

4G(The 4th Generation)即第四代移动通信技术,广泛采用的标准是LTE(Long Term Evolution,长期演进)。LTE引入OFDM(Orthogonal Frequency Division Multiplexing,正交频分复用)和MIMO(Multi-Input Multi-Output,多输入多输出)等关键技术。4G的下载速率可达100 Mbps,比拨号上网快2000倍,上传速率也能达到50 Mbps,可传输高清的视频图像,满足用户对无线服务的要求。

2004年12月,LTE正式启动,LTE是3GPP为了应对WiMax等技术的挑战和面向4G而制定长期演进项目,以保持UMTS技术在未来的领先地位。

2008年初,LTE第一个版本的系统技术规范Release8完成。

2008年3月,ITU开始了4G技术的国际标准候选技术的征集和标准化进程,称为IMT-Advanced。

2009年10月,中国政府正式向ITU提交了TD-LTE-Advanced建议作为4G国际标准候选技术。LTE的TDD模式(TD-LTE/TD-LTE-Advanced)是TD-SCDMA的演进。

2011年,为响应ITU关于4G的IMT-Advanced技术的征集,3GPP将LTE Release10及其以后版本改为LTE-Advanced,并提交给ITU。

因此,ITU组织的4G标准LTE存在TD-LTE和FDD-LTE两种主流模式。其中,FDD-LTE在国际中应用广泛,而TD-LTE在中国较为常见。

2013年12月4日,工信部向中国移动、中国电信、中国联通正式发放了4G通信业务TD-LTE牌照,另外,中国联通与中国电信还将各获得一张FDD-LTE牌照。

另外,代表了IT界的IEEE也推出WiMax的演进版本Wireless MAN-Advanced,最后该演进版本由于WiMax没有成熟的产业链而退出。

4G的网络采用扁平化架构,基站直连核心网,降低时延,提升用户感受。核心网抛弃了电路域,迈向全IP化;空中接口的关键技术也抛弃3G的CDMA而改成OFDM,大规模使用MIMO技术提升了频率复用度;这些技术都是LTE-Advanced能跻身4G标准的重要因素。4G网速约是3G网速的10倍(数据传输速率提高到100 Mbps),能够满足游戏、高清电视、视频会议的需求。4G不仅提高了数据传输速率,还为向5G演进奠定了技术基础。移动终端呈现出百家争鸣的局势,除了苹果、三星等,国产手机品牌也迅速崛起,如华为、小米、OPPO、vivo等。

(五) 5G

5G(The 5th Generation)即第五代移动通信技术,主要特点是超宽带、超高速、超低延时。下行峰值速率可高达20 Gbps,延迟低至1毫秒,每平方千米100万个互联网设备。不仅要解决人与人通信,为用户提供增强现实、虚拟现实、超高清视频等更加身临其境的极致业务体验,更要解决人与物、物与物的通信问题,满足移动医疗、车联网、智能家居、工业控制、环境监测等物联网应用需求。最终,5G将渗透到经济社会的各行业各领域,成为支撑经济社会数字化、网络化、智能化转型的关键新型网络基础设施。

目前,我们讨论的5G标准实际上只是3GPP批准的5G NR(New Radio)标准。

2016年2月,ITU启动5G候选技术评估方法研究。

2016年11月,在3GPP RAN1 87次会议的5G短码讨论方案中,华为凭借59家代表的支持,以极化码(Polar Code)战胜了高通主推的LDPC及法国的Turbo2.0方案,拿下5G时代的话语权。

2017年10月,启动5G技术方案征集。

2018年6月,3GPP发布了第一个5G标准Release15,重点满足增强移动宽带业务。

2018年底,华为已完成中国全部预商用测试验证,助推中国5G进入规模商用阶段。

2019年6月6日,工信部正式向中国电信、中国移动、中国联通、中国广电发放5G商用牌照,中国正式进入5G商用元年。

2020年4月8日,中国移动、中国电信、中国联通携手11家合作伙伴共同发布《5G消息白皮书》。

2020年6月,3GPP发布Release16,重点支持低时延高可靠业务。

2020年7月9日,ITU正式接受3GPP 5G为国际移动电信 IMT-2020 5G 技术标准。

国际电信联盟(ITU)定义了5G的三大类应用场景(见图4-14)。

图4-14 5G三大应用场景

(图片来自互联网)

(1) 增强型移动宽带(eMBB)：主要面向移动互联网流量爆炸式增长，为移动互联网用户提供更加极致的应用体验，如云办公、云游戏等。

(2) 大连接物联网(mMTC)：主要面向智慧城市、智能家居、智能交通等以传感和数据采集为目标的物联网应用需求。

(3) 低时延高可靠通信(URLLC)：主要面向工业自动化、自动驾驶、移动医疗等对时延和可靠性具有极高要求的垂直行业应用需求。

5G网络包括很多关键技术，如网络功能虚拟化(NFV)、软件定义网络(SDN)、网络切片(Network Slicing)、多接入边缘计算(MEC)、认知无线电(CR)、自组织网络(SON)、低功耗广域网络技术(LPWA)等，这里我们仅科普部分技术。

(1) 编码技术：编码技术一方面可以传递信号，另一方面可以增加抗干扰能力，Turbo2.0、Polar Code、LDPC是目前法国、中国、美国分别主推的编码方案。

(2) 毫米波(Millimeter Wave)：现在所用的频段(2.6 GHz以下频段)资源非常稀缺，而毫米波频段(频率为30～60 GHz，波长为1～10 mm)资源很丰富。5G引入了毫米波，频率越高，传输的信息量也越大，网速更快，但是传播损耗大，穿透能力弱。然而，利用基站和设备内的多根天线，配合智能波束成形和波束追踪算法，可以显著扩大5G毫米波的覆盖范围，排除干扰。

(3) 小基站(Small Cell)：相较于传统宏基站，小基站的发射功率更低，覆盖范围更小。

(4) 大规模多输入多输出(Multiple-Input Multiple-Output，MIMO)：MIMO技术是目前无线通信领域的一个重要创新研究项目，通过智能使用多根天线，发射或接受更多的信号空间流，能显著提高信道容量，提升无线网速。从目前的理论来看，5G NR可以在基站端使用最多256根天线，而通过天线的二维排布，可以实现3D波束成形，从而提高信道容量和覆盖。但是，当天线数目剧增时，信道的特性如何变化等问题也应运而生。

(5) 波形和多址接入技术：多址接入技术旨在解决多个用户同时和基站通信时如何分享资源的问题，第一代通信主要采用的是FDMA技术，第二代通信主要采用的是TDMA技术，第三代通信主要采用的是CDMA技术，第四代通信主要采用的是OFDM技术。5G时代，多址是一个很关键的争夺点，现在流行的是NOMA(Non-orthogonal Multiple Access，非正交多址)技术，即基于OFDM(Orthogonal Frequency Division Multiplexing，正交频分复用)优化的波形和多址接入(Optimized OFDM-based Waveforms and Multiple Access)技术。

5G时代，由于定义了增强型移动宽带(eMBB)、大连接物联网(mMTC)和低时延高可靠通信(URLLC)三大应用场景，这些场景不但要考虑抗多径干扰、与MIMO的兼容性等问题，还对频谱效率、系统吞吐量、延迟、可靠性、可同时接入的终端数量、信令开销、实现复杂度等提出了新的要求。为此，5G R15使用了CP-OFDM波形能适配并灵活可变的参数集，以支持不同的子载波间隔，复用不同等级和时延的5G业务。对于5G mMTC场景，由于正交多址(Orthogonal Multiple Access，OMA)可能无法满足其所需的连接密度，非正交多址(NOMA)方案成为广泛讨论的对象。非正交多址技术能够进一步提升系统容量，支持上行非调度传输，减少空口时延，适应低时延要求。

拓展阅读

华为与5G

（6）带内全双工（In-Band Full-Duplex，IBFD）：不管是FDD（频分双工）还是TDD（时分双工）都不是全双工，因为它们都不能实现在同一频率信道下同时进行发射和接收信号，而带内全双工则可以在相同的频段中实现同时发送和接收，与半双工方案相比，它可以将数据传输速率提高两倍。全双工技术能够突破FDD和TDD方式的频谱资源使用限制，使得频谱资源的使用更加灵活。

（7）D2D：传统的蜂窝通信系统的组网方式是以基站为中心实现小区覆盖，而基站及中继站无法移动，其网络结构在灵活度上有一定的限制。随着无线多媒体业务不断增多，传统的以基站为中心的业务提供方式已无法满足海量用户在不同环境下的业务需求。D2D技术无须借助基站的帮助就能够实现通信终端之间的直接通信，拓展网络连接和接入方式。由于短距离直接通信、信道质量高，D2D能够实现较高的数据传输速率、较低的时延和功耗；广泛分布的终端能够改善覆盖，实现频谱资源的高效利用；支持更灵活的网络架构和连接方法，提高链路灵活性和网络可靠性。

（六）6G

拓展阅读

无线电通信发明之路

6G（The 6th Generation），即第六代移动通信标准，6G网络将是一个地面无线与卫星通信集成的全连接世界，实现全球无缝覆盖，网络信号能够抵达任何一个偏远的乡村，缩小数字鸿沟，实现万物互联。6G的数据传输能力可能比5G提升100倍，网络延迟也可能从毫秒级变为微秒级，无人驾驶、无人机的操控都将非常自如。在卫星系统和网络系统的联动支持下，地空全覆盖网络还能帮助人类预测天气、快速应对自然灾害等。

2018年3月，两会期间，中国工信部部长表示中国已经着手研究6G。

2019年初，美国总统公开表示要加快美国6G技术的发展。

2019年3月，芬兰奥卢大学主办了全球首个6G峰会。

2019年4月，韩国通信与信息科学研究院召开6G论坛，正式宣布开展6G研究。

2019年10月，奥卢大学基于6G峰会专家的观点发布了全球首份6G白皮书——《6G无线智能无处不在的关键驱动与研究挑战》，提出6G将在2030年左右部署，将无缝覆盖全球，人工智能将与6G网络深度融合，同时提出了6G网络传输速度、频段、时延、连接密度等关键指标。

2019年11月3日，我国科学技术部会同国家发展和改革委员会、教育部、工业和信息化部、中国科学院、国家自然科学基金委员会在北京组织召开6G技术研发工作启动会。

2020年11月，北邮6G项目获得2020年国家重点研发计划"宽带通信与新型网络"重点专项资助。

2021年4月，华为表示也将发布6G白皮书。

二、移动互联网特点

移动互联网的发展使得我们的社会生活更加丰富多彩，它融合信息服务、生活娱乐服务、电子商务、新媒介传播平台和公共服务等诸多服务于一体，为人类生活提供了诸多便利。相较于互联网，移动互联网不仅具备互联网的特征，同时也具备移动化特征，从时空上扩展了互联网的使用。移动互联网所具备的便捷性、实时性、准确性和易定位的特点，都极大地满足了人类对信息的需求，随着智能可移动设备和相关产品的日益丰富，移动互联网的重要地位日益凸显。《中国移动互联网发展报告（2021）》显示，截至2020年12月，中国手机网民规模已达9.86亿，占整体网民的99.7%。由于移动互联网的普及，目前很多互联网的使用场景已经不再区分是PC互联网还是移动互联网。

最近几年，一些同行发布了不少关于移动互联网特点的看法，比如中国移动提出的"移动通信＋互联网"等认识，这都加深了我们对移动互联网产业的认识。从商业模式竞争力的角度来看，移动互联网产业具有移动化、个性化及差异化的特征，深刻认识这些特征将帮助企业完善商业模式，实现差异化的经营策略。下面归纳几个除互联网特征外的关于移动互联网的主要特点。

（1）便携性：移动互联网的基本载体是移动终端，当前移动终端不仅是智能手机、平板电脑，还可能是智能眼镜、手表、手环、服装、饰品等各类可穿戴智能设备，相对于PC，移动设备具有小巧轻便、可随身携带两个特点，因此，用户可以在任意场合接入网络。从有线到无线、从固定到移动，移动终端可以带来PC上网无可比拟的优越性，对沟通与资讯的获取方式产生了巨大的冲击，所带来的意义是极其深远的。用户能够随时随地获取与娱乐、生活、商务相关的信息，进行支付、查找周边位置等操作，移动应用可以进入人们的日常生活，满足衣食住行、吃喝玩乐等需求，为生活、工作和学习带来无限的乐趣。

（2）即时性：由于便捷性的特点，人们可以充分利用生活和工作中的碎片化时间，随时随地地接受和处理互联网的各类信息，即时性使时间分配更合理，不再担心有任何重要信息、时效信息被错过。即时通信服务为我们提供了便利，在生活、工作、学习之余便可轻松拉近人与人之间的距离，为社会和谐稳定发展创造新途径和新空间。

（3）移动性：移动化是移动互联网的重要特征之一，便携性使得移动设备便于用户随身携带和随时使用，移动设备也继承了用户的移动性，设备和使用者的匹配性导致设备的移动性和用户的移动性相近。

（4）身份性：这种身份统一是指移动互联用户自然身份、社会身份、交易身份、支付身份通过移动互联网平台得以统一，本来是分散到各处的，随着互联网逐渐发展、基础平台逐渐完善之后，各处的身份信息将得到统一。例如，在网银里绑定手机号和银行卡，支付的时候验证了手机号就直接从银行卡扣钱。另外，由于移动性，加之近年来推行实名制电话卡，移动互联网用户的身份很容易确定。通过获取移动设备的数据可以间接地获取使用者的相关信息，如位置、活跃时间、使用习惯、消费习惯等。利用这些信息可为用户画像，为管理、营销和服务提供准确数据。例如，商家的推荐、基于位置的服务等。

（5）定位性：移动互联网有别于传统互联网的典型应用是基于位置的服务应用，如基于位置的社交应用、基于位置的电子围栏用户监控及消息通知服务、出行导航服务和位置查询服务，基于位置的娱乐和电子商务应用等。基于位置的服务，不仅能够定位移动终端当前所在的位置,甚至可以预测移动终端的移动趋向性。由于身份性和移动性,可以间接确定使用者的移动轨迹,位置信息对于管理、基于位置的营销和服务至关重要。

(6)应用轻便:移动设备方便、快捷的特点使得用户不用在移动设备上进行复杂的类似PC端的操作和应用。

(7)隐私性:由于移动性、便携性和身份性的特点,移动互联网的信息保护程度较高,隐私性远高于PC的要求。另外,由于身份性等原因,移动互联网业务具有的私密性,如手机支付业务等。高隐私性决定了移动互联网终端应用的特点,数据共享时既要保障认证用户的有效性,也要保证信息的安全性。

(8)局限性:移动互联网业务在便携的同时,也受到来自网络能力和终端能力的限制。在网络能力方面,它受到无线网络传输环境、技术能力和需要自己支付费用等因素限制;在终端能力方面,它受到终端大小、处理能力、电池容量等的限制。

三、智慧旅游应用案例

2012年,中国的手机网民规模首次超越台式电脑用户。这期间中国互联网从无到有,而移动互联网也如潮水一般席卷而来,无论是个人还是企业,无论是工作还是生活,都受到极大的影响。移动互联网已经成为全世界商业和科技创新的源泉,正革新着旧有的世界与秩序,成为当今这个时代最大的机遇与挑战。

看到移动应用的巨大潜力,现有的在线旅游正加速布局移动端。移动互联网为游客在游前、游中和游后提供了丰富的服务。例如:旅游APP——携程、去哪儿、马蜂窝、爱彼迎、猫途鹰等;打车平台——T3出行等;具有扫码入园、扫码入住等功能的公众号和小程序。另外,一些APP也在不断扩展相关业务,基本涵盖了旅游的"吃、住、行、游、购、娱"六要素,如地图导航APP和铁路12306APP等。

不知不觉之中,移动端应用已经渗透到很多游客的行程中,并改变着很多人的旅游习惯,同样也重塑了文旅产业发展的格局、形式、营销和体验等,满足了游客个性化消费需求,成为文旅产业发展的新引擎,以及推动地方经济发展的新动力。

移动互联网在智慧旅游中的应用非常广泛,类别也很丰富,下面我们给出两个案例——基于移动通信运营商大数据的旅游分析和移动群智感知计算在智慧旅游平台中的应用,希望起到抛砖引玉的作用。

(一)移动通信运营商大数据

随着手机普及和实名认证的推进,我国的三大通信运营商(中国移动、中国联通、中国电信)掌握了国人的移动大数据。地方旅游局很多与其合作,制作本地的旅游数据报告。下面给出一个具体案例,报告是以国内外游客进入桂林境内使用运营商网络产生的数据为依托,涉及用户的国家归属和位置信息,采用多维统计和数据建模的方法进行深入研究,真实、客观地反映入境旅游市场现状和游客旅游特征偏好,为桂林的旅游服务及推广提供决策依据,为桂林旅游监管提供信息支持。图4-15所示为桂林旅游大数据分析报告的部分内容。

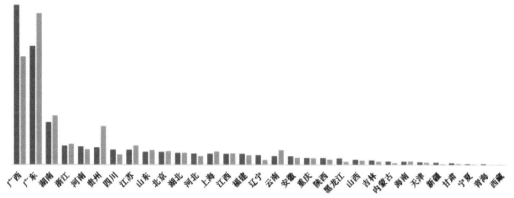

图 4-15　桂林旅游大数据报告示例（不含港澳台地区）

学者基于电信运营商数据或者手机GPS数据对目的地旅游流等进行了大量的深入研究。图4-16是以来韩国旅游的外国游客手机的CDRs（Call Detail Records）数据或者移动信号数据作为数字足迹，进行社区检测分析，分成7个社区，此研究对旅游目的地区域规划、交通管理等有重要意义。[1]

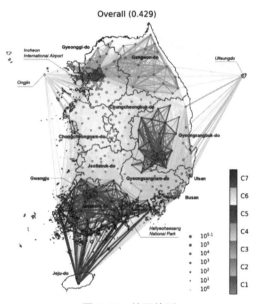

图 4-16　社区检测

（二）移动群智感知计算

随着无线通信技术、传感器技术的快速发展和智能移动终端设备的普及，基于众包思想的移动群智感知计算（Mobile Crowd Sensing and Computing，MCSC）从学术界逐渐走向产业界，应用于智慧城市、智慧校园、智能交通及环境监测等领域。

众包的概念由《连线》杂志在2006年首次提出，它是指将一个大型的复杂任务分解为若干个可并行处理的子任务，并且分配给大量非特定的个体来完成。群智感知计算是结合众包思想和移动设备感知能力的一种新兴数据获取模式。

近年来，移动智能设备的数量呈现爆炸式增长，由于移动设备内嵌多种传感器（如陀螺仪、指南针、GPS、麦克风、摄像头、加速度计、红外线传感器等）和安装丰富的APP（如微博、微信、抖音等），再结合移动设备天然存在的自然移动性和大规模覆盖性，游客的智能手机不停地产生数据。游客通过各种传感器和应用程序记录自己的旅行过程和环境数据，使得移动群智感知计算能以极低的感知成本获得大规模及细粒度的旅

---

[1] Xu Y, Li J, Belyi A, et al. Characterizing destination networks through mobility traces of international tourists—a case study using a nationwide mobile positioning dataset[J]. Tourism Management, 2021, 82.

游相关数据。而分析、挖掘出的这些数据,可以应用于智慧旅游的管理、服务和营销,下面我们给出一个基于视觉群智感知计算的景区智能监管系统案例。

智慧景区是在智慧城市建设这一背景下,结合景区规划、管理和可持续发展的客观需求,在数字景区的基础上的新发展。当前智慧景区尚处于研究的初级阶段,没有统一的概念,一般认为智慧景区是利用互联网、物联网、云计算、大数据、人工智能等信息技术,实现对景区的资源环境、基础设施、游客活动、灾害风险等进行全面、系统、及时的感知与精细化管理。

其中,智能监管是智慧景区建设的一个重要组成部分,现有监管方法大都铺设相关物联网设备,如摄像头等,并通过巡检人员进行辅助监管,不但需要人力、财力和物力的投入,而且造价和铺设难度高,很难高密度覆盖,因此不能实时地、面面俱到地进行监控。

而利用游客携带大量移动智能设备(手机、手环等),以众包的方式感知旅游监管相关数据,如移动设备数据(传感器)和移动用户UGC数据(照片、视频、评论等),通过后台智能分析,则可以对景区资源和设施的损坏情况、厕所卫生不达标、垃圾桶已满、游客不文明行为、管理人员的不规范操作、商贩的不合规销售等问题进行全方位监管。系统架构如图4-17所示。

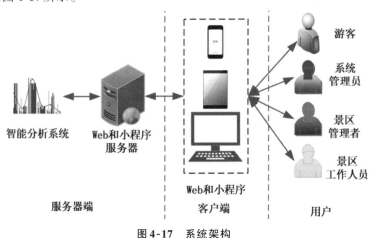

图 4-17 系统架构

此系统不但节省了购置物联网设备的成本,而且游客可以到达人能够到达的任何位置,解决了传统物联网部署难度大、造价高和覆盖度不够等问题,可实现实时、动态、全方位景区监控。并且,移动群智感知计算具有许多新特性,可催生新的智慧旅游应用,为游客带来前所未有的旅游体验。比如,可提供基于社会性的、位置的服务;可完美实现人机混合计算和人联网系统,充分发挥游客的主观能动性;可基于景区场景设计现实和虚拟混合的游戏,增添别样游览体验游。

/思考与讨论/

根据你的体验和感受,谈一谈移动互联网为旅游业带来的改变。

第四节 短距离无线通信

在电脑技术发展早期,数据都是通过线缆传输的,连线比较麻烦,需要特制接口。怎样不通过电缆,摆脱物理连接上的限制,使设备互联起来呢？人们不断探索,形成了当今各种各样的无线通信技术和产品。如 IrDA、蓝牙、Wi-Fi、ZigBee、NFC、Z-Wave、UWB、60 GHz 毫米波等无线数据传输技术。无线让世界变得如此自由,多数物联网终端都选择了无线接入,因此,短距离无线通信技术成为打通物联网"最后一公里"的关键。

一、IrDA

IrDA 是短距离无线传输技术的鼻祖,是第一个实现无线个域网(Personal Area Network, PAN)的技术,曾经在无线通信领域占有重要地位,但是随着无线通信技术的发展,在很多应用领域中,IrDA 已经被蓝牙等新的无线通信技术替代。

(一) 什么是 IrDA

红外线(Infrared, IR)是频率(0.3~400 THz)介于微波与可见光之间的电磁波,波长为 1~760 纳米,是比红光频率低的肉眼看不到的光(不可见光),高于绝对零度(-273.15℃)的物质都可以产生红外线。

红外通信(IrDA)是一种无线通信技术,就是利用红外线进行点对点无线数据传输的技术。IrDA 是红外数据协会(Infrared Data Association)的简称,即红外线数据标准协会,目前广泛采用的红外数据通信技术标准也称为 IrDA,就是由红外数据协会提出的红外通信协议标准及规范。

和传统有线数据传输相比,IrDA 不需要部署电缆,使用方便,易于扩展,经济实用,而且可以不受电磁干扰,保密性好,安全性高,具有低廉的成本和广泛的兼容性。它曾被广泛应用,如红外遥控器、红外线鼠标、红外线键盘和红外线打印机等。如今,随着科技的发展,IrDA 技术慢慢地被蓝牙等无线通信技术所取代,市场中带有红外收发装置的设备已逐渐淡出人们的视野。

(二) IrDA 产生与发展

1666 年,牛顿著名的三棱镜实验成功地从太阳的"白光"中分解出不同颜色的光。

1800 年,赫歇尔发现位于红光之外,频率比可见光低的红外线,又称为红外热辐射。

1979 年,IBM 公司的 Gfeller 发表了关于红外无线通信实验的论文,开创了红外无线通信的研究。加州大学伯克利分校在 IBM 和 HP 的资助下进行了红外无线通信的研究；以 Barry 和 Kaim 为首的一批研究人员对室内红外无线通信取得了一定研究成果；AstroTerra 公司做出点对点产品研究及实验；Daniell 等人研究了采用手持终端的无线红外厂区网络。

在红外通信技术发展的早期，存在多个红外通信标准，而且各个标准间的红外设备不兼容。为了使各种红外设备能够互联互通，1993年，成立了红外数据协会（IrDA），该协会是一个致力于建立红外无线连接的国际标准非营利性组织，统一了红外通信标准，这就是被广泛使用的 IrDA 红外数据通信协议及规范。

（三）IrDA 技术特点

起初，采用 IrDA 标准的无线设备仅能在1米内以 115.2 Kbps 速率传输数据，很快发展到 4 Mbps 以及 16 Mbps 的传输速率。IrDA 无线通信技术优缺点如下。

1. 优点

IrDA 不需要申请频率使用权，因而成本低廉。另外，IrDA 还具有移动通信所需的体积小、功耗低、连接方便、简单易用等特点；并且红外线发射角小，传输安全性高。

2. 缺点

IrDA 的不足在于它是一种视距传输，两个相互通信的设备之间必须对准，不能离得太远，中间不能被其他物体阻隔，只能用于2台（非多台）设备之间点对点的连接；另外，IrDA 多数情况下传输速率不高，几乎无法控制信息传输的进度。因此，IrDA 目前的研究方向是如何解决视距传输问题及提高数据传输率。

（四）IrDA 应用

IrDA 技术不需要实体连线，不受无线电波干扰，电信号和红外线的互相转换十分容易且实现成本较低，因此广泛应用于小型移动设备互换数据和电器的控制中，最早应用在家庭电视机、空调的遥控器上，后来也被应用于笔记本电脑、数码相机、移动电话上，以及在医疗、军事、工业方面传输数据和语音。

虽然 IrDA 在通信领域应用减少，但是其他方面的应用很丰富。如在日常生活中红外线的其他应用也非常广泛，高温杀菌、监控设备、红外体温计、红外灯控、红外烤箱等，都有红外线的影子。在医疗领域，红外线还可以用于改善血液循环，增强细胞的吞噬功能，消除肿胀，治疗慢性炎症。

另外，借助一些专门的传感器，我们可以制作红外热像仪和夜视仪，以应用于基础设施建设、城市管理、工业生产、交通管控、资源勘探、检验检疫、消防安保、安防监控、森林火灾监控等领域，市场需求广阔。

图4-18为通过式红外线测温安检机，具有双探头监测、快速通过、无感测温、语音播报、可远程遥控灵敏度等特点。

图4-18　通过式红外线测温安检机

图4-19是非接触式红外人体测温仪，应用红外热成像技术，并嵌入了人工智能算法，可以精确定位额头进行测温，支持中、远距离测温，最多支持30人同时测温，可有效提高体温检测精度和加快人的通行速度。

拓展阅读

红外线与紫外线的发现

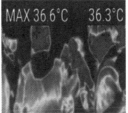

图 4-19 非接触式红外人体测温仪

在旅游中,将红外线安装在景区门口闸机上方,可以精确检测通过闸机的游客人数,开发游客统计分析系统,从而精准掌握游客流量,准确把握景区运营状态等。

/ 思考与讨论 /

现实中你用过哪些红外应用?你认为在旅游中,哪些场景可以应用红外线?可以实现什么样的功能?

二、Wi-Fi

Wi-Fi 技术作为高速有线接入技术的补充,具有可移动性、价格低廉的优点。目前,Wi-Fi 是最常用的连接互联网的无线方式,个人计算机、游戏机、智能手机、笔记本电脑、平板电脑、打印机、电视机等设备都可以使用 Wi-Fi 无线数据传输。下面我们将介绍 Wi-Fi 技术的特点和应用。

(一) 什么是 Wi-Fi

Wi-Fi 是一个创建于 IEEE 802.11 标准的无线局域网(Wireless Local Area Network,WLAN)技术。有时被称为"热点""无线热点"或者"AP"(Access Point),但这只是代表了 Wi-Fi 的一种常用工作方式。

Wi-Fi 是 Wi-Fi 联盟(Wi-Fi Alliance)拥有的商标,Wi-Fi 常被人们误以为是 Wireless Fidelity(无线保真)的缩写,Wi-Fi 联盟也经常使用"Wireless Fidelity"这个词,但事实上 Wi-Fi 就是全称。"Wi-Fi"一词是 1999 年 8 月 Wi-Fi 联盟聘请品牌咨询公司 Interbrand 创造的,据说选择 Wi-Fi 是因为它与 Hi-Fi(高保真度)谐音。"Wi-Fi"常被误写成"WiFi"或"Wifi",它们并没有被 Wi-Fi 联盟认可。

Wi-Fi 是一种可以将个人电脑、手持设备等终端以无线方式互相连接的技术,事实上它是一个高频无线电信号。无线保真是一个无线网络通信技术的品牌,由 Wi-Fi 联盟所持有,目的是改善基于 IEEE 802.11 标准的无线网络产品之间的互通性。

(二) Wi-Fi 产生与发展

ALOHA 是世界上最早的无线电计算机通信网,也是现在无线局域网的一个最初版本。

1968 年,美国夏威夷大学发起一项地面无线分组网的研究计划——ALOHA,基于 ALOHA 协议的 UHF 无线网络连接了夏威夷岛。

1990 年,澳大利亚射电天文学家 John O'sullivan(约翰·奥沙利文)和他的同伴,开发了Wi-Fi关键技术,并于1996年获得专利。这项发明被澳大利亚媒体誉为澳大利亚有史以来最重要的科技发明,并获得了全世界的众多赞誉。

1997年,IEEE发布了基于802.11协议的第一个版本,其传输速率为2 Mbps;1999年,IEEE制定802.11b标准,将传输速率提高到11 Mbps,使用价值大大提高,随后Wi-Fi得以快速发展,推出多个Wi-Fi标准,其中主流的标准包括802.11a(1999年)、802.11b(1999年)、802.11g(2003年)、802.11n(2009年)、802.11ac(2013年)。

各个标准向下兼容,旧协议的设备可以连接到新协议的AP,新协议的设备也可以连接到旧协议的AP,只是传输速率会降低。802.11n是目前主流的应用,802.11ac是第五代标准(Wi-Fi 5),802.11n的传输速率理论最快可以达到600 Mbps,802.11ac标准可以达到千兆的无线速度。

当前,最新的Wi-Fi标准是Wi-Fi 6,2016年颁布实施的802.11 ad是一个Wi-Fi 6标准。只是802.11ad并非由IEEE发布,而是WiGig联盟发布。前五代Wi-Fi标准采用的是2.4 GHz或5 GHz的频段,而802.11ad采用60 GHz的高频段。802.11ad最高传输速率可达4.6 Gbps,比当前最快的802.11ac标准快4倍,甚至超过当前有线网络,也超过家庭用户的宽带速度。

802.11ad并非最新的Wi-Fi标准,还有一个Wi-Fi 6标准802.11ax,又称为高效率无线标准(High-Efficiency Wireless,HEW)。在从802.11a到802.11ac的演进过程中,一般都是关注在单AP的网络中提高网络的整体传输速率,而802.11ax的初始设计思想和传统的802.11存在区别,更关注密集环境,混合使用2.4 GHz、5 GHz,以及1024 AQM、OFDMA信号的标准。802.11ax实验室测试的理论最高传输速率达到10 Gbps左右,比802.11ad还快1倍。

2018年10月,高通成为第一家实现802.11ay无线通信,802.11ay也是基于60 GHz频段,是802.11ad的升级标准,不但传输速率高(10 Gbps),而且传输距离远,延迟更低。

（三）Wi-Fi技术特点

Wi-Fi与蓝牙(Bluetooth)技术一样,同属于在办公室和家庭中使用的短距离无线技术。Wi-Fi有一对多(Infrastructure模式)和点对点(Ad-hoc模式)两种组网结构。我们最常用的是一对多结构,即一个AP、多个接入设备,如SOHO无线路由器就是路由器和AP构成。Wi-Fi还支持机器之间通信,如两个笔记本可以用Wi-Fi直接通信,不经过无线路由器。

Wi-Fi使用的是2.4 GHz附近的频段,Wi-Fi技术具有以下优点:

(1) 无须布线,组网容易。Wi-Fi不需要网络布线,不受布线条件的限制,避免了烦琐的长工期的布线安装工程;只要在需要的区域设置一个或多个高速接入互联网的AP,同时用户设备支持Wi-Fi即可进入互联网,并支持设备移动。Wi-Fi技术在第二层以上与以太网完全一致,所以能够将WLAN集成到已有的宽带网络中,也能将已有的宽带业务应用到WLAN中。这样,就可以利用已有的宽带有线接入资源,迅速地部署网络,形成无缝覆盖。

(2) 可扩展性强,经济便捷。有线网络缺乏灵活性,为了适应未来对网络规模扩大的需求,需要提前规划、部署网络,造成大量的超前投资,线路利用率低。Wi-Fi技术可以随着用户的增加而逐步扩展,而不需要重新布线,经济便捷。

(3)覆盖范围大。基于蓝牙技术的电波覆盖范围非常小,其半径约10米,而Wi-Fi覆盖范围较大,其半径可以达到数百米,在开放性区域,有效通信距离约300米,在封闭性区域,通信距离约100米。据悉,Vivato公司推出的一款新型交换机能够把Wi-Fi无线网络300英尺①的通信距离扩大到4英里②。办公室自不用说,就是在整栋大楼中也可使用。

(4)传输速率高。不同版本传输速率不同,无线标准IEEE 802.11a的传输速率可以达到54 Mbps,基于802.11n的传输速率可以达到600 Mbps。

(5)健康安全。IEEE 802.11规定的发射功率不可超过100毫瓦,在实际产品中,Wi-Fi发射功率为60至70毫瓦,与其他产品相比(手机的发射功率为200毫瓦至1瓦,手持式对讲机高达5瓦),Wi-Fi辐射非常小,并且Wi-Fi使用方式并非像手机直接接触人体,因此Wi-Fi技术是非常安全的。

但是,相对于有线接入方式,Wi-Fi技术仍有一定的缺陷:

(1)传输速率局限性。当有同频率干扰,传输速率会明显降低。

(2)质量的不稳定性。空间的无线电波间存在相互影响,特别是同频段同技术设备之间将存在明显影响。不仅如此,无线电波传播中根据障碍物不同将发生折射、反射、衍射、信号无法穿透等情况,其质量和信号的稳定性都不如有线接入方式。Wi-Fi信号会随着离接入点距离的增加而减弱,而且无线电信号遇到障碍物会发生不同程度的折射、反射、衍射,使信号传播受到干扰;无线电信号也容易受同频率电波的干扰和雷电天气影响,这些都会造成网络信号的不稳定和速率下降。

(3)安全性有待提高。Wi-Fi采用了基于用户的认证加密体系来提高其安全性,但其安全性和数据的保密性都不如有线接入方式。

(四)Wi-Fi应用

当前,互联网无处不在,已经成为生活当中必不可少的一部分,而Wi-Fi扮演了重要的角色。走进餐馆、宾馆、咖啡厅、游乐场所等,几乎都有Wi-Fi覆盖,Wi-Fi的全覆盖已经成为智慧景区、智慧商场、智慧博物馆、智慧展馆、智慧餐厅、智慧酒店的标配。

Wi-Fi具有可移动性、高传输速率和价格低廉的优点,是高速有线接入技术和蜂窝移动通信技术的有效和必要的补充。Wi-Fi广泛应用于有线接入需无线延伸的领域,不仅可以利用蜂窝移动通信网络完善鉴权和计费机制,而且可结合蜂窝移动通信网络广覆盖的特点进行多接入切换功能,能够和蜂窝网络融合。

拓展阅读

"Wi-Fi之母"——海蒂·拉玛

三、蓝牙

早期的电脑外部设备和电脑之间,以及其他移动设备之间的通信都需要电缆,让

---

① 1英尺≈0.3048米。
② 1英里≈1.6093千米。

人感觉混乱和不舒服,因此,"蓝牙"技术诞生。其目标是用一种小型的、低成本的无线通信技术连接各类设备,进而形成一种个人身边的网络,使得在其范围之内各种信息化的移动便携设备都能无缝地实现资源共享。

(一)什么是蓝牙

蓝牙(Bluetooth)是一种为固定和移动设备建立短距离通信环境的无线电技术,蓝牙的标准版本协议是 IEEE 802.15.1,工作在 2.4 GHz 频带,带宽为 1 Mbps。蓝牙能在移动电话、平板电脑、无线耳机、笔记本电脑、无线鼠标、无线键盘、无线照相机、无线音箱等众多设备之间进行无线信息交换,省去了传统的电缆,也可以使一些设备不需要电缆就能连接到互联网。

名称由来:"蓝牙"原是一位在 10 世纪统一丹麦的国王,他将当时的瑞典、芬兰与丹麦统一起来。用他的名字来命名这种新的技术标准,含有将四分五裂的局面统一起来的意思。蓝牙技术将是网络中各种外围设备接口的统一桥梁,它消除了设备之间的连线,取而代之以无线连接。

利用"蓝牙"技术,能够有效地简化不同厂家生产的便携式设备之间的通信,在近距离范围内具有互用、互操作的性能,也简化了设备与互联网之间的通信,使数据传输变得更加迅速高效,为无线通信拓宽了道路。

(二)蓝牙产生与发展

1994 年,爱立信开始研究移动电话和其他配件间进行低功耗、低成本的无线通信连接的方法,希望为设备间的无线通信创造标准化协议,以解决互不兼容的电子设备间的通信问题。

1997 年,爱立信与其他设备生产商联系,以此概念获得了设备制造商的支持。

1998 年,爱立信、IBM、英特尔、诺基亚和东芝五大跨国公司成立"特别兴趣小组"(Special Interest Group,SIG),即蓝牙技术联盟的前身,目标是建立一个全球性的短距离无线通信技术,并于当年推出蓝牙 0.7。

1999 年,正式公布蓝牙 1.0,确定使用 2.4 GHz 频谱,最远传输距离为 10 米,同时开始了大规模宣传。

2003 年,推出基础速率蓝牙,其传输速率为 1 Mbps。

2004—2009 年:第二代蓝牙,即增强速率蓝牙,其传输速率可达 3 Mbps,支持双工模式,增加了连接设备的数量,支持 NFC 近场通信。

2009—2010 年:第三代蓝牙,即高速蓝牙,其传输速率可达 24 Mbps,功耗明显降低。

2010—2016 年:第四代蓝牙,即低功耗蓝牙,它主推低功耗,功耗比老版本降低了 90%,传输距离增加到 100 米以上,支持与 LTE 无缝协作。

2016 年至今:第五代蓝牙,开启物联网时代大门。蓝牙 5.0 在低功耗模式下传输速率是蓝牙 4.2 的 2 倍,有效传输距离是蓝牙 4.2 的 4 倍(理论上可达 300 米),数据包容量是蓝牙 4.2 的 8 倍,结合 Wi-Fi 可以实现精度小于 1 米的室内定位。

在蓝牙 5.0 中,引入了一种称为远程模式(编码 PHY)的新模式,该模式允许低功耗蓝牙(BLE)设备在更长的范围内进行通信,视距可达1.5千米。

蓝牙本身就支持点对点通信,如智能手机与健身设备之间的通信。此外,它还支持一对多拓扑,随着2017年7月蓝牙网格规范的引入,BLE还支持多对多拓扑。

(三)蓝牙技术特点

(1)通用免费频段:蓝牙工作在全球开放通用的2.4 GHz,即免费的ISM(Industrial Scientific Medical)频段,供全球范围内用户使用,解决了蜂窝通信的国界障碍。

(2)安全性高、抗干扰性强:蓝牙技术具有跳频的功能,抗干扰性强,不易窃听。

(3)兼容性好:蓝牙技术独立于操作系统,在各种操作系统中具有良好的兼容性能。

(4)可穿透性好:相比于红外线不能穿透阻碍物,蓝牙具有可穿透性。

(5)通信视角任意:红外进行数据传输时有方向上的限制,两个红外接口相对的角度需在30°以内;而蓝牙没有特别的通信视角和方向要求,可以任意改变方向。

(6)多点传输:蓝牙可以同时连接多个设备,支持点对多点连接传输。

(7)传输距离较远、速率较高:蓝牙有效传输距离为10米左右,通信范围小,但是增加发射功率可达到100米,甚至更远。和红外比,其传输速率更高,但是和高速网络比还较低,早期传输速率为1 Mbps左右,但是蓝牙技术不断迭代提升,目前版本已经达到几十Mbps,并且支持语音和数据传输。

另外,蓝牙相对于早期无线通信技术,还具有功耗低、成本低、体积小等优点。蓝牙的出现,曾让工业控制、家用自动控制、玩具制造商等业者雀跃不已,它能广泛应用于便携式移动设备间的通信,如数控机床的无线监控、各种家用电器的遥控器、无线遥控的玩具等。

(四)蓝牙应用

(1)电脑与外部设备的无线连接,如无线鼠标、键盘、耳机、打印机等。

(2)蓝牙设备间无线数据传输,如电脑与手机间传输文件。

(3)应用于汽车领域,如车载免提通信系统、车载蓝牙娱乐系统、蓝牙防盗器等。

(4)应用于工业生产,如数控机床的无线监控。

另外,蓝牙在医用器材、GPS、条形码扫描仪和交管设备等无线化和室内定位等方面也有广泛应用。

四、ZigBee

在蓝牙技术的使用过程中,人们发现蓝牙技术尽管有许多优点,但仍存在许多缺陷。对家庭自动化和工业遥测遥控领域而言,蓝牙技术太复杂、功耗大、组网规模太小。工业自动化对无线数据通信的需求越来越强烈,而且对于工业现场,这种无线传输必须是高可靠的,并且能抵抗工业现场的各种电磁干扰。因此,经过人们的长期努力,ZigBee协议在2003年正式问世。另外,ZigBee使用了在它之前所研究过的面向家庭网络的通信协议Home RF Lite。

（一）什么是ZigBee

ZigBee名称来源于蜜蜂的"八字舞"，"Zig"有转弯的含义，"Bee"是蜜蜂，蜜蜂是靠飞翔和嗡嗡地抖动翅膀的舞蹈（即"八字舞"）构成群体的通信网络，来与同伴传递花粉所在方位信息，ZigBee也被译为紫蜂，是基于蜜蜂相互间联系的方式而研发的短距离无线通信技术。

ZigBee是基于IEEE 802.15.4标准的短距离、低功耗、低速率、新兴的双向无线通信技术。支持大规模节点、多种网络拓扑结构，具有低复杂度、低成本、自组织、快速、可靠、安全等优点。适用于自动控制和远程控制领域，可以嵌入各种设备，同时支持地理定位功能。主要用于距离短、功耗低且传输速率不高的各种电子设备之间进行数据传输，以及典型的有周期性数据、间歇性数据和低反应时间数据传输的应用场景，如智能家居网络、工业自动化网络和个域网等。

（二）ZigBee产生与发展

1998年，INTEL、IBM等发起面向智能家庭网络的通信协议Home RF Lite无线技术。

2000年12月，IEEE 802.15.4工作组成立。

2001年8月，ZigBee联盟①成立。

2002年下半年，英国Invensys、日本三菱、美国摩托罗拉和荷兰飞利浦等国际知名大公司共同宣布加入ZigBee联盟，并研发名为"ZigBee"的下一代无线通信标准，这一事件成为该技术发展过程中的里程碑。

2003年12月，CHIPCON推出业界第一款ZigBee收发器CC2420。

2004年12月，ZigBee联盟推出全球第一个IEEE 802.15.4/ZigBee片上系统，并发布ZigBee10标准，又称为ZigBee 2004。2004年，ZigBee被列为当今世界发展较快、较具市场前景的十大新技术之一。

2005年9月，ZigBee 1.0发布，但是基于该版本的应用很少，与后面的版本也不兼容。同年，华为和IBM加入了ZigBee联盟。

2006年12月，ZigBee 1.1发布，又称为ZigBee 2006。

2007年10月，ZigBee 2007/PRO发布，兼容之前的ZigBee 2006，并且加入了Zig-Bee PRO部分。ZigBee标准有三个不同的版本，其中，ZigBee 2004不再使用，ZigBee 2006有很多的局限性，ZigBee 2007引入了很多关键特性，如频率跳变、消息分片、密钥的管理等。ZigBee联盟更加专注于家庭自动化、建筑商业大楼自动化、先进抄表基础建设三个方面。

2009年3月，ZigBee RF4CE推出，具备更强的灵活性和远程控制能力。

2009年，ZigBee采用了IETF的IPv6 6Lowpan标准作为新一代智能电网Smart Energy（SEP 2.0）的标准，致力于形成全球统一的易于与互联网集成的网络，实现端到端的网络通信。随着全球智能电网的建设，ZigBee将逐渐被IPv6/6Lowpan标

---

①ZigBee联盟现更名为连接标准联盟（Connectivity Standards Alliance，CSA）。

准所取代。

2016年5月,ZigBee联盟在上海推出了ZigBee 3.0,以统一之前不同行业的应用层协议,解决不同应用层协议之间的互联互通问题。

(三) ZigBee技术特点

ZigBee是针对蓝牙技术不能满足工业自动化场景对低成本、低数据量、低功耗、高可靠、大容量、响应快的无线数据通信的需求而研发的。因此,ZigBee技术具有如下特点。

(1) 低功耗:ZigBee收发信息功耗较低,并且采用了休眠模式,在待机模式下,2节5号电池可支持1个节点工作6～24个月,相比蓝牙工作数周、Wi-Fi工作数小时,ZigBee具有很大优势。

(2) 低成本:ZigBee大幅简化协议复杂度,降低了对通信控制器的要求,而且ZigBee免收协议专利费,每块芯片的价格大约为2美元。

(3) 低速率:ZigBee分别提供250 Kbps(2.4 GHz)、40 Kbps(915 MHz)和20 Kbps(868 MHz)的原始数据吞吐率。

(4) 短距离:传输距离一般为10～100米,增加RF发射功率后,可提升至1000～3000米,另外,ZigBee可以通过节点间接力通信的路由方式,增加传输距离。

(5) 响应快:ZigBee一般从睡眠转入工作状态只需15毫秒的响应速度,节点连接进入网络只需30毫秒,与蓝牙(需要3～10秒)和Wi-Fi(需要3秒)相比,其速度较快。因此,ZigBee技术适用于对时延要求苛刻的无线控制(如工业控制领域等)应用。

(6) 高容量:ZigBee可采用星状、树状和网状网络结构,可扩展性强,组网容易,自恢复能力强。网络中一个主节点可管理254个子节点,同时主节点还可由上一层网络节点管理,最多可组成超过65000个节点的大网络。

(7) 高安全:ZigBee在数据传输中提供了三级安全性,即无安全方式、接入控制清单(ACL)、高级加密标准(AES),各个应用可以灵活确定其安全属性。

(8) 免执照频段:使用由ITU-R(国际电信联盟无线电通信部门)定义的工业、科学和医疗(Industrial Scientific Medical,ISM)频段,其中915 MHz是美国的、868 MHz是欧洲的、2.4 GHz是全球的。

(9) 可靠传输:ZigBee的媒体接入控制层(MAC层)采用完全确认的碰撞避免数据传输机制,重新发送没有得到确认回复的数据,以保证数据传输的可靠性。

(10) 抗干扰能力强:Zigbee收发模块使用的是2.4 GHz直序扩频技术,比起一般FSK、ASK和跳频的数传电台,具有更好的抗干扰能力。

(四) ZigBee应用

随着我国物联网正进入发展的快车道,ZigBee也正逐步被国内越来越多的用户接受。ZigBee与Bluetooth(蓝牙)、Wi-Fi(无线局域网)同属于2.4 GHz频段的IEEE标准网络协议,由于性能定位不同,各自的应用也不同。ZigBee用于低速率、低功耗场合,如将ZigBee和传感器结合,用于智能家居、工业控制、自动抄表、医疗监护等领域。

(1) 智能家居:将家庭电灯、电视机、冰箱、洗衣机、电脑、空调、窗户、窗帘、烟雾感应、报警器和摄像头等设备组建成ZigBee网络,通过网关连接到互联网,用户可以在任何地方监控自己家里的情况,并且省却了在家里布线的烦恼。

(2)工业控制:工厂中有大量的传感器和控制器,利用ZigBee把它们连接成一个网络进行监控,加强作业管理,降低成本。

(3)自动抄表:ZigBee利用传感器把煤气表、电表、水表等的读数转化为数字信号,通过ZigBee网络发送到相应公司,不但节省人力成本,而且方便用户。

(4)医疗监护:在人体身上安装测量脉搏、血压等监测健康状况的传感器、监视器或报警器,利用ZigBee技术组成一个无线监测网络,方便被监护人和监护人。

图4-20为ZigBee模块、开发板、网关和电表终端示例。

图4-20 ZigBee模块、开发板、网关和电表终端示例

五、UWB

大家一般对蓝牙、Wi-Fi等无线通信技术比较熟悉,因为生活中已经非常普及了。近年来,UWB技术也受到越来越多的关注,成为无线通信技术的热点之一。IEEE 802委员会已将UWB作为个域网的基础技术候选对象来探讨,2019年9月,苹果发布的iPhone11已搭载了UWB芯片;2020年8月,三星发布的Galaxy Note20系列手机中,也加入了UWB技术。UWB技术被认为是无线电技术的革命性进展,在无线通信、雷达跟踪及精确定位等方面有着广阔的应用前景。

(一)什么是UWB

UWB(Ultra Wide Band,超宽带)技术是一种新兴的短距离无线通信技术,与传统无线通信技术有极大差异(Wi-Fi和蓝牙在窄频带上使用调制正弦波来传输信息),UWB是一种无载波通信技术,是基于频分复用技术的电话多路通信体制,属于经典模拟通信的制式。它通过发送和接收具有纳秒或纳秒级以下的极窄脉冲来传输数据,也称为脉冲无线电(Impulse Radio,IR)。脉冲时间极短,因此可以实现频谱上的超宽带,带宽在500 MHz以上,达到GHz量级,同时也能实现高精度定位的距离测算。

图4-21是载波通信和UWB信号示意图。

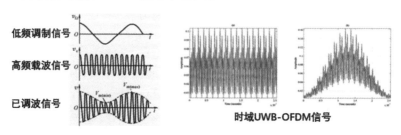

图4-21 载波通信和UWB信号示意图

(图片来自互联网)

2002年,美国联邦通讯委员会(Federal Communications Commission,FCC)规定民用UWB信号为-10 dB带宽大于500 MHz的无线电信号,系统的最高辐射功率谱密度为-41.3 dBm/MHz。

图4-22是超宽带单位频带发射功率和频谱图。

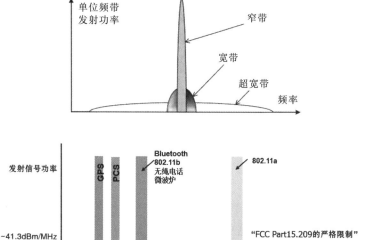

图4-22 超宽带单位频带发射功率和频谱图

(图片来自互联网)

UWB技术具有抗干扰性强、传输速率高、带宽极宽、功耗低、结构简单、定位精度高等优点,主要应用于短距离无线通信、室内高精度定位等领域。UWB是无线电领域的一次革命性进展,为无线通信的发展开辟了新的机遇,或将成为未来短距离无线通信的主流技术。

UWB解决了困扰传统无线技术多年的有关传输方面的重大难题,它具有对信道衰落不敏感、发射信号功率谱密度低、低截获能力、系统复杂度低、能提供数厘米的定位精度等优点。早期,UWB应用在近距离高速数据传输,近年来开始利用其亚纳秒级超窄脉冲来做近距离精确室内定位。

(二) UWB产生与发展

20世纪60年代,美国军方开发脉冲无线电技术(即后来的UWB),并将其应用于雷达系统。

1974年,Ross及Robbins发表UWB相关的美国专利,是UWB通信方面重要的里程碑式专利。

1989年,脉冲无线电技术被美国国防部将其命名为UWB(超宽带)技术。

我国研究者从1999年开始关注UWB技术,2001年,国家"863"计划启动了高速UWB实验演示系统的研发项目。

2002年，FCC批准UWB在严格限制条件下可在公众通信频段3.1～10.6 GHz上运行，正式向民用领域开放，才有力推进了UWB通信的发展。

2007年3月，ISO正式通过了WiMedia联盟提交的MB-OFDM标准，该标准正式成为UWB技术的第一个国际标准。

2019年，FiRa Consortium(FiRa联盟)和UWBA(UWB Alliance)两大组织成立。FiRa Consortium专注于跨垂直业务的精细测距与定位技术，UWBA旨在促进各类垂直行业在从芯片到服务的整个UWB价值链中构建全球生态系统。

2019年，苹果发布的iPhone11为首个搭载UWB芯片的手机，显著提升iPhone的空间感知能力。

2020年，三星发布的Galaxy Note 20和Note 20 Ultra，成为率先采用UWB技术的Android手机。2020年，小米官宣"一指连"UWB技术，之后OPPO、vivo等厂商也加入。2021年，Google推出支持UWB的Android API。

（三）UWB技术特点

（1）带宽极宽：当今，无线电频率资源日益紧张，UWB在远离繁忙的ISM频段(2.4 GHz无线电频谱)，开辟了一种新的时域无线电资源，UWB使用的带宽在1 GHz以上，超宽带系统容量大，并且UWB可以和窄带通信系统同时工作且互不干扰，即能够与卫星导航、Wi-Fi和蓝牙等现在流行的无线通信共存。

（2）抗干扰性能强：UWB采用跳时扩频信号，系统具有较大的处理增益，与Wi-Fi和蓝牙相比，在同等码速条件下，UWB具有更强的抗干扰性能。

（3）安全性高：UWB是物理层技术，具有天然的安全性能。UWB一般把信号能量弥散在极宽的频带范围内，对多数通信系统来说，UWB信号相当于白噪声信号。UWB采用跳时扩频信号，接收机只有已知发送端扩频码时才能解出发射数据，而且发射功率谱密度极低，用传统的接收机无法接收。

（4）结构简单：UWB技术不使用载波，发射器直接用脉冲小型激励天线，不需要传统收发器所需要的上变频，从而不需要功率放大器与混频器，接收端也不需要中频处理。

（5）速率高：UWB的数据传输速率可以为几十到几百Mbps，有望是低版本蓝牙的100倍，也可以高于IEEE 802.11a和IEEE 802.11b，UWB技术是实现个人通信和无线局域网的一种理想技术。

（6）传输距离远：在典型功率工作时，UWB传输距离可达10米左右，如果使用较高功率脉冲，UWB的传输距离可达200米。

（7）功耗低：一方面，UWB系统使用间歇的脉冲来发送数据，占空比低；另一方面，UWB不使用载波，只是发出瞬间脉冲波(0和1)。在高速通信时系统的耗电量仅为几百微瓦至几十毫瓦，民用UWB是传统移动电话所需功率的1/100左右，是蓝牙设备所需功率的1/20左右。

（8）定位精确：UWB技术很容易将定位与通信合一，UWB技术具有极强的穿透能力,可在室内和地下获得厘米级精确定位。

(9) 系统容量大:由于不需要产生正弦载波信号,可以直接发射冲激序列,UWB系统具有很宽的频谱和很低的平均功率,有利于与其他系统共存,从而提高频谱利用率,带来极大的系统容量。

(10) 多径分辨率高:因为UWB采用的是持续时间极短的窄脉冲,在时间和空间上的分辨率都很高,方便进行测距、定位、跟踪等活动,并且窄脉冲具有良好的穿透性,所以它在红外通信中也得到广泛使用。

UWB与BLE、Wi-Fi的参数对比如表4-1所示。

表4-1 UWB与BLE、Wi-Fi的参数对比

定位技术	UWB	BLE	Wi-Fi
频率范围	3.1～10.6 GHz	2.4 GHz	2.4 GHz,5 GHz
传输速率	最高可达500 Mbps	最高可达2 Mbps	最高可达1 Gbps
延迟	小于1毫秒	3～5秒	3～5秒
传输距离	0～50米较佳	0～25米较佳	0～50米较佳
定位精度	小于50厘米	蓝牙RSSI:5～10米 蓝牙AoA:0.5～米	小于10米
安全性	较高	高	高
穿透性	强	弱	强
抗干扰性	强	弱	强
功耗	中	较低	高
成本	高	低	高

(四) UWB应用

UWB技术被认为是无线电技术的革命性进展,巨大的潜力使得它在雷达、通信及定位等方面有着广阔的应用前景。

(1) 雷达应用:雷达不限于军事,可应用于资源探测、环境监测、生命体征探测等。UWB具有较好的穿透墙、楼层的能力,可以应用于医学成像系统,生命体征探测等。优势是不侵犯个人隐私,不需要探测目标携带终端设备。在旅游中可用于无干扰地探测客房、会议室、厕所等是否有人和人员的生命体征等。

(2) 通信应用:无线高速个域网、传感网、局域网等,目前主要包括家庭、办公室、个人消费电子等方面,如主机、显示屏、摄像头、会议设备和投影仪之间的无线互连,传输照片、文件、视频。

(3) 定位应用:UWB提供厘米级的室内定位标准,小米的"一指连"UWB技术使智能设备具备空间感知能力,犹如"室内GPS"。可用于文博、会展、停车场等室内定位,以及电子围栏、紧急求助(视频联动)、轨迹查询、停车场泊车和寻车等。

图4-23所示的是UWB芯片和设备示意图。

卡式标签　　腕带式标签　　无线充电板　　定位服务器　　　　定位基站

图4-23　UWB芯片和设备示意图

在市场方面，UWB应用目前以B端为主。与蓝牙、Wi-Fi等消费电子领域常用的定位方案不同，UWB的市场目前主要集中在诸如公检法司、三级医院、矿井、化工厂、工业制造与仓库这类非常注重"强管理"的B端场景。

UWB在C端市场上的表现，不如蓝牙和Wi-Fi等普及。原因是价格一直偏高，直到苹果开启了消费市场后，UWB成本直线下降。例如，超高精度定位系统的UWB基站从5000～10000元直接降到了2500元左右，2021年价格降到1399元；UWB标签价格也从1000多元降到200元以内。苹果、三星、小米等手机集成UWB技术后，将进一步推广UWB的C端市场。

调查数据显示，近几年，室内定位的全球市场的年复合增长率约42.0%。UWB在室内高精度定位上具有绝对优势，特别是在苹果将UWB高精度定位引入手机生态后，原本面向B端的商业模式将快速过渡到面向C端的市场，这必将引起新一轮市场的快速增长。

六、NFC

虽然蓝牙技术一直在进步，但是竞争者也在不断涌现，比如NFC。近几年，NFC是高端手机上常见的近距离无线通信功能之一。NFC与蓝牙功能类似，虽然传输速度没有蓝牙快，传输距离也没有蓝牙远，但是功耗和成本都较低，而且保密性好，这些优点让它成为移动支付的宠儿。

（一）什么是NFC

NFC（Near Field Communication，近场通信）是一种基于非接触式射频识别（RFID）技术的新兴的短距离无线通信技术标准，和RFID不同，NFC采用了双向的识别和连接，在单一芯片上集成了感应式读卡器、感应式卡片和点对点通信的功能。

近场通信中的"近场"是指靠近电磁场的无线电波。无线电波（即电磁波）包含电场和磁场，电磁场特性的变化取决于与天线的距离，通常划分为近场和远场。近场和远场没有正式的定义，取决于应用本身和天线。近场一般是指从天线开始到1个波长的距离，近场通常分为反应区和辐射区。反应区内电场和磁场是最强的，可以单独测量；辐射区内电磁场开始辐射，标志着远场的开始。远场是真正的无线电波，在大气中相当于光速传播。

NFC结合了近场通信技术和移动通信技术，与蓝牙相比，具有价格便宜、操作简单等优势，广泛用于手机支付、门禁卡、身份认证、防伪、公交卡等，为人们的电子产品提供了一种安全快捷的通信方式，建立了一种新型的用户消费和业务模式。

（二）NFC产生与发展

在非接触RFID卡市场，市场份额主要被飞利浦和索尼两家电子巨头把持，飞利浦主推Mifare技术，索尼主推FeliCa技术。

2002年，飞利浦和索尼整合相关资源，融合Mifare和FeliCa，增加了点对点通信，共同研发了由非接触RFID演变而来的短距离通信技术和应用的统一方案——NFC。

2004年，为吸引更多力量加入NFC领域，飞利浦、索尼和诺基亚牵头成立NFC Forum，致力于NFC的标准化、技术推广和商业化应用，以形成完整的NFC生态系统。

2004年，诺基亚推出3220等型号支持NFC的手机。其中3220在德国RMV应用于交通卡服务，在美国应用于VISA和手机支付试点。

2006年6月，飞利浦、诺基亚、中国移动厦门分公司与"厦门易通卡"在厦门启动中国首个NFC手机支付试点项目。

2006年7月，复旦微电子成为首家加入NFC Forum的中国企业，之后，清华同方也加入了NFC Forum。

2006年8月，诺基亚与银联商务公司宣布在上海启动中国的第二个NFC试点项目。

2007年，欧洲和亚太地区的一些运营商陆续宣布采用NFC技术推出商用业务，这表明移动非接触式技术商用在全世界步入了实质性阶段。截至2007年，NFC Forum在全球拥有超过100个成员。

2017年底，国产智能手机大部分品牌的部分型号拥有NFC功能。

（三）NFC技术特点

和其他无线技术比，NFC有两种工作模式。

（1）卡模式（Card Emulation），也称为被动模式，采用这个模式的设备（从设备）相当于RFID标签卡，启动NFC通信的设备（主设备）相当于RFID读写器。在整个通信过程中，主设备提供射频场（RF-field），因此，寄主设备（如手机）即使没电也可以工作。在此模式下，NFC主要用于商场刷卡、公交卡、门禁卡、车票和门票等。

（2）点对点通信模式（P2P Mode），也称为主动模式，在这种模式下，每台设备相当于同时具有RFID标签和RFID读写器功能，将两个具备NFC功能的设备连接，就能实现数据点对点传输，和低功耗蓝牙类似，只是传输距离较短，传输创建速度较快，传输速度也更快一些。

与蓝牙相比，NFC最大的特色就是方便易用，通信的两台蓝牙设备间要互相完成搜寻、识别、配对的过程，而NFC只需要靠近就能完成配对和传输过程，建立连接的速度也更快，只需0.1秒，是一种近距离的私密通信方式。NFC可以与蓝牙互补，因此在门禁、一卡通、银行卡支付等领域也逐渐被广泛应用。

与RFID相比，NFC也是通过频谱中无线频率部分的电磁感应耦合方式来传递数据，只是NFC传输距离比RFID短，一般在10厘米内，RFID传输距离可达几米到几十米，但由于近场通信采取了独特的信号衰减技术，具有成本低、带宽高、能耗低等特点。

NFC、红外线、蓝牙等同为非接触传输方式,它们具有各自不同的技术特征,可以用于各种不同的场景,其技术本身没有优劣差别。

(四) NFC 应用

NFC产生后,没有形成自己的应用生态系统,以至在很长时间内缺乏存在感。随着移动支付的迅速发展,支付安全问题日益凸显,和具有软安全的二维码支付相比,NFC的硬件级安全保障在安全支付方面有着天然优势,数字货币发行后,安全也许是NFC技术的优势和契机。NFC最核心和最有价值的应用是移动支付。另外,这种"数字钱包"服务理念还可向商家优惠券及其他服务领域延伸。图4-24是NFC"碰一碰支付",无须扫描,让支付更简单、更安全。

当前具有NFC功能的设备,除传输数据外,还可以实现移动支付、公交卡、电子门票、门禁、身份识别、防伪等应用。现在多家手机厂商(如小米、华为等)都支持通过NFC使用公交卡、银行卡,而且国内三大运营商已经研发具备NFC功能的手机卡。据不完全统计,我国已有160多座城市的公交卡支持NFC功能,但是目前尚未实现全国范围内统一的公交一卡通业务。

图4-24 NFC"碰一碰支付"

七、Z-Wave

近几年,随着智能家居系统的推广和短距离无线技术的发展,家庭智能化出现巨大发展机遇。在短距离无线通信领域,Wi-Fi主要用于浏览网页,蓝牙主要用于连接耳机等可穿戴设备,NFC在移动支付领域优势明显,智能家居技术需要一个低功耗、随时开机的系统,ZigBee凭借领先的技术和性能成为这一新兴市场上的佼佼者,但Z-Wave似乎结构更简单、成本更低、接收灵敏度更高。Z-Wave进入中国市场较ZigBee晚,但在欧美比较流行。

(一) 什么是 Z-Wave

Z-Wave是一种新兴的、基于射频的,以及低成本、低功耗、高可靠的短距离无线通信技术,是由丹麦公司Zensys主导的无线组网规格。相对于现有的多种无线通信技术,Z-Wave技术低功耗、低成本,有力地推动低速率无线个域网(PAN)的发展,尤其是针对智能家居系统,如抄表、照明,以及家电控制、接入控制、防盗及火灾检测等。

尽管ZigBee技术的传输速度更快、可容纳的节点数更多、开放性更强,但专注于家庭自动化的Z-Wave凭借着低成本、低功耗、高可靠、高灵敏等优势,其市场份额逐渐增加。

(二) Z-Wave 产生与发展

1999年,3位丹麦工程师想在自己家中实现智能家居系统的想法,考虑到房屋已装修,再设计安装有线系统造价很高,因此开发了一套简单、经济的无线系统,就是Z-Wave,后来这一技术得到欧洲几个知名公司的青睐。

2004年，丹麦的芯片与软件开发商Zensys主导并提出Z-Wave无线组网规格，用于替代家用自动化系统，并成立Z-Wave联盟（Z-Wave Alliance）。随着成员企业规模日益扩大，Cisco、Intel相继投资Zensys，并加入Z-Wave联盟，之后微软也加入了Z-Wave联盟。

2011年，国际消费类电子产品展览会（International Consumer Electronics Show）上推出了基于互联网远程控制的Z-Wave远程监控和远程照明等产品。

2015年，Z-Wave联盟成员企业超过325家，Z-Wave认证产品超过1350款，已有4000万部设备上市。

2020年9月，Z-Wave联盟发布了新的Z-Wave远程协议（Z-Wave Long Range，Z-Wave LR）规范。Z-Wave LR旨在扩展无线通信范围和增加节点数量，支持强大的网络架构，将Z-Wave应用扩展到家庭之外，加快Z-Wave在其他垂直市场中的应用。

（三）Z-Wave技术特点

Z-Wave的特点是结构简单、低成本、低功耗、高可靠、互操作性好，适合短距离、窄带宽的应用场合。

与ZigBee工作频率为2.4 GHz不同，Z-Wave工作频率为美国908.42 MHz、欧洲868.42 MHz，因此，其抗干扰性更强；与Wi-Fi使用星形网络不同，Z-Wave和ZigBee都采用无线网状网络结构，因此，任何节点都能直接或间接地和通信范围内的其他邻近节点通信。

Z-Wave数据传输速率为9.6 Kbps，后提升到40 Kbps；Z-Wave有效通信距离在室内是30米，室外可超过100米，Z-Wave LR则可提升至4倍（400米）；Z-Wave网络最多容纳232个从节点，包括控制节点在内，Z-Wave LR可多达4000个网络节点；Z-Wave本为低功耗网络技术，Z-Wave LR通过动态功率控制，使单颗纽扣电池使用寿命长达10年。

（四）Z-Wave应用

Z-Wave专注于智能家居系统（见图4-25），用于住宅、酒店等场景，可以实现远程控制和无线监测，如照明及家电控制、接入控制、防盗及火灾监测等。随着Z-Wave联盟的不断扩大，其应用将不仅仅局限于智能家居，在酒店控制系统、工业自动化、农业自动化等多个领域，也会有新的应用。

由于Z-Wave LR功耗超低，其电池使用寿命可达10年，可以将具有Z-Wave通信模块的传感器部署在难以到达的地方，如阁楼、地下室，以支持不断发展的应用，如结合情境感知和人工智能的物联网技术，以提升智能家居系统的功能和体验感。图4-26为基于Z-Wave技术的智能开关。

图4-25　Z-Wave智能家居示意图
（图片来自互联网）

图 4-26　基于 Z-Wave 技术的智能开关

（图片来自互联网）

八、60 GHz 毫米波

当前无线通信频谱资源越来越紧张，无线低频段大部分已被占用，如 2.4 GHz 的无线低频频段就挤满了 802.11、蓝牙、微波和其他应用。而且在多媒体时代，人们对数据传输速率的需求也越来越高。60 GHz 频段无线短距通信技术既不占用现有频谱资源，又能提供高速数据传输，因此越来越受到关注，成为未来无线通信技术中极具潜力的技术之一。

（一）什么是 60 GHz 毫米波

毫米波（Millimeter Wave，mmWave）频段没有精确的定义，通常将 30～300 GHz 的频域（波长为 1～10 毫米）的电磁波称为毫米波，位于微波与远红外波相交叠的波长范围，因而兼有两种波谱的特点。毫米波的理论和技术分别是微波向高频的延伸和光波向低频的发展。

60 GHz 毫米波即使用 60 GHz 左右频段通信的短距离无线通信技术，能够实现设备间数 Gbps 的超高速无线传输。802.11ad 标准（即 WiGig）使用的是高频载波的 60 GHz 频谱，另外，5G 使用的也是毫米波。

（二）60 GHz 毫米波产生与发展

历史上，60 GHz 的应用局限在军事和科研上，2000 年后，各国政府相继在 60 GHz 频段附近划分出数 GHz 的免许可使用的连续民用频谱，这为实现数 Gbps 超高速无线传输奠定了基础，如美国划分为 7 GHz（57～64 GHz）、日本划分为 7 GHz（59.4～62.9 GHz）、欧洲划分为 9 GHz（57～66 GHz）。因此，60 GHz 无线通信成为近年来短距离无线通信的研究热点，先后出现多个基于 60 GHz 频段的无线通信技术标准。

1. WirelessHD

2006 年 12 月，LG、Panasonic（松下）、NEC（日本电气）、SAMSUNG（三星）、SONY（索尼）、TOSHIBA（东芝）等日韩知名消费电子领域公司共同成立了 WirelessHD 工作组，旨在开发一种可替代 HDMI（High Definition Multimedia Interface，高清多媒体接口）的无线数字高清传输技术，让各种高清设备（如电视、影碟播放机、机顶盒、录像机、游戏机等）实现高清信号的无线传输。随后，Intel 和 SiBeam 加入 WirelessHD 工作组并成为核心开发成员。2008 年 1 月，Wireless HD 1.0 规范发布。2010 年，无线高清标准 Wireless HD 1.1 版公布。

2. TG ad

2009年,Intel(英特尔)、Broadcom(博通)、Atheros(创锐讯)等领先的WLAN芯片厂商在IEEE 802委员会里成立了毫米波WLAN标准化工作小组TG ad(Task Group ad)。TG ad工作小组组长、英特尔首席工程师Eldad Perahia表示:"毫米波通信可以作为现有WLAN标准802.11n的互补技术,适用于家庭、办公室等多种场合。"

3. WiGig

2009年5月,英特尔、微软、诺基亚、戴尔、松下等15家公司联手成立了WiGig(Wireless Gigabit,无线千兆比特)联盟,欲定义面向数字家电的毫米波通信标准802.11ad。2009年,WiGig 1.0标准发布,最高传输速率将达到7 Gbps。

(三)60 GHz毫米波技术特点

(1)频谱资源丰富:当前低频无线通信频谱资源越来越紧张,如802.11n等的频谱资源,而60 GHz频谱不仅免费,而且拥有高达5~9 GHz的频谱资源。

(2)传输速率高:传输速率随着带宽的增加而提高,60 GHz毫米波无线通信技术拥有极大的带宽,理论传输速率极限可以达到7 Gbps。60 GHz原始数据的最高传输速率达到25000 Mbps,而802.11n标准和UWB只能分别实现600 Mbps和480 Mbps的传输速率。如用802.11n需要近1小时才能传完的DVD,用60 GHz则只需要15秒。

(3)方向性强:毫米波采用波束成形技术,99.9%的波束集中在4.7°范围内,此无线频率满足点对点的无线通信对方向性的要求。

(4)抗干扰性强:60 GHz无线信号的方向性很强,使得几个不同方向的60 GHz通信信号之间的相互干扰非常小;另外,由于使用该频段进行无线通信的技术很少,通信系统之间的干扰也很小。

(5)安全性高:墙壁等障碍物对毫米波的衰减很大,这使得60 GHz无线通信在短距离通信的安全性能和抗干扰性能上存在得天独厚的优势,有利于将信号限定在有限区域内,物理隔离信号传播。

(6)波长短:鉴于毫米级别的波长和元件尺寸小,毫米波系统更容易小型化和集成化。

(7)传输距离短:无线电波长越短,衰减越快,传输距离越短,穿透能力越弱。

(四)60 GHz毫米波应用

60 GHz毫米波主要应用在高清视频等高速无线传输和雷达领域。

1. 无线投屏

目前,5G频段的Wi-Fi的最高传输速率为1 Gbps,实际最高只能达到260 Mbps,因此基于Wi-Fi的无线投屏是把视频压缩后传输,再在接收端解压还原,这样势必产生延时、卡顿、音画无法同步等问题。而60 GHz毫米波投屏器无须APP和网络即可实现高清视频和游戏投屏,以及面向PC、高清数字家电等套用,能够实现高传输速率,轻轻松松无损传输音视频。

2. 毫米波雷达

毫米波雷达有多个频段,如图4-27所示。24 GHz是最先投入民用的,但严格来说,并没有达到毫米波;60 GHz毫米波可实现超灵敏、低功耗毫米波雷达,支持多目标检测,准确跟踪行人的位置和速度,统计人数,监测生命体征(如心跳),广泛应用于智慧家居、健康监测等物联网领域;77 GHz毫米波多用于汽车领域;79 GHz毫米波应用也比较广泛。

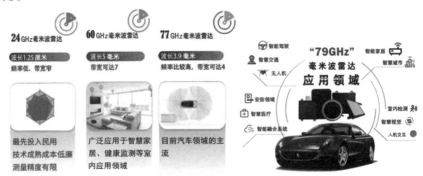

图4-27　毫米波雷达

（图片来自互联网）

　　Socionext推出的60 GHz毫米波雷达传感器SC1220系列产品,能高度精确检测人的位置和极其微小的动作,加上其不受温度和光线波动等环境条件的影响,可用于拥有隔空手势操作功能的智能家居设备等。其中SC1220AT2可检测例如抬手、放低手臂等三维运动,SC1221AR3则适用于二维运动的高精度检测,且在特定区域内可检测多个移动物体。

　　睡眠大约占据人生1/3的时间,睡眠质量影响心情和生产力,因此,睡眠诊断技术在市场上占有一席之地。谷歌发布了一种60 GHz毫米波雷达芯片,可以更轻松地跟踪和分析睡眠质量,如图4-28所示。

　　睡眠诊断技术结合了多传感器方法和运动传感器方法。多传感器方法使用各种传感器,如光电容积描记传感器、温度传感器和振动传感器等;运动传感器方法通常依赖于加速度计和雷达传感器来测量觉醒和睡眠。此外,压电式传感器可以监测生物信号,如心率、呼吸和身体运动。

　　谷歌的Project Soli是基于低功耗60 GHz毫米波雷达技术的创新产品,最早集成在谷歌智能手机Pixel 4中,后来集成在智能家居设备Nest Hub中(见图4-29)。Nest Hub使用麦克风、温度传感器和光线传感器来记录咳嗽、打呼噜、房间温度变化和照明情况等所有可能影响睡眠的因素。非接触式的Nest Hub让那些不喜欢在睡觉时佩戴智能手表的用户感到舒适。

图4-28　60GHz毫米波雷达睡眠诊断　　　　　图4-29　Soli芯片和Nest Hub

（图片来自互联网）　　　　　　　　　　　　（图片来自互联网）

九、Li-Fi

Wi-Fi为移动设备使用带来很大便利，咖啡厅、候机室、公园都可以成为独立工作人员的办公地点。但Wi-Fi也有其缺点，如信号覆盖范围小，也容易被黑客劫持，而且无线频谱资源越来越紧张，也很难应付多媒体数据传输。

Wi-Fi信号不好？不要紧，未来有Li-Fi！当灯泡被转化为路由器，哪里有光，哪里就有网络，我们再也不用担心路由器的数量，这个科幻般的技术离我们还有多远呢？下面我们将介绍可见光通信技术Li-Fi的前世今生。

（一）什么是Li-Fi

Li-Fi(Light Fidelity，光保真)是一种新兴的、具有颠覆性的无线通信技术，是可见光通信技术(Visible Light Communication，VLC)。不同于红外线和紫外线无线光通信，Li-Fi将可见光(如LED灯泡)作为信息载体，不使用光纤等有线信道等传输介质，而是直接传输光信号实现数据通信。

Li-Fi技术的原理并不复杂，光和无线电波一样，都是电磁波，Li-Fi利用快速的光脉冲实现无线数据传输(见图4-30)。通过芯片(发射器)调节LED灯光强度，发出闪烁的光(如用"亮"表示1，用"暗"表示0)，闪烁频率极高，超出人类肉眼感知范围，因此人们可以正常使用灯光，但闪烁可以被光敏接收器感知并解码，转化为电信号，从而实现数据传输，使得Li-Fi兼容了光的数据传输功能和照明功能。

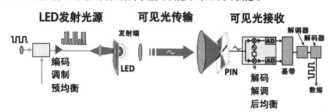

图4-30　Li-Fi原理

（图片来自互联网）

Li-Fi理论上可获得比Wi-Fi快100倍的数据传输速率，且不会产生电磁干扰和辐射，有助于缓解现今网络流量暴增、无线频谱资源紧张和辐射等问题，实现有灯光的地方就有网络信号，绿色节能。

Li-Fi是利用光传播实现数据通信，只要有光能到达的地方，就可以有Li-Fi的信号(见图4-31)。Li-Fi运用已铺设好的设备(无处不在的灯泡)，只要在灯泡上植入一个微小的芯片，就能变成了类似于AP(Wi-Fi热点)的设备，使终端随时能接入网络，因此更便宜、更环保。

图4-31　Li-Fi通信示意图

（图片来自互联网）

（二）Li-Fi产生与发展

2000年，日本庆应大学和索尼计算机科学研究所的研究人员提出将LED灯作为通信基站进行信息无线传输的室内通信系统，开辟了可见光通信(VLC)的研究方向。

2011年，英国爱丁堡大学电子通信学院移动通信系Harald Hass（哈拉尔德·哈斯）教授受此启发，意识到无线频谱对于多媒体时代是不够的，首次提出Li-Fi这一术语，研发了带有信号处理技术的LED灯泡，实现将高清视频传输到电脑上，并创立PureLi-Fi公司，试图将Li-Fi推向市场。

Hass表示，他们已经在实验室中将传输速度提升到4 Gbps，在10米范围内的数据传输速率可以达到1.1 Gbps。

近年来，人们一直致力于完善Li-Fi技术，并与各种设施提供商合作，提供相关解决方案。

PureLi-Fi公司VLNComm获得了美国能源部和国家科学基金会的支持，发布了三款Li-Fi产品——台灯、U盘和LED面板。

OPPO获取了具有Li-Fi技术的智能手机专利。

PureLi-Fi与爱丁堡大学合作，在一所中学部署了其Li-Fi解决方案。

2018年，在国际消费类电子产品展览会上，法国公司Oledcomm推出了一款采用了Li-Fi技术的台灯。

2020年，Nav Wireless Technology公司与许多医院建立了基于Li-Fi的通信设施。

2020年，基于PureLi-Fi支持的Getac的Li-Fi解决方案，将Li-Fi集成到一些特殊、耐用设备中，应用于国防、公共安全、汽车、能源和制造业。

目前，Li-Fi仍然是一项正在发展中的技术。据Reportlinker的报告，Li-Fi市场在2019年的市场规模为1.43亿美元，预计到2025年将达到35.2亿美元。在2020年至2025年的预测期内，复合年增长率为70.54%。

（三）Li-Fi技术特点

（1）频谱资源丰富：目前用于通信、导航、雷达、广播及无线电视的电磁波从长波到毫米波全波段的频率范围是从10 kHz到300 GHz，全部频谱宽度不大于3×10^2 GHz；而可见光的频率范围为3.85×10^6 GHz到7.89×10^6 GHz，频谱宽度大于4×10^6 GHz。可见光频谱资源十分丰富，目前无须授权，可直接使用。

（2）传输速率高：因为低干扰、高设备带宽和高强度光学输出，所以其传输速率十分高。目前可见光通信速率可以达到每秒数十兆甚至数百兆，未来的传输速率还有可能超过光纤的传输速率。

（3）绿色节能：目前广泛应用的蜂窝网络、Wi-Fi设备都存在着发热量大、能量转化率低的问题；LED照明本身就是节能的，而且可见光通信具有极高的能源利用效率，其通信功率仅占照明功率的5%左右。LED灯泡已将90%的电能转化为可见光，而增强Wi-Fi信号基站的电能转化率只有5%，大部分能量消耗在冷却上。

（4）成本低：其信号通过LED照明灯具发出，相对于射频通信，它需要的元件更少，传输简单设备成本低廉。

（5）无辐射和电子干扰：无线通信中的射频信号对人体有害，容易对其他设备产生电磁干扰，不适宜在电磁敏感区（如飞机、医院等区域）使用。LED可见光通信则没有电磁干扰等问题，也没有健康方面的顾虑。

（6）保密性高：无线电通信还存在电磁波泄漏的可能，不适用在需要信息保密的传输场合。Li-Fi信号很难被窃听,因为信号局限于照明区域,可视性限制提高了系统安全性。

(7)广泛性:所有的LED灯都可成为互联网的基站,而且射频在水下十分难以传输,但是使用Li-Fi就可以在水中很好地传输,可以对无线通信覆盖的盲区(如地铁、隧道、航海、机舱及矿井等无线通信不畅的区域)进行填补。

Li-Fi使用灯光进行传输,也具有天然的缺陷。例如,可见光是沿直线传播的,不能穿透物体,更容易被遮挡,无法穿墙,传输距离有限;环境光源有时候会工作在同样的光谱频段,如果环境光源比较强,很有可能导致Li-Fi无法正常通信。

因此,Li-Fi与Wi-Fi并非"水火不容",Li-Fi可以作为Wi-Fi的有效补充,二者相互配合、灵活使用,使无线数据传输的实现方式变得更加完善、安全、高效,引领新的智能生活。在特定场所,使用Li-Fi上网,速度更快,信号更稳定;在无法使用Li-Fi的地方,则可以切换到Wi-Fi模式。

(四)Li-Fi应用

Li-Fi的发明者Hass说:"今天的Li-Fi就像是十五年前的Wi-Fi,而在五到十年的时间里,Li-Fi将像Wi-Fi一样无处不在。"思科企业网络集团高级工程副总裁Anand Oswal表示,Li-Fi是一项令人兴奋的新兴技术,具有很大的潜力。

尽管Li-Fi还没有大规模商业化应用,但Li-Fi的发展潜力显而易见,应用领域十分广泛,包括室内网络、传感器网络、智能交通信号灯和危险环境等,很可能会给互联网带来一场变革。

1. 智能家居

在智能家居中,Li-Fi可应用到天花板灯等智能照明硬件上(见图4-32);还可以应用到带有集成LED的可穿戴式设备上,实时监控人体健康参数,并将数据同步传输至互联网。截至2016年底,美国约有1500万个家庭拥有智能家居,未来将持续增加,从而为美国Li-Fi的发展提供更多机会。

未来,随着全球范围内采取节能措施,带有节能设备的智能家居和智慧城市有望增加,造就人们的智慧生活。如在智慧城市系统中,路灯已是比较完备的基础设施,在路灯中安装Li-Fi芯片,这样在夜间,路灯不仅能照明,还可以为行人、车联网提供高速无线数据通信,符合智慧城市绿色节能目标(见图4-33)。

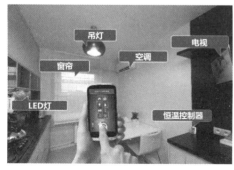

图4-32 基于Li-Fi的智能家居
(图片来自互联网)

图4-33 基于Li-Fi的智慧交通灯
(图片来自互联网)

2. 室内定位

当天花板上的每一盏灯都有IP地址的时候,灯光就具备了精确定位和导航功能,其精确度能够达到厘米级,远超Wi-Fi和蓝牙定位系统。

建筑物中,LED灯在照明中的使用日益增长,这为基于Li-Fi的应用提供了巨大的机会。北美地区的零售商店和酒店采用嵌入式照明的室内定位服务的应用,比如GE Lightings和ByteLight Inc.在超市中部署Li-Fi,帮助零售商通过跟踪客户的详细位置信息来了解其购物历史。

根据美国绿色建筑委员会(USGBC)的数据,建筑物在美国的能耗中占很大比重,约占电力负荷的70%、占二氧化碳排放量的39%。建筑物管理系统(BMS)基于居住者的准确室内位置,提供高效的供暖、制冷、通风和照明服务,也可以提供智能停车、健康监控等服务,以提升居民的舒适度和用户体验。

3. 特殊环境

目前,水下通信的主流技术是使用水声通信。由于光在水中可以传播,美国正在开发使用Li-Fi技术实现水下通信。此外,由于Wi-Fi会干扰车载电子设备,可见光没有电磁辐射,可以应用在电磁敏感的场合。例如,在石化厂或飞机上使用Li-Fi被认为是一个不错的选择;在海上平台石油管道中安装LED光源,就能通过传感器,将压力和温度等关键信息传输到管道的另一端而避免爆炸。

2020年疫情暴发后,随着全球患者数量的剧增,医院和医疗机构在患者治疗方面面临着严峻的挑战。据报道,2020年4月,在无线通信基础设施部署不完备的情况下,Nav Wireless Technology公司采用内部具有支持Li-Fi芯片的、即插即用的LED灯无线传输患者数据(如呼吸机读数、温度等),极大地降低了医务人员的感染风险。

十、Thread

当前物联网通信协议可谓百花齐放,市面上的物联网设备由于厂商、平台、架构的不同,所采用的通信协议也是各不相同。常见的还是以Wi-Fi、蓝牙、ZigBee、Z-Wave等主流协议为主。面对标准不一的物联网通信协议,各IoT设备间的互联互通性备受影响。此时,一个名为"Thread"的协议从众多协议中脱颖而出,试图成为未来IoT的标准。

现在智能家居领域已经有不少通信协议了,Wi-Fi、蓝牙、ZigBee、Z-Wave……开发者很难选择究竟使用哪种协议,最后很可能像Homey一样被迫支持8种通信协议。现在,三星、Nest、ARM等公司联手推出了一种新的协议Thread。不知道Thread会加速行业统一标准形成,还是让原本已经够多的通信协议更加"剪不断、理还乱"。

(一) 什么是Thread

Thread建立在ZigBee的基础之上,和ZigBee同属802.15.4,但是针对802.15.4做了很大的改进,也就是说原有的ZigBee设备只需更新软件即可兼容Thread。另外,Thread也是建立在IPv6的基础之上的一个协议,IP协议对内存和带宽要求较高,难以适应微控制器及低功率无线连接,因此,长期以来人们认为将IP协议引入无线通信网络是不现实的,无线网络只能采用专门的协议。6LoWPAN(IPv6 over IEEE 802.15.4)是基于 IEEE 802.15.4 实现 IPv6 通信的低速无线个域网标准。Thread 使用了 6LoW-PAN 技术和 IEEE 802.15.4 网状(Mesh)网络协议,因此,Thread 可 IP 寻址。

Thread 在传输安全性和系统可靠性上都做了优化,不仅能为低成本、电池供电的物联网设备之间提供有效、安全、无缝的通信,也支持云和 AES 加密。Thread 最初是针对智能家居应用需求而设计的,简化了家庭"万物"互联,如电器管理、温度控制、能源使用、照明、安全等。有人认为 Thread 是无线网状网络的未来,有望成为"万物"与互联网连接的关键技术,现在其应用范围已扩展至更广泛的物联网应用中。目前在智能家居领域,Thread 与 ZigBee、蓝牙、Z-Wave 等形成竞争关系。

(二) Thread 产生与发展

2014 年 7 月,谷歌旗下的 Nest 牵头推出家庭物联网通信标准 Thread,主要参与成员包括三星、ARM、高通、飞思卡尔和 Silicon Labs 等公司,并组成了"Thread Group",来推动 Thread 成为行业标准,并向成员企业的产品提供 Thread 认证,旨在代替 Wi-Fi、蓝牙和 ZigBee 成为智能家庭的理想无线技术。

2015 年 7 月,Thread Group 发布第一个 Thread 标准,具有可扩展性和可靠性,以及智能手机级别的身份验证和 AES 加密安全功能。三星、Nest、ARM 联手,整合了上游芯片、控制终端、硬件设备这三个智能家居的重要环节。

2016 年,ZigBee 宣布将与 Thread Group 合作,在两个标准间创建可互操作的解决方案。

2018 年,苹果加入了 Thread Group,成为该机构的董事会成员。苹果早在 2014 年就推出了 HomeKit,进入智能家居领域,并于 2016 年推出了 Home 应用。

另外,亚马逊的 Lab126 也是 Thread Group 的成员。

2019 年,ZigBee 联盟和 Thread Group 正式发布基于 Thread 的 Dotdot 规范。Dotdot 是一个应用层规范,它定义了一种通用语言,物联网设备可以使用该语言互相交流并传输状态信息和执行请求。开发人员首次可以放心地在 IP 网络上使用成熟、开放的物联网语言,这将有助于整合碎片化的智能连接设备行业,开拓新市场。让时间证明 Thread 和 Dotdot 是否能成为智能家居和商业物联网系统的绝佳选择。

(三) Thread 技术特点

Thread 可支持 250 个以上设备同时联网,能够覆盖家中所有的灯泡、开关、传感器和智能设备。Thread 优化了功耗,超低能耗使得设备可以运行数年。Thread 简化了网状网络标准的复杂性,只有 Router Eligible 和 End Device 两种不同的节点类型。Thread 固有支持 IP 的特性,使其无须像在 Zigbee3.0 中那样通过网关桥接,从而在实现万物互联与网络间无缝互联上形成优势,不仅可以连接物联网终端,还提供到云和移动设备接口。Thread 有利于物联网设备间具有跨厂商的互操作性和竞争性,为物联网发展提供了有利条件。

（四）Thread 应用

Thread 的最初设计目标是智能家居系统，鉴于 Thread 的技术特点，在未来可能提供更多 Thread 认证的解决方案，并试图最终实现一统 IoT 江湖的目标。

不过在物联网通信行业，几乎每隔几年就会诞生一种新的"改变游戏规则"的无线协议或标准，并有望为分散的市场带来统一。但到目前为止，似乎没有哪一个标准真正成功过。而且，各大物联网通信标准和协议也在不停升级和迭代，如 ZigBee3.0、第五代蓝牙、第六代 Wi-Fi 等，各项技术指标也在不停刷新，究竟谁会胜出，拭目以待。

十一、智慧旅游应用案例

网络设施已经成为智慧旅游必不可少的基础设施，智慧旅游需要精确感知物理世界，离不开物联网的支撑，短距离通信是打通物联网"最后一公里"的主要通信手段，因此，短距离通信是实现智慧旅游不可或缺的技术。事实上，短距离通信除了具备丰富的通信功能，在高精度室内定位和雷达探测方面也有重要用途，下面列举几个短距离通信网络在不同功能下的应用案例。

（一）网络通信

智慧旅游需要大量的物联网感知旅游环境，如自然景观需要生态环境监测，乡村旅游和休闲农业需要土壤、温湿度等监测，主题公园需要安全监测，少数民族村寨的木质房屋需要火灾监测，酒店客房需要居住环境监测，洗手间需要空气质量监测，等等。物联网的本质是 CPS（Cyber Physical System，信息物理系统），不仅要感知环境数据，还要通过传感器控制、管理环境，如节能灯的开关、自动冲厕、自动水龙头等。为节能，这些传感器大部分采用短距离通信技术，如 ZigBee、蓝牙、UWB 等。图 4-34 是智能家居的示意图。

图 4-34　智能家居示意图
（图片来自互联网）

智能家居物联网可以应用于酒店、民宿，其中部分设备可以应用于景区、文博场馆，来进行照明管理、环境监测、安全监测等。南物科城传感技术（广州）有限公司（简称 WULIAN）是智能家居泛生态系统提供商，致力于物联网智能家居技术创新和应用。已构建覆盖从传感器、控制器到云计算、雾计算、雨计算等各种应用的智能家居产品生态体系，自主研发产品超过 200 款，生态合作产品超过 2000 余款。[①]

其智能家居系统的物联网通过 ZigBee 组网，体系架构如图 4-35 所示。家居内物联网设备通过 ZigBee 网络组网，通过智能网关接入互联网，连接公司云服务器，用户通过

---

①资料来源：http：//www.wuliangroup.com/cn/。

移动终端控制家居物联网,可以在同一局域网内,也可以通过互联网经由公司云端控制。

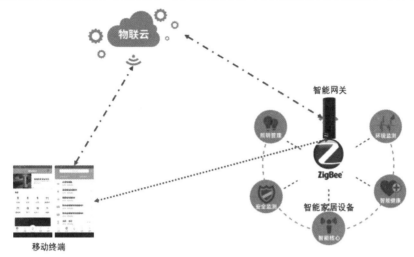

图 4-35 体系架构

(图片来自互联网)

ZigBee 网络具有很多优势,如高可靠性、高安全性、低功耗、低时延、低成本和高网络容量等,应用于很多领域,尤其是在智能家居场景。WULIAN 于 2015 年加入 ZigBee 联盟,成为该联盟继飞利浦、罗格朗、施耐德等公司后的全球第十二位董事会成员及首位亚洲地区董事会成员,参与全球物联网及智能家居标准的制定和完善。

其智能家居系统以智慧网关为核心组建 ZigBee 网络,提供如图 4-36 所示的六大功能,即照明管理、电器控制、安全保护、环境调节、健康报告和综合服务。

图 4-36 WULIAN 智能家居功能模块

部分 ZigBee 传感器节点如图 4-37 所示。其中,红外入侵探测器安装在门、窗等出入口处,通过检测人体红外辐射的方式向系统报警来自门窗处的非法闯入;声光报警器当接收到系统发出的报警信号后,可以发出强烈的声光信息,提醒相关人员注意;红外转发器通过学习被控设备遥控器的红外信号来控制该设备,如空调、机顶盒等;水浸探测器一般安放在易渗水或漏水的区域,用来实时监测是否有渗水或漏水的情况,一旦水浸探测器监测到渗水或漏水,系统立即给手机等移动设备发送报警信息;可燃气体泄漏探测器可用来检测厨房是否有可燃气体泄漏,一旦检测到天然气泄漏,系统会立即给手机等移动设备发送报警信息,如果可能,则控制机械手,掐断管道总阀;光电感烟火灾探测器用来监测区域是否有火灾险情,一旦监测到火情,系统立即给手机等移动设备发送报警信息。

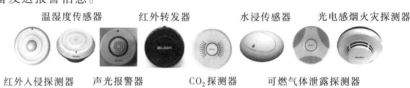

图 4-37 智能家居传感器

(二)精确定位

大部分短距离通信技术都可以实现高精度的室内定位,如 Wi-Fi、蓝牙、UWB 等,在前文我们介绍了恒高的 UWB 文博场馆室内高精度定位系统。事实上,随着技术的发展,基于短距离通信的定位技术也逐渐应用在室外,并且各种短距离通信技术仍然在不停更新和迭代,如蓝牙从当年的 1.0 版本,进化到如今的 5.3 版本,传输速度、通信距离、定位精度都有很大提升。下面以蓝色创源(北京)科技有限公司(简称蓝色创源)基于蓝牙技术的游乐场定位解决方案为例[①]。

游乐场是一种综合的娱乐场所,属于主题公园(即游乐主题的公园),比较知名的主题公园如迪士尼乐园、方特欢乐世界、长隆欢乐世界等,一般有社会模拟型、未来幻想型、大型惊险型、智力比赛型等项目。此外,各大城市都在建立不同规模的游乐场,游乐场通常会有跷跷板、旋转木马、秋千、单杠、双杠、滑梯、吊环、玩具小屋及迷宫等,这些游乐设施能够帮助儿童发展协作能力。同时,游乐场也是年轻人释放压力、感受活力的好去处。因此,游乐场成为节假日休闲娱乐、亲子活动的主要场所。然而,游客密集的游乐场面临各种类场景需求(见图4-38),高精度儿童定位系统可以满足这些需求。

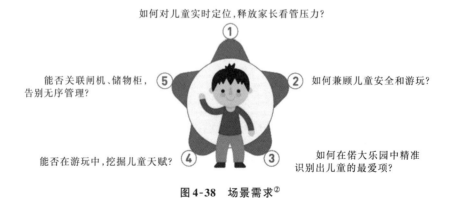

图 4-38 场景需求[②]

---

① 资料来源:http://www.blue-iot.com.cn。
② 图片来源:http://www.blue-iot.com.cn/solution_/show.php?id=209。

该系统通过高精度实时定位,挖掘位置数据价值,赋能每一个家庭。用科技助力亲子乐园品牌发展,陪伴孩子快乐成长。革命性地将传统蓝牙精度提升10倍,获得稳定的亚米级精度,实现IoT标签高精度定位与LBS手机高精度定位,并且系统具有高精度、超长待机、低成本、高并发等特点。系统架构如图4-39所示,蓝牙定位网关部署在游乐场,多个蓝牙网关对一个定位标签进行定位,并将数据以太网发送到定位引擎(服务器),服务器上有游乐场的GIS地图数据,通过计算和应用程序向客户端提供服务。

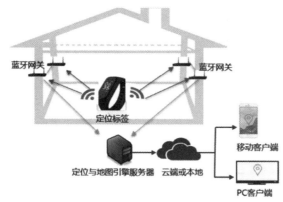

图4-39 系统架构

系统提供如图4-40所示的功能,包括手环管理、巡检管理、权限管理等。家长应用端提供儿童实时位置定位、异常及时告警、快速找寻、消息推送提醒等服务;门店应用端提供地图服务、游客统计、儿童定位、安全警告、家长定位等服务。

图4-40 系统功能[1]

（三）雷达探测

雷达(Radar)是"Radio detection and ranging"(无线电探测和测距)的缩写,即用无

---

[1]图片来源:http://www.blue-iot.com.cn/solution_/show.php?id=209。

线电的方法发现目标,并测定它们的空间位置,因此,雷达也被称为"无线电定位"。雷达设备通过向目标发射电磁波,并接收其回波,计算目标至电磁波发射点的距离、距离变化率(径向速度)、方位、高度等信息。雷达探测与定位技术不同,定位技术要求定位目标携带定位标签,而雷达探测不需要目标携带任何设备。因此,雷达不干扰探测目标,具有较强的隐私保护优势。在物联网短距离通信技术中,UWB 和 60 GHz 毫米波都可以被雷达使用,下面我们给出旅游中可能应用到的场景。

1. 非干扰性检测

厕所厕位、酒店客房等私密场所经常会有这样的需要,即在不打扰的情况下检测其内部是否有人,有多少人,人员生命体征如何。这对于酒店管理、会展管理、智能建筑等应用非常重要。如酒店可以根据房间占用情况实施智能照明和温度控制等,及时感知客人的生命体征,智能采取必要的救护措施等。

存在性检测雷达技术:红外人体运动传感器虽然价格便宜,但是无法检测静止人员,当房间内人员动作比较微弱或者不动时会检测错误,室内空调、换气扇、室内外温差有较大的变化时也会导致误报。单点测距激光传感器和红外测距传感器类似,通过在监测区域上方加装监测传感器来检测,但是检测范围小,只能覆盖传感器正下方半径为 3~5 厘米范围内的区域。基于 60 GHz 毫米波技术的智能人体存在感知雷达,采用了基于高分辨率点云成像的技术,基于智能算法,其准确度可达到 99% 以上。优点是不管是静止、微运动,还是运动时都可以实现准确检测;无干扰和摄像头设计,不涉及隐私等问题;超低功耗,辐射量仅为蓝牙的 1/10,对人体安全无害;检测距离远,适配各种安装高度。

生命迹象检测雷达技术:激光、红外探测存在受温度影响严重、遇物体阻挡失效及误报率高的问题;超声探测存在受环境杂物反射干扰,遭水、冰、土阻挡而失效的问题。而 UWB 超宽带雷达技术检测人体生命信号不受环境温度、热物的影响,能有效穿透介质,较好地解决以上问题。采用 UWB 雷达技术能够检测到人体的呼吸和心跳频率,这种方法不需要任何电极和传感器接触人体,即可实现对人体生命信号的无创检测。

人数统计检测雷达技术:基于视频的人数统计方法涉及隐私等安全问题;红外成像和热成像可以提供必要的精度,但是成本较高。采用 60 GHz 频率的雷达系统不涉及隐私问题,雷达不仅可以确定房间内是否有人,还能确定有多少人。

2. 手势控制

什么是手势控制呢?目前我们的智能手机、平板、可穿戴设备的屏幕都是触控的,即用手接触才能控制,手势控制则是不需要触摸屏幕,只需要在空气中划一划指头,就可以实现触控(见图 4-41)。

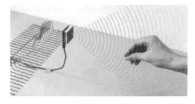

图 4-41 手势控制原理示意图

这项技术来自 Google 的 Project Soli,Project Soli 是基于无线电波反射建立的交互体系,基于 60 GHz 毫米波实现。在通信上,60 GHz 毫米波的缺点是容易被物体阻挡、波束窄、衰减严重,因此难以实现远距离传输。然而,Google 正是利用这一缺点,采取了逆向思维。

雷达技术是向目标物发送无线电波,利用无线电波反射,从反射的雷达信号中获取信息。而 Project Soli 则是建立一个非常全面的手势识别体系,利用 60 GHz 毫米波高速率传输的特点,从中提取并计算出用户的手势信息。

Soli芯片的大小仅为10平方毫米左右(见图4-42所示),可以嵌入智能手表等可穿戴设备,实时追踪用户的动作,捕捉3D空间内手指的动作,如捏、搓、抓握、转动等,不仅可以隔空操作屏幕较小的可穿戴设备(见图4-43),还可以和其他场景关联,避免很多不必要的触控场景,从而减少公共场所病毒的传播。例如,给公共厕所的门把手安装接收手势控制的装置和开关门的机械装置,可以实现隔空开关厕所门。

图4-42　Soli芯片

图4-43　控制手表屏幕

/思考与讨论/
谈一谈你关于短距离通信技术的体验,设想一下短距离通信在智慧旅游中的应用。

第五节　低功耗广域网络

低功耗广域网络(Low Power Wide Area Network,LPWAN)是面向物联网中远距离和低功耗的通信需求,近年出现的一种物联网网络层技术。在低功耗广域网产生之前,似乎远距离和低功耗是矛盾的,但是LPWAN可做到兼顾两者,最大限度地利用更低功耗实现更长距离通信,可节省额外的中继器成本。

低功耗广域网络技术的出现,填补了现有通信技术的空白,是万物互联网络的一个重要分支,为物联网的更大规模发展奠定了基础。LPWAN与蜂窝网络(3G/4G/5G)、ZigBee等短距离通信的比较的优劣如图4-44所示。2018年为LPWAN元年,出现了很多技术,如Sigfox、LoRa、NB-IoT、ZETA、Weightless等。目前,在国内主要以NB-IoT和LoRa为主。

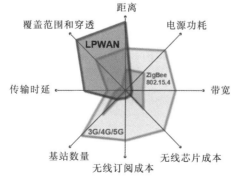
图4-44　LPWAN与蜂窝网络、ZigBee优劣势对比
(图片来自互联网)

一、NB-IoT

（一）什么是NB-IoT

NB-IoT（Narrow Band Internet of Things，窄带物联网）是IoT领域的一个新兴技术，基于蜂窝网络构建，NB-IoT的研究和标准化工作是由3GPP标准化组织完成的。NB-IoT的诞生并非偶然，是市场需求、竞争和技术演进的综合产物。

NB-IoT属于授权频道，最大的特点是传输距离远，能够达到1万~1.5万米，可以覆盖一个小县城。一个基站可以部署20多万个终端。NB-IoT技术为物联网领域的创新应用带来勃勃生机，给远程抄表、安防报警、智慧井盖、智慧路灯等诸多领域带来创新突破。

（二）NB-IoT产生与发展

2013年英国政府发起一个20亿英镑的智能抄表项目招标，要求网络对场景的覆盖率达到99%以上，然而GSM远程抄表覆盖率只有80%，因基于GSM的方案无法满足需求，所以运营商开始聚焦无线蜂窝网络对物联网场景覆盖能力的建设与提升。

2013年，华为与运营商、芯片厂商等业内人士共同进行技术和需求探讨，开始正式研究NB-IoT，当时，这个窄带蜂窝物联网叫作LTE-M2M（LTE for Machine to Machine）。

2014年，华为与沃达丰首倡窄带蜂窝物联网概念，提出NB-M2M，得到了业界的认可，高通、爱立信等通信业巨头随后加入。

2014年，华为在英国以2500万美元的价格收购了一家名为Neul的公司，11月Neul面向低功耗广域网络（LPWAN）研发的芯片Iceni问世。

2015年，全球移动宽带论坛上，华为NB-IoT演示中使用的就是Iceni。同年9月，NB-IoT被确立为窄带蜂窝物联网的标准。

2016年，华为在世界移动通信大会（Mobile World Congress，MWC）上展示出了第二代Neul Boudica的样品，基于该产品的NB-IoT物联网应用演示广受关注。

2016年6月16日，在3GPP RAN全会第72次会议上，NB-IoT对应的3GPP协议相关内容获得了全会批准，正式宣告NB-IoT标准核心协议全部完成，标志着NB-IoT进入规模商用阶段。

2019年，3GPP正式向ITU（国际电信联盟）提交5G候选技术标准提案，NB-IoT技术被正式纳入5G候选技术集合。此前，一些行业企业非常关心NB-IoT能否成为5G的候选技术，从而实现平滑演进。此次NB-IoT技术被正式纳入5G候选技术集合，打消了许多人对NB-IoT技术前景的顾虑，给NB-IoT产业注入了"强心剂"。

（三）NB-IoT技术特点

NB-IoT只消耗大约180 kHz的带宽，可直接部署于2G的GSM网络、3G的UMTS网络和4G的LTE网络，以降低部署成本、实现平滑升级。NB-IoT除了具有灵活部署、低成本等优势，还具有如下特点。

（1）低速率：传输速率小于 200 Kbps。

（2）覆盖广：传输距离可达 1 万～1.5 万米。

（3）低功耗：电池使用寿命大于 10 年。

（4）高容量：一个基站可以部署 20 多万个终端。

但是，NB-IoT 不支持连接态的移动性管理，因此适用于移动性不强的应用场景（如智能抄表、智能井盖等），同时也可简化终端的复杂度、降低终端功耗。

（四）NB-IoT 应用

考虑 NB-IoT 的特性，NB-IoT 可满足低功耗（长待机）、深覆盖、大容量、低速率业务的应用场景。NB-IoT 对移动性的支持不够，更适合静态业务场景，不适合连续移动、实时传输数据的业务场景，并且业务对时延低敏感。其应用主要包括位置跟踪、环境监测、智能泊车、远程抄表、智慧农业和智慧畜牧业等场景，具体功能分类如下：

（1）自主异常报告业务类型，如烟雾报警器、设备运转异常状态（如停电）的通知等极少发生事件，上行数据一般仅需要几十字节，周期多以月、年为单位。

（2）自主周期报告业务类型，如水、电、燃气等智能仪表的远程抄表等，上行数据需求几百字节，周期多以小时、天、月为单位。

（3）网络指令业务类型，如开启、关闭、触发设备等发送上行报告等，下行数据需求几十字节，周期多以小时、天为单位。

图 4-45 所示为多频段 NB-IoT 数据传输单元 DTU 模块（上）和 NB-IoT 模块（下）。前者实现 RS232/485 转 NB-IoT 双向透传功能；支持 NB-IoT 串口透传；支持 15 个全球主流频段，使用范围广，网络兼容性好；低功耗、广覆盖、大连接、强穿透、低成本，可与 GPRS DTU 无缝切换，市场适用性更强；支持 CoAP、UDC、2 路 UDP 透传模式；支持注册包、心跳包机制。后者体积不足 1 元硬币大小，是实现串口设备与网络服务器通过运营商 NB-IoT 网络相互传输数据而开发的模块产品，支持多个频段，体积小，功耗低，特别适合电池供电的使用场景。

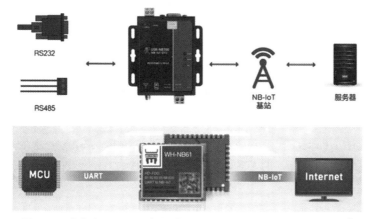

图 4-45　多频段 NB-IoT 数据传输单元 DTU 模块和 NB-IoT 模块[①]

---

①图片来源：https://www.usr.cn。

图 4-46 所示为 NB-IoT 物联网智能水表系统。智能水表是将 NB-IoT 数据传输单元集成到水表中,通过 NB-IoT 将用水数据传输到抄表收费管理系统,当用户欠费或报停时,管理系统通过 NB-IoT 物联网下发关阀命令,实现用水自动控制,并且可以结合阀门控制功能实现中心预付费系统或后付费系统。智能水表免去人工抄表,节省人力和财力,降低管理成本,可有效提高供水部门现代化管理水平。

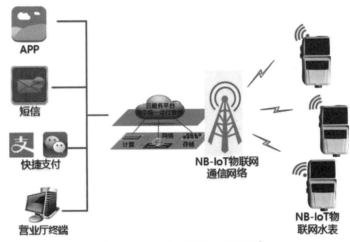

图 4-46　NB-IoT 智能水表系统①

二、LoRa

(一) 什么是 LoRa

LoRa 为"Long Range"的缩写,最大特点就是传输距离长,是一种低功耗广域网络(LPWAN)通信技术。LoRa 是一种基于扩频技术的超远距离无线传输方案,和 NB-IoT 技术特点非常相似,低功耗,广覆盖,适合海量连接场景。LoRa 的网络架构比较简单,即终端节点采集数据,然后把数据发送给 LoRa 网关基站,网关将数据通过互联网传输到后台服务器。LoRa 与 NB-IoT 的最大区别是,LoRa 通过 LoRa 网关自建网络,不依赖第三方电信运营商。如果希望自己掌控网络和数据,LoRa 是很好的选择。

(二) LoRa 产生与发展

2012 年,美国公司 Semtech 以约 500 万美元的价格收购了一家法国公司 Cycleo,并基于 Cycleo 研发的 LoRa 原型,推出了现在的 LoRa。

2013 年 8 月,Semtech 向业界发布了一种新型的 LoRa 芯片——基于 1 GHz 以下的超长距低功耗数据传输技术的芯片。这款 LoRa 芯片,由于惊人的灵敏度、强悍的抗干扰能力和大容量等表现,赢得了广泛的关注。

2015 年,Semtech 牵头成立了国际 LoRa 联盟(LoRa Alliance),成员包括 IBM、思科、Microchip 等国际知名企业,也包括众多电信运营商,如新加坡的 Singtel、瑞士的

---

①图片来源:http://www.at-meter.com/product/details/101。

Swisscom、荷兰的 KPN、比利时的 Proximus。

2016年1月,中兴通讯牵头成立了中国LoRa应用联盟(CLAA),旨在推动LoRa产业链在中国的应用和发展,腾讯和阿里巴巴等国内IT巨头也加入了该联盟,中国联通作为运营商也支持LoRa。2018年,中国联通发布了首个全国级的LoRa平台。2018年,中国市场LoRa芯片出货量占全球50%以上,中国成为LoRa产业最大的市场。

但是,目前LoRa发展存在争议,这是因为整个LoRa产业链最重要的芯片的核心专利掌握在Semtech公司手中。其他芯片或模组企业通过Semtech授权的方式进行LoRa芯片开发或者直接采用Semtech芯片做SIP级芯片开发。

(三) LoRa 技术特点

LoRa打破了传输功耗和传输距离之间的平衡,彻底改变了嵌入式无线通信领域的局面。相比于NB-IoT,LoRa最大的不同是基于LoRa网关自己组建网络,不依赖第三方蜂窝基站,更独立、灵活。另外,LoRa和NB-IoT也具有相似的特点。

(1) 低速率:传输速率小于几百Kbps。

(2) 覆盖广:传输距离可达15千米。

(3) 低功耗:电池使用寿命大于10年。

(4) 高容量:一个LoRa网关可以带2万个以上终端。

LoRa也适用于移动性支持不强的应用场景,如智能抄表、智能农业等场景。

(四) LoRa 应用

LoRa和NB-IoT类似,其功耗低、传输距离远、组网灵活等诸多特性与物联网碎片化、低成本、大连接的需求十分契合,因此被广泛部署在智慧社区、智能家居和楼宇、智能抄表、智慧农业、智能物流等多个垂直行业,前景广阔。

图4-47为几个LoRa设备,第1幅图是LoRa数据网关基站,采集到的信息通过3G、4G或有线以太网方式传送到云端服务器;第2幅图是LoRa室内网关;第3、4幅图分别是LoRa模组WH-L101和大功率LoRa数传终端USR-LG207,后者实现RS232/485转LoRa功能,支持8000米远距离传输,抗干扰能力强;第5幅图是ZW-ST100温湿度采集终端,将LoRa数据传输模块和温湿度传感器集成在一起,基于LoRa TM扩频调制技术,实现远距离温湿度采集。

图 4-47　LoRa 设备

图4-48是星纵智能开发的智能茶厂系统方案,通过部署具有LoRa通信功能的设备终端,如含氧量传感器、温湿度传感器等,采集相关数据并传输给LoRa网关,LoRa网关将数据上传到云平台进行分析,判断当下的环境温湿度和含氧量是否适宜,用户可通过APP和网页对环境数据进行实时监测与查看,还可以在云平台设置告警值。

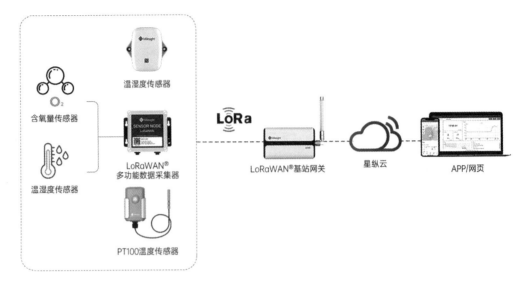

图 4-48 智能茶厂系统方案①

三、智慧旅游应用案例

NB-IoT 和 LoRa 等 LPWAN 可以广泛应用于多种与旅游相关的垂直行业,如景区智能消防、景区智能路灯、景区智能停车、智慧农业(乡村旅游综合体)、景区智能垃圾箱、景区共享单车、智能环卫、智能井盖等。

基于物联网综合管理平台,以应用场景为驱动,结合平台算法模型,针对不同行业进行个性化功能系统开发,能够助力企业快速实现数字化转型。下面将从智慧农业、智慧环保、智慧园区三个方面进行智慧旅游相关案例的介绍。②

(一)智慧农业

实施乡村振兴战略是解决人民日益增长的美好生活需要和不平衡不充分的发展之间的矛盾的必然要求。旅游是人们的一种生活方式,是人民日益增长的美好生活需要。乡村旅游作为一种新兴旅游产业,能够起到农民增产增收、农业多元经营、农村美丽繁荣、乡村文化复苏的作用,是实现乡村振兴的重要路径。农业也是乡村旅游的一项重要内容,智慧农业不仅能促进农业发展,而且通过数字技术赋能乡村旅游具有重要作用。

1. 传统农业的痛点

(1)缺乏科学依据:仅靠以往种植经验积累,未能充分借鉴权威科学种植。种植过程中出现意外时,缺乏问题处理咨询渠道。

(2)资源过度浪费:传统灌溉、施肥工作费时费力,信息化、机械化水平低下,忽视数据分析技术和现代化科技给农业带来的效益提升。

---

①图片来源:http://www.chinaaet.com/article/3000129574。
②相关案例整理自有人物联和有人智能。

(3) 人力成本高：现阶段温室大棚仍采用人工观测和控制的方式，不仅投入成本高，还难以达到科学种植的要求。

LoRa、NB-IOT 等 LPWAN 技术是应用于低传输速率下的无线通信技术，这些技术具有功耗低、信号强、覆盖广、成本低等特点，适合应用于智慧农业。为此，有人物联针对农业大棚集约、高效、生态的发展需求，提出了集土壤和环境的智能传感、无线传输、智能预警等功能于一体的农业大棚物联网解决方案，以实现农业大棚的科学种植与管理，实现节能降耗、绿色环保、增产增收的目标。智慧农业方案架构如图 4-49 所示。

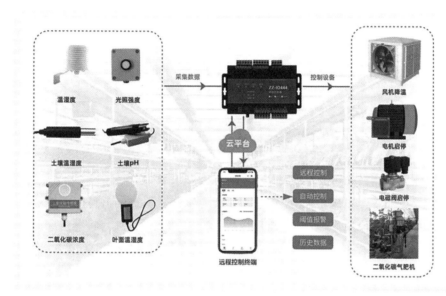

图 4-49　智慧农业方案架构[①]

2. 系统主要功能

（1）数据采集：采集农场现场温湿度、光照、土壤、空气等数据，通过 LoRa 无线网络传递给云平台进行智能分析和处理。

（2）数据存储：系统可对历史数据进行存储，形成知识库，以备随时进行处理和查询。

（3）数据分析：系统将采集到的数值通过直观的形式向用户展示时间分布状况（折线图）和空间分布状况（场图），提供日报、月报等历史报表。

（4）远程控制：用户在任何时间、任何地点通过任意能上网的终端均可实现对农场各种设备进行远程控制开关。

3. 方案的价值

（1）节省人工：灌溉、施肥几乎不需要人工参与，提高效率降低人工成本。

（2）促高产：依据土壤墒情进行科学作业，提高作物品质、产量。

（3）省资源：大幅度降低水、肥资源投入，按作物需水、需肥规律随时供给。

---

① 图片来源：https://m.usr.cn/News/1849.html。

（二）智慧环保

随着社会文明程度的提高，人类对于生存环境的认识也随之提高。2016年10月8日，李克强在国务院常务会议上提出，原则上不再核准新建传统燃油汽车生产企业。人们对环境保护更加重视，绿色出行、绿色旅游成为新的旅游目标。搞好环境保护，能有效促进旅游业发展。然而，当前环保行业存在以下痛点。

（1）环保部门监管效率低下：面对众多监管下的企业，如何防止企业排污数据弄虚作假，以及有效提高环保抽检工作效率、保证检测结果可靠性，是监管部门面临的主要难题。

（2）环保设施有效性自检困难：一是，被监管的企业缺少智能化、数字化的手段进行产品有效性的判断；二是，环保部门的监管处于被动状态。

（3）污染物排放数据难以有效获取：缺少针对企业排放信息的采集手段，信息获取不及时，不能实时、直观地看到排放情况。

（4）排放值超标时系统预警不及时：当出现环保超标问题时，存在预警系统精确度不高、稳定性不强、预警预见不足等问题。

对此，应以摸底排查、掌控现状、监控预警、诊断溯源为方法策略，以信息化手段为支撑，将环保行业各类设施功能、各种管理手段、各项建设目标有机整合，按照大数据、大平台、大系统的建设原则，重点突出环境数据质控、数据预警监测、污染溯源追踪、环境网格监管、风险防控响应等核心业务，构建全域覆盖的综合环保解决方案。智慧环保方案架构如图4-50所示。

图 4-50　智慧环保方案架构①

---

①图片来源：https://www.iiot.com/#/solutionDetail?professorId=50。

1. 方案的核心功能

（1）环境数据质控：采用智能化质控的设备，建立规范化的运维体系。人机联控AI智能识别违规操作，结合基于业务规则和数据模型的自动审核，使数据质控全程留痕，有迹可循。

（2）数据预警监测：对污染源头进行数据超标预警、变化趋势预警、数据离群预警、未达考核目标预警、质量下降预警，并及时通知相关人员。同时，系统提供异常原因的多维度分析（如周边污染排放情况、气体浓度监测情况、上下游断面水质情况、水质变化趋势及水文情况等），为报警处置指引方向。

（3）环境预测模型：构建环境质量机理模型、大数据算法模型，将预测的数据渲染展示至地图大屏，可视化展示环境质量情况，支持将模型预测数据与实际数据进行对比，生成气体浓度大幅变化报警、趋势性预警等异常情况的报警信息。

（4）污染溯源追踪：环境状况出现预警时，根据超标因子沿程分析锁定污染区域，从外部污染源侵入、本地污染源影响、客观因素等多方面分析，结合现场应急监测、多手段溯源排查，从而实现精准管控。

（5）环境网格监管：基于一定的流域关系与管理协调方式划分为不同的管理网格，在网格内定人员、定职责、定任务，实时掌握网格人员动态，线上线下快速联动，高效协同。快速摸清水环境本底，使网格内各重点排污单位、主要水环境问题得到有效监管。

2. 方案的价值

（1）目标看得见：考核目标清晰可见，任务落实动态可控。

（2）战情全掌握：环境现状尽数掌握，污染底数清楚明白。

（3）管控更精准：诊断溯源手段可靠，管控重点准确锁定。

（三）智慧园区

景区、酒店、商场、博物馆、会展中心等都涉及以下一些问题：①能耗较大监管难，相关配电系统、供水系统智能化水平比较低，能耗较大却无法掌握水、电、气等能源的实际消耗情况，不能为园区实现节能降耗提供科学的数据依据；②业务复杂集成难，区域内业务系统错综复杂，涉及消防系统、安防系统、门禁系统等，每个业务应用都有自己的服务需求，如何既能同时满足不同应用服务需求，又能对应用系统进行全集成化管理是一大难题；③运营管理成本高，传统靠人工管理的模式，不但效率低，而且运营成本随人工成本增加呈快速增长趋势，不容乐观。

对此，可运用云计算、物联网、智能传感、现代通信、AI视频、软硬件集成等技术，将园区能源监控、设备设施管理，以及消防、门禁、电梯、停车管理等多个系统整合到一个统一的平台，实现各个系统的信息交互、信息共享、参数关联、联动互动、独立共生。促进园区的信息化、智能化建设，最终将园区建设成为一个深度感知、全面互联、智能高效、持续卓越的标杆型智慧园区。智慧园区方案架构如图4-51所示。

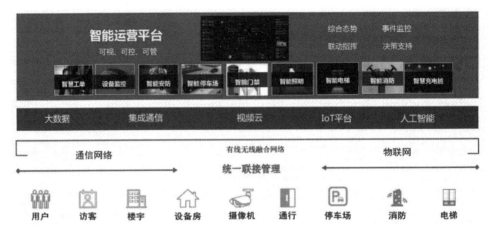

图 4-51　智慧园区方案架构[1]

1. 方案的核心功能

方案的核心功能包括：①智慧能源管理，如通过对空调、灯光等智能控制，减少能源损耗；②设备智能化运维，如通过园区内泵房、配电、电梯、排水等设备设施智能化改造，以及实时监测设备的运行环境，确保设备的可靠运行；③智慧消防，切实做到灾害早预警、早防控、早处置，从而提高园区消防安全整体水平；④智慧疫情防控，满足高效、零接触、成本低、数据可追溯等要求，在满足出行体验的前提下保证人口流动的高效性及安全性。

2. 方案的价值

（1）提高园区的管理水平及服务能力：实现园区各系统业务的整合、信息共享，促进园区的信息化、智能化建设，极大地提高园区工作效率和服务能力，降低园区管理运营成本。

（2）提高基础设施的运行保障能力：通过智能化运维，实现基础设施在其生命周期内的高可用性、高效率、高负荷、高安全性和高可靠性的运转。

（3）有利于打造低碳环保、节能型园区：对园区公共能耗进行监测、统计分析，并通过节能管控，提高园区对各类能源的利用效率。

（4）有利于构建安全、和谐园区：通过消防设施的智能化升级，确保企业和员工的生命财产安全；通过出入口的智能化升级，实现员工快速、便捷通行。

／思考与讨论／

谈一谈 LPWAN 技术在旅游业中的可能应用。

第六节　其他网络技术

前面章节介绍了很多网络传输技术，有一些是我们熟悉的，有一些可能比较陌生，

---

[1] 图片来源：https://www.iiot.com/#/solutionDetail?professorId=51。

然而,它们都是应用在常规情况下的网络,深入我们的生活和工作场景。随着科技发展,人类能探索的领域也逐渐扩大,现在已经"可上九天揽月,可下五洋捉鳖"。当技术成熟、成本降低时,不排除人们将来的旅游不再局限于地球表面,而可以深入水底,甚至走向太空。因此,这里我们介绍几个暂时离我们生活比较遥远的网络应用场景,将来它们也许会成为我们生活的一部分。

一、太空互联网

太空互联网就是利用卫星实现网络通信,又称为卫星互联网,通信卫星通过地面站或者天线实现地面远距离终端数据传输。太空互联网实现了为地球提供无缝信号的覆盖和服务,可以让沙漠、海洋等环境不再是互联网的盲区,最大限度地扩展当前移动互联网的服务区域,尤其当地球遭遇重大自然灾害,地面通信网络(互联网光缆、4G/5G基站)瘫痪时,建立在地球之外、服务于地球的太空互联网更具优势。

如图4-52所示,太空互联网的工作原理是使用无线电波与绕地球运行的卫星进行通信。地面设备发射的信号通过调制解调器和卫星天线发送到太空中的卫星,然后从卫星返回地球,并到达称为网络运营中心的地面站。然后,数据通过此网络传回太空,再返回地球上的卫星天线,到达地面设备。

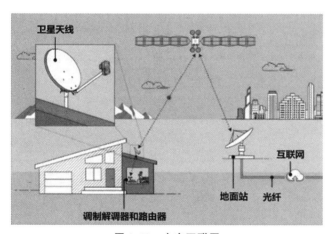

图4-52 太空互联网

(图片来自互联网)

2008年11月,美国宇航局宣布,其下属的喷气推进实验室完成太空互联网首轮测试。

2009年11月,美国思科公司制造的首个安置于太空互联网的路由器进入太空。

2010年12月,俄罗斯计划构建太空互联网,以支持航天器之间的联络,保障偏远地区的通信,实现在地球上任何地点都能对航天器进行控制。

2015年,美国SpaceX宣布开启"星链"(Starlink)计划,将发射约4.2万颗通信卫星实现全球卫星互联网。

2018年12月29日,"鸿雁星座"首颗试验星"重庆号"成功发射。中国航天科技集团推出的"鸿雁"全球卫星星座通信系统,计划由300多颗低轨卫星和全球数据业务处理中心组成,实现"鸿雁传信、永不失联"的目标。

2020年4月,卫星互联网被国家发展和改革委员会划定为"新基建"信息基础设施之一,标志着我国进入卫星互联网建设元年。

2021年6月23日,神舟十二号三名宇航员接到了来自北京航天飞行控制中心的高分辨率视频通话。这得益于3颗国产天链卫星组网运行。

二、深空通信

为了成为一个跨星球的物种,最重要的一项技能就是——通信。国际电信联盟规定将以宇宙飞行体为对象的无线电通信正式命名为宇宙无线电通信,简称宇宙通信,也称空间通信。空间通信分为近空通信和深空通信,近空通信一般指太空互联网或卫星通信,而高于200万千米的通信才叫深空通信,那么我们与月球的通信应该都不属于深空通信。

深空通信是指地球上的通信实体与离开地球卫星轨道进入太阳系的飞行器之间的通信,距离可达几百万、几千万,甚至亿万千米以上。由于传输距离非常遥远,时延巨大,可从几分钟到几十小时不等,信号衰减也极严重,噪声大,信噪比极低,链路连接具有间歇性、误码率高等特点。

美国国家航空航天局(NASA)深空通信网络(Deep Space Network,DSN)是专门用于航空器通信的全球覆盖网络,共有3个观测站,分布在美国的加利福尼亚、西班牙的马德里及澳大利亚的堪培拉。如图4-53所示,从北极俯瞰这3个点均匀分布,成角120°左右,在3万千米以上的深空,通信可以做到无死角覆盖。

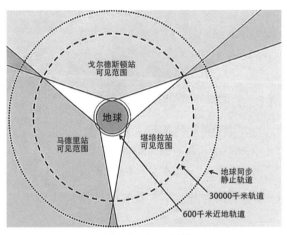

图 4-53 DSN网络

我国也构建了自己的深空站,并于2020年7月23日发射"天问一号"探测器,负责执行中国第一次自主火星探测任务。

2021年2月,"天问一号"到达火星附近,实施火星捕获。

2021年5月,"天问一号"成功软着陆于火星表面,"祝融号"火星车驶离着陆平台,开展巡视探测等工作,对火星的表面形貌、土壤特性、物质成分、水冰、大气、电离层、磁场等进行科学探测,实现中国在深空探测领域的技术跨越。

2021年6月，国家航天局发布"天问一号"火星探测任务着陆和巡视探测系列实拍影像，"祝融号"火星车在火星表面移动过程视频是人类首次获取火星车在火星表面的移动过程影像。

三、水声通信

我们居住的地球表面超过70%的部分是海洋，在水面上遨游已经极大地拓展了人们的活动空间，而水下世界人们则知之甚少。在人类能够到达的水下区域，通信仍然是首先需要解决的问题。在水面上，目前主要是通过船间的无线电通信，和陆地上完全相似。然而电磁波在水介质中衰减特别严重，因此在水下不能使用无线电通信系统。后来，人们发现声波这种信号在水中的传播距离可以达到通信的要求，因此就催生出了水下声波通信技术。

水声通信（Underwater Acoustic Communication）是一项在水下收发信息的技术，工作原理是将文字、语音、图像等信息，转换成电信号，并由编码器将信息数字化处理后，发射换能器又将电信号转换为声信号。声信号通过水介质，将信息传递到接收换能器，这时声信号又转换为电信号，解码器将数字信息破译后，将信息变成声音、文字及图片。

图4-54是一款臂戴式潜水设备，具备对水下潜水员或水面船只进行定位、水下3D导航、SOS一键报警、异常状态提醒、水下无线信息收发等功能。不需要水面信号支持，即可对水下多名潜水员或设备进行水下活动管理。图4-55是潜水设备的控制中心，由一个甲板单元和一个水下单元组成，支持水面人员对水下潜水员的活动和状态进行管理，具备定位水下潜水员位置、3D导航、SOS报警接收及信息收发等功能，支持建立立体式水下通信网络。

图4-54　臂戴式潜水设备

图4-55　潜水设备的控制中心

1914年，英国海军部队成功研制水声电报系统，是水声通信技术的开端。

1945年，美国海军研制水下电话，并应用在潜艇间通信。

20世纪70年代，早期水声通信使用模拟信号，但海洋中的波浪、鱼类、舰船等会产生极为混乱的噪声，导致接收到的信号模糊不清。随着数字通信系统在陆地上的信号干扰被成功解决，水声通信系统也从模拟调制技术走向数字调制技术，提高了水声通信系统的传输速率和可靠性。

20世纪90年代至今，一些新技术，如空间分集、码分多址、扩频技术、水下多载波调制技术、多输入多输出技术应用于水声通信系统，水下通信开始从点对点的物理层通

拓展阅读

见证"中国深度"

信,已经向多个节点之间数据交换的网络通信方向发展。

水下通信非常困难,水声信道是一个极其复杂的时变、空变、频变参随机多径传输的信道,由于通道的多径效应、时变效应、可用频宽窄、信号衰减严重,迄今仍是难度最大的无线通信信道。如何将水下获取的各种信息通过复杂的水声信道进行高效可靠的传输,从而构建水声通信网络是当前水声通信研究的难点和热点。在远距离水下能清楚地接收到语音信号,世界上也只有极少数军事强国才能做到。

随着人类海洋活动的增加和对海洋资源利用程度的提高,水声通信技术开始从军用走向民用,为海上科学考察、海洋数据采集、水下资源探测、海洋环境监测等提供探测、定位、识别、通信和导航等服务。当前,水声通信技术朝着更完善、更全面的立体和智能方向发展。

课后练习

第五章
平台管理技术

物联网感知层负责采集数据，形成大数据，通过网络层的多种网络技术将数据传输至后台，进行存储、管理、分析与挖掘，因此，在大部分情况下，智慧系统中的智慧产生于平台管理技术和应用层的服务。平台管理技术包括大数据、云计算、人工智能和区块链等技术，本章我们仅简单介绍部分关键技术。

云计算是大数据和人工智能的物质基础，提供存储和计算等硬件资源，大数据和人工智能为云计算提供用武之地；大数据为人工智能模型提供训练数据（数据集素材，类似士兵），云计算为人工智能提供了分析的存储和计算资源（类似练兵场），人工智能实现了从价值密度低的大数据中快速、准确、自动地提取价值。大数据、云计算和人工智能技术相互促进、深度融合、协同发展，共同存在于一个智慧系统中。

一方面，平台层的大数据、云计算和人工智能作为物联网系统的后端，正向物联网终端下沉。首先，对于一些实时性非常强的数据，通信延迟使云端显得有些力不从心；其次，有些数据具有一定的"保鲜期"，甚至没有必要汇报给后台云端，而需要在本地消费（处理）。因此需要"边缘计算""雾计算""端计算"等技术，将云端功能下沉。另一方面，随着物联网终端存储、计算能力逐渐增强，具有数据存储和处理能力，因此，物联网终端可以具有一定的智能，"智联网"也随之出现。

学习目标

知识目标：了解大数据发展历程、基本概念和特征，了解大数据主流技术和处理流程，理解大数据思维和旅游大数据；了解云计算基本概念、发展历程、特点，理解云计算服务类型和部署模式；了解人工智能概念、发展历程，了解人工智能应用和产业链。

能力目标：运用本章知识，厘清物联网平台管理的主流技术，通过应用案例，尤其是智慧旅游中的综合应用案例，培养学生构建智慧旅游系统的能力；培养学生数据思维的能力。

素养目标：通过人工智能技术几经起落的发展历程，培养学生坚毅的性格和敢于探索的勇气。

知识导图

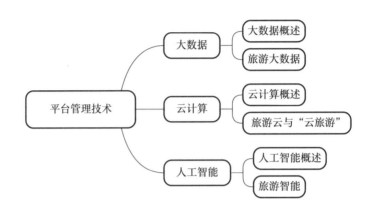

第一节 大数据

当今,我们正生活在高速发展的信息化社会,也被称为数字化时代、互联网时代、E时代、智慧化时代。在这样一个时代里,信息世界通过各种各样的设备和方法采集数据,记录着人们丰富多彩的生活和世界,相对于我们正在生活着的、真实的、物理的世界,信息世界是一个无限逼真的、虚拟的平行世界。在这样一个时代里,数据将人与人、物与物、人与物,乃至整个世界连接起来,构成一张巨大的、繁密的网络,每个人都通过这张网络影响着世界,同时也被网络影响着。

毋庸置疑,数据正在迅速增加,据统计:一天之中,互联网产生的全部内容可以刻满1.68亿张DVD;发出的邮件有2940亿封之多;发出的社区帖子达200万个……

这些数据决定着个人、企业、国家和世界的未来发展,虽然很多人可能并没有意识到数据爆炸性增长带来的隐患,但是随着时间的推移,人们将越来越多地意识到数据的重要性。然而,传统的统计分析方法已经无法处理这种相互影响的、体量巨大的、实时产生的数据,因此产生了大数据(Big Data)技术。

大数据时代对人类的数据驾驭能力提出了新的挑战,也为人们获得更为深刻、全面的洞察能力提供了前所未有的空间与潜力。然而,什么是大数据呢?数据达到何种程度才算是大数据?大数据有什么特征?什么样的结构?大数据时代我们应该具备什么样的思维?大数据具有哪些商业价值?大数据技术有哪些?大数据有什么应用?如何应用到旅游业?本章我们将竭尽所能给出答案。

一、大数据概述

近年来,"大数据"一词越来越多地被提及,人们用它来描述和定义信息爆炸时代产生的海量数据,并命名与之相关的技术发展与创新。全球知名咨询公司麦肯锡称:

"数据,已经渗透到当今每一个行业和业务职能领域,成为重要的生产因素。人们对于海量数据的挖掘和运用,预示着新一波生产率增长和消费者盈余浪潮的到来。"

（一）什么是大数据

目前,大数据并没有明确的、公认的科学定义,一般认为大数据是指所涉及的数据量巨大到无法在一定时间范围内用常规工具软件进行捕捉、管理和处理的数据集合,是需要新的处理模式才能具有更强的决策力、洞察力和流程优化能力的,海量、高增长率和多样化的信息资产。这个新处理模式,就是大数据技术。

那么究竟多大的数据量才算是大数据呢？我们先来看一下二进制世界的数据度量单位:一个字节(Byte,缩写B)是8个二进制位(bit,缩写b),二进制的千、兆等单位之间是以1024倍换算(2^{10}=1024)。因此,1 KB=1024 B、1 MB=1024 KB、1 GB=1024 MB、1 TB=1024 GB。当前,一首MP3歌曲大约是几MB,一部高清电影是几GB,PC机的机械硬盘以TB为单位,固态硬盘一般为几百GB,内存一般是8 GB、16 GB、32 GB。

目前认为大数据的起始单位为PB级(1 PB=1024 TB),为了适应大数据的发展,信息的计量单位还有1 EB=1024 PB、1 ZB=1024 EB、1 YB=1024 ZB、1 BB=1024 YB、1 NB=1024 BB、1 DB=1024 NB。

国际数据公司(IDC)的研究结果表明,2008年全球产生的数据量为0.49 ZB,2009年的数据量为0.8 ZB,2010年增长为1.2 ZB,2011年的数量更是高达1.82 ZB,相当于全球每人产生200 GB以上的数据。有资料证实,到2012年为止,人类生产的所有印刷材料的数据量是200 PB,全人类历史上说过的所有话的数据量大约是5 EB。据统计,百度数据量约为1000 PB,每天响应138个国家数10亿次请求,每日新增10 TB;QQ用4400台服务器存储用户产生的信息,压缩后的数据为100 PB,每天新增200~300 TB;IBM的研究称,整个人类文明所获得的全部数据中,有90%是过去两年内产生的;根据国际权威机构Statista的统计,全球数据量在2019年达到41 ZB。

（二）大数据发展历程

20世纪90年代到21世纪初期,由于数据库技术成熟、数据挖掘理论成熟,这一时期也称数据挖掘阶段。

2003年,Google发表Google File System论文,即为大数据存储技术。

2004年7月,Doug Cutting和Mike Cafarella在Nutch中实现了类似GFS的功能,即后来HDFS的前身。

2004年10月,Google发表了MapReduce论文,即大数据并行分析技术。

2005年2月,Mike Cafarella在Nutch中实现了MapReduce的最初版本。

2006年2月,Apache Hadoop项目正式启动,以支持MapReduce和HDFS的独立发展。

2008年,《自然》杂志专刊提出了Big Data(大数据)概念。

2009年至今,大数据基础技术成熟之后,学界和业界纷纷开始转向应用研究。

2012年3月,奥巴马签署并发布"大数据研究和发展计划"。

2012年7月,联合国发布《大数据促发展:挑战与机遇》白皮书,全球大数据研究进入前所未有的高潮期。

2012年,中国计算机学会发布《中国大数据技术与产业发展白皮书(2013)》。

2012年,《纽约时报》的一篇报道称:"大数据"时代已经降临,在商业、经济及其他领域中,决策将日益基于数据和分析而做出,而并非基于经验和直觉。哈佛大学社会学教授加里·金说:"这是一场革命,庞大的数据资源使得各个领域开始了量化进程,无论学术界、商界还是政府,所有领域都将开始这种进程。"阿里巴巴创始人曾在演讲中提道:未来的时代将不是IT时代,而是DT(Data Technology,数据科技)时代。

2013年5月,麦肯锡研究院发布研究报告《颠覆性技术:技术改变生活、商业和全球经济》并未将大数据技术列入,其给出的解释是,大数据技术已成为其他技术的基石。

2013年,大数据技术开始向商业、科技、医疗、政府、教育、经济、交通、物流及社会的各个领域渗透。

2013年被称为大数据元年,标志着我们的社会进入一个崭新的大数据时代。

(三)大数据特征

大数据具有其自身的特征,从不同视角和侧重点看,可以概括出不同的特征,业界通常用4V特征,也有人提出5V特征。大数据的4V特征包括Volume、Variety、Value和Velocity;IBM提出大数据的5V特征还包括Veracity。具体特征描述如下。

1. Volume:数据体量巨大

这是大数据的基本特征,目前,大数据的起始计量单位至少是PB级。

2. Variety:数据类型繁多

数据来源、数据种类和格式日渐丰富,形成多源异构数据,包括文字、数值、网络日志、音频、视频、图片、地理位置等结构化、半结构化和非结构化数据,多类型的数据对数据的处理能力提出了更高的要求。

3. Value:价值密度低

当前互联网和物联网时代,信息海量,但价值密度较低,从海量数据中提取有价值的信息,犹如沙里淘金。因此,通过人工智能等算法完成数据价值的"提纯",将杂乱无章的、冗余的数据转化为知识,是大数据技术亟待解决的难题。

4. Velocity:速度快、时效高

很多大数据时效性要求很高,因此需要较快的处理速度,这是大数据区别于传统数据挖掘最显著的特征。而且,当前数据以较快的速度增长,因此需要高速的、实时的数据采集和处理技术。

5. Veracity:真实性

相比于Web 1.0时代,人们只能被动地消费数据,在Web 2.0时代,每个网民都可以是网络数据的生产者,都有机会一夜成为"网红"。互联网在为广大网民提供平等机会的同时,也为数据质量监管带来困难,我们很难确保网络数据的准确性、可信赖性和真实性。

（四）大数据结构类型

大数据包括结构化、半结构化和非结构化数据，非结构化数据越来越成为数据的主要部分。IDC 的调查报告显示：企业中 80% 的数据都是非结构化数据，这些数据每年都按指数增长 60%。

1. 结构化数据

结构化数据一般指关系模型数据，即以关系数据库表形式管理的数据，包括预定义的数据类型、格式和结构的数据。

2. 半结构化数据

半结构化数据或称为弱结构化数据，指非关系模型的、有基本固定结构模式的数据，如日志文件、XML 文档、JSON 文档、E-mail 等。

3. 非结构化数据

非结构化数据即没有固定模式的数据，如 WORD、PDF、PPT、EXL 等格式的文件，以及各种格式的图片、音频和视频等。

（五）大数据处理流程

大数据需要特殊的技术，以有效地、及时地处理海量数据，大数据技术是指从各种各样类型的大数据中，快速获得有价值信息的技术集合，从大数据应用流程看，包括图 5-1 所示的数据采集、数据存储与管理、数据预处理、数据分析挖掘、数据可视化等技术。

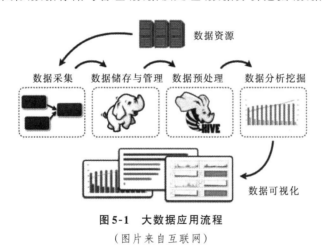

图 5-1　大数据应用流程

（图片来自互联网）

1. 数据采集

数据是智慧的源泉，数据采集是大数据技术的基础。数据采集重点要突破分布式、高速、高可靠数据爬取或采集，高速数据全映像，高速数据解析、转换与装载等技术。依据不同的数据特征可以采用不同的数据采集的方法。

针对互联网上的社会媒体数据，如搜索引擎数据、电子商务、社交网络等，可以采用网络爬虫技术进行数据采集，网络爬虫可以基于编程语言（如 Python、Java 等）自行设计采集任务，也可以使用网络爬虫工具软件，主流的如八爪鱼、火车头、搜集客等；针对个人手机设备数据，如手机漫游数据、GPS 数据、Wi-Fi 和蓝牙连接数据等，需要向通信运营商或者相关APP软件商购买,也可以自己编写相关APP软件,以获取相关信息；针对物联网数据,如RFID、工业物联网,需要通过物联网终端采集数据,并通过网络上传至云端；针对用户交互数据,如订购飞机、酒店、车票、购物等数据,可以通过OTA或者金融领域机构获取。

2. 数据存储与管理

数据存储与管理技术是大数据系统的关键。在大数据系统中,由于数据量的庞大,所以大数据的存储都是采用分布式存储的方式代替集中式存储,用更廉价的机器代替之前昂贵的服务器,让海量存储的成本大大降低,并且通过副本保持数据的可靠性。

大数据领域最著名的存储技术就是Google的GFS(Google File System,Google文件系统)和Hadoop的HDFS(Hadoop Distributed File System,Hadoop分布式文件系统),HDFS是GFS的开源实现。

传统数据大多是结构化的数据,因此我们主要使用关系型数据库管理。但是,大数据系统中主要是半结构化和非结构化的数据,使用传统的关系型数据库很难较好地管理所有数据,因此,我们使用非关系型数据库(NoSQL)管理大数据,如HBase(Google的Bigtable开源实现)。

3. 数据预处理

从现实世界中采集来的原始数据大都是"脏数据",很难满足完整性和一致性,因此很难直接进行数据分析与挖掘。为了提高数据分析与挖掘的质量,产生了数据预处理(Data Preprocessing)技术。数据预处理是指在数据分析与挖掘之前对数据进行的一系列处理工作,如审核、筛选、排序等,以满足数据分析与挖掘工具对数据的要求。

数据预处理技术很多,包括数据清理、数据集成、数据变换、数据归约等。数据预处理没有固定的模式,依据不同的数据和不同的应用需求,采取不同的数据预处理方法,数据科学家需要在数据预处理过程花费大量时间。

4. 数据分析挖掘

数据分析(Data Analysis)是数学与计算机科学相结合的产物,是指用适当的统计分析方法对数据进行分析,从而提取有用信息和形成结论,数据分析可以帮助人们做出判断,以便采取适当决策。

数据挖掘(Data Mining)是指从大量的、不完全的、有噪声的、模糊的、随机的实际应用数据中,通过机器学习方法、统计方法、神经网络方法等对数据进行分类、聚类、关联、预测等分析,从而提取隐含在其中的、人们事先不知道的、但又是潜在有用的信息和知识的过程。

5. 数据可视化

数据可视化是关于数据视觉表现形式的技术,是在完成所有工作后输出一个能被人们容易理解的可视化载体,是大数据技术的重要一环。数据可视化也可以是数据分析与挖掘结果的一种呈现方式,贯穿于整个数据分析与挖掘的全过程,通过直观方式理解数据、判断数据分析与挖掘的方向。

在大数据可视化这个概念没出现之前,其实人们对于数据可视化的应用便已经很广泛了,大到人口数据,小到学生成绩统计,都可通过可视化展现,探索其中规律。如今在大数据时代，信息可以用多种方法来进行可视化，可以通过使用编程语言（如Python、D3.js等）或软件（如Tableau）实现。每种可视化方法都有着不同的侧重点，首先要明确通过数据向用户讲述怎样的故事，或者说数据可视化后表达什么？

（六）主流大数据技术

1. Google大数据技术

Google在搜索引擎上所获得的巨大成功，很大程度上是由于采用了先进的大数据管理和处理技术。面临日益膨胀的海量数据存储问题，Google研究人员探索出一条可以借鉴的技术和方法，分别在2003年和2004年发表关于The Google File System和MapReduce的学术论文，奠定了Google在大数据时代的引领地位，其大数据技术架构一直是互联网公司争相学习和研究的重点，也是行业大数据技术架构的标杆和示范。

Google使用的大数据平台主要包括3个相互独立又紧密结合在一起的系统：GFS、MapReduce和BigTable，被称为Google的"三驾马车"，这是许多基础服务的基石。

（1）GFS（Google File System，Google文件系统）是由Google为其大数据处理系统提供海量存储业务而定制开发的一个大型的、可扩展的分布式文件系统。GFS可运行于廉价的普通硬件上，并提供总体性能较高的服务和容错能力。

相对于传统的分布式文件系统，为了达到成本、可靠性和性能的最佳平衡，GFS从多个方面进行了简化。GFS使用廉价的商用机器构建分布式文件系统，文件系统利用软件的方法实现容错，解决系统可靠性问题，极大地降低了存储成本。

（2）MapReduce是由Google开发的一个针对海量数据处理的分布式编程模型，特别适合于非结构化和结构化的海量数据的搜索、挖掘、分析等应用。GFS解决的是Google海量数据的存储问题，MapReduce则是解决海量数据的计算问题。

MapReduce由Map和Reduce两个功能组成，封装了并行处理、容错处理、本地化计算、负载均衡等细节，具有简单而强大的接口。用户只需要提供自己的Map函数及Reduce函数就可以在集群上进行大规模的分布式数据处理，而不用考虑集群的并发性、分布性、可靠性和可扩展性等问题。

（3）BigTable是Google设计的用来处理海量数据的一种分布式非关系型数据库，其设计目的是能够可靠地处理PB量级的数据，并且能够部署到上千台机器上。BigTable是一个稀疏的、分布式的、持久化存储的、多维度排序的映射表。

当前，Google在GFS、MapReduce和BigTable基础上，为新一代搜索引擎平台开发新的技术，正逐步用更强计算能力的系统来替换原有系统。例如，专为BigTable设计的分布式存储Colossus（也被称为GFS2，二代Google文件系统）；新的索引系统Caffeine比MapReduce批量处理索引系统搜索更快；推出的Dremel和PowerDrill能比BigTable更好地支持大数据集的互动分析等。

2. Hadoop大数据技术

Hadoop是一个由Apache基金会发布的开源的大数据分布式系统基础架构，是Google大数据系统的开源实现。2002年，Doug Cutting和Mike Cafarella创建开源网络爬虫项目Nutch。Nutch项目组在2004年和2005年先后开源实现了Google的GFS和

MapReduce，开发了 NDFS(Nutch Distributed File System，Nutch 分布式文件系统)和 MapReduce，NDFS 就是后来的 HDFS 的前身。2006 年，Apache Hadoop 项目正式启动以支持 Nutch 项目的 HDFS(源于 NDFS)和 MapReduce 的独立发展。

Hadoop 框架的核心是 HDFS(Hadoop Distributed File System，Hadoop 分布式文件系统)和 MapReduce。HDFS 为海量的数据提供了分布式存储功能；MapReduce 是一个计算引擎，解决了海量的数据的分布式计算问题。Hadoop 用户可以在不了解分布式底层细节的情况下开发分布式程序，充分利用集群的威力进行海量数据存储和高速运算。Hadoop 以 HDFS 和 MapReduce 为基础，开发了较为完整的大数据技术生态系统。

(1) HDFS 源自 Google 的 GFS 论文，是 Hadoop 的一个分布式文件系统，是 Hadoop 体系中数据存储管理的基础。它是一个高度容错的系统，能检测和应对硬件故障，在低成本的通用硬件上运行。HDFS 简化了文件的一致性模型，通过流式数据访问，提供高吞吐量应用程序数据访问功能，适合带有大型数据集的应用程序。

(2) MapReduce 源自 Google 的 MapReduce 论文，Hadoop MapReduce 是 Google MapReduce 克隆版。MapReduce 是一种计算模型，用以进行大数据量的计算。其中，Map 对数据集上的独立元素进行指定的操作，生成键-值对形式中间结果。Reduce 则对中间结果中相同"键"的所有"值"进行规约，以得到最终结果。MapReduce 这样的功能划分，非常适合在大量计算机组成的分布式并行环境里进行数据处理。

(3) HBase 是 Hadoop Database(Hadoop 数据库)，是 Hadoop 项目对 Google BigTable 的开源实现，是一个 NoSQL 数据库，实现了分布式、可扩展、大数据的存储。类似 Google BigTable 将 GFS 作为其文件存储系统，运行 MapReduce 来处理 BigTable 中的海量数据，Hbase 将 Hadoop HDFS 作为其高可靠性的底层文件存储系统，利用 Hadoop MapReduce 来高性能地处理 HBase 中的海量数据。

(4) Hive 是基于 Hadoop 的一个数据仓库，Hive 本身不存储和计算数据，它完全依赖于 HDFS 和 MapReduce。Hive 将结构化的数据文件映射为一张数据库表(逻辑表)，并提供简单的 SQL 查询功能，可以将 SQL 语句转换为 MapReduce 任务进行运行。

(5) YARN(Yet Another Resource Negotiator，另一种资源协调者)是一种新的 Hadoop 资源管理器，它是一个通用资源管理系统，可为上层应用提供统一的资源管理和调度，它的引入为集群在利用率、资源统一管理和数据共享等方面带来了巨大好处。

(6) Sqoop(SQL-to-Hadoop)，主要用于传统关系型数据库和 Hadoop 之间传输数据，是数据同步工具。本质上，Sqoop 即利用 MapReduce 程序将数据导入和导出。

(7) Mahout 是一个起源于 2008 年的数据挖掘算法库，现在是 Apache 的顶级项目。传统的 MapReduce 实现机器学习的算法时，往往需要大量的开发时间，Mahout 的主要目标是完成一些可扩展的机器学习领域的经典算法，帮助程序员更加方便快捷地开发智能应用。

(七) 大数据思维

大数据的价值不在于"大"，而是以崭新的思维和技术去分析海量数据，揭示其中隐藏的人类行为模式和社会规律等，由此创造新产品和服务，或是预测未来趋势，因此大数据"改变"思维方式。

思维方式是行业精英们从若干年的实践中总结出来的,行之有效的方法论。在互联网时代,互联网人总结出了互联网思维;大数据时代,很多大数据的技术专家、战略专家、未来学学者等开始提出、解读并丰富大数据思维的内涵和外延。

牛津大学数据科学家舍恩伯格在《大数据时代》中认为,大数据是一种新的价值观和方法论,人们面对的不再是随机样本而是全体数据,不是精确性而是混杂性,不是因果关系而是相关关系。因此,总体来说,大数据思维包括全样思维、容错思维和相关思维。

1. 全样思维

在小数据时代,因为人们受限于技术能力,一方面无法采集大量数据,另一方面无法快速处理大量数据,所以研究人员发明了随机抽样法。抽样就是对被抽取样品进行分析,通过研究结果来估计和推断全部样品特性,因为抽样的随机性,所以结论也大致满足需求。抽样是科学实验、质量检验、社会调查普遍采用的一种经济有效的研究方法。

抽样是技术达不到实际要求或成本远超预期情况下的权宜之计,在大数据时代,数据采集、数据存储、数据分析和数据可视化呈现等技术可以支撑我们使用全样本,即"样本=总体",是否采用全样思维方式是"大数据"与"小数据"的根本区别。

2. 容错思维

在小数据时代,随机抽样具有一定的不稳定性,容易发生"失之毫厘,谬以千里"的事件。为保证抽样得出的结论相对靠谱,人们对抽样的数据精益求精,容不得半点差错。这种对数据质量近乎疯狂的追求,是小数据年代的必然要求。

在大数据时代,采用全样数据。然而现实世界并不是完美的,现实中的数据本身存在异常、纰漏、疏忽,甚至错误,这样大数据结论同样具有不精确性和混杂性。但是我们要容纳这些不精确和混杂,这样的数据也许更能真实地反映客观世界和客观规律。

3. 相关思维

在小数据时代,大家总是相信因果关系,因果关系根源于数据抽样理论。但是因果关系是一种非常脆弱的关系,只要存在一个反例,因果关系就失败。当数据庞大了以后,牵扯的因素太多了,根本无法分析因果关系,而且有时我们只要知道这件事发生了以后接下来会发生什么就足够了。

在大数据时代,我们不抽样,而是全样。当全部数据都加入分析的时候,只要有一个反例,因果关系就不成立,因此在大数据时代,因果关系变得几乎不可能。而另一种关系就进入大数据专家的眼里,即相关关系。比如"啤酒与纸尿裤"案例中啤酒和纸尿裤的关系不能算因果关系,而只能是一种相关关系。同样,摩天大厦与经济危机的关系等也是相关关系,而不是因果关系。

二、旅游大数据

在旅游活动中,数据影响着我们的"吃、住、行、游、购、娱",无论是在游前通过互联网的搜索,还是游中在互联网上下单或者被物联网设备检测,无不在信息世界留下数字痕迹,我们称之为"旅游数字足迹",它不仅可以分析游客时空行为,也可以预测游客流量等。人们在旅游之余,从不会忘记发朋友圈和微博,或在OTA网站发表评论和撰写日志等,这些留下来的丰富的文字、图片、视频、位置等数据,就是用户生成内容(UGC)。通过这些内容,我们可以感知游客情感、了解景区酒店等口碑、监测舆情等。分析旅游中产生的海量数据,可以让我们的管理更加智能化、服务更加个性化、营销更加精准化。

旅游大数据是指旅游行业的从业者及消费者所产生的数据,包括旅游相关企业,如景区、酒店、餐厅、旅行社、购物店、娱乐场所等,以及导游、游客所产生的管理或业务数据,也包括旅游行业基础资源信息库、互联网数据、旅游宏观经济数据、旅游气象环保数据等,其中游客的数据最为重要、应用价值最高。图5-2是桂林理工大学旅游与风景园林学院与原桂林市旅发委共建的桂林市文化与旅游大数据重点实验室针对桂林旅游网络数据和住宿数据进行大数据分析后部分结果的可视化展示图。

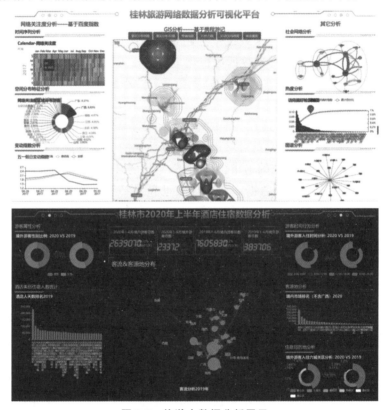

图 5-2　旅游大数据分析展示

下面我们以文旅大数据价值服务商——海鳗云为例,了解如何从场景到决策,构建旅游大数据一站式解决方案。①

(一)基于互联网内容数据的旅游舆情监测与分析

基于全网95%以上信源(微博、微信、论坛、贴吧、携程、美团等)数据,结合NLP(自

---

① 相关资料来源于海鳗云,https://www.haimanyun.com/。

然语言处理)算法技术,集数据采集和大数据分析能力于一体,为旅游目的地/景区提供突发事件推送及预警、品牌评估、游客满意度分析等服务,积极维护目的地/景区的品牌形象。

(1)旅游舆情监测:基于强大的数据采集平台,全面获取旅游目的地相关舆情数据流,深耕NLP技术,多年积累旅游类网络事件知识图谱,精准分析舆情事件来源和传播过程,帮助旅游目的地及时准确地处置舆情突发事件,进行智能预警、定向监测、事件溯源。

(2)游客满意度分析:全量采集携程、美团、大众点评、途牛、驴妈妈等主流OTA平台游客评论数据,以自研满意度知识图谱量化分析游后评价数据。实现对景区、住宿及餐饮的多维度指标体系的量化分析,帮助旅游目的地改进管理和服务。

(3)目的地品牌评估:基于品牌投射原理开发的目的地品牌量化评估体系。包含品牌知名度、品牌忠诚度、品牌获得感、品牌质量、品牌个性五大指标及各分项指标。旅游目的地可以通过与自身品牌变化情况及与竞品的对比分析,来实施品牌建设。

(二)基于手机GPS位置数据的旅游客流监测与分析

基于智能手机GPS位置数据构建客流大数据分析模型,采用多种专业化数据分析及相关算法,实现对旅游目的地及景区的实时客流监测、客流趋势分析、客流分布分析,以及获得游客行为画像等。

(1)实时客流监测:热力图,当天24小时游客分布对比分析;趋势图,当天24小时客流变化趋势分析;动态配置实时承载量和日承载量,实现动态预警;实时呈现天气和相关事件可能对客流趋势产生的影响。

(2)客流趋势分析:多时段、多区域的客流趋势对比分析;支持根据时/天/周/月/年时间粒度对比分析;支持总体客流和(本/外)区县/市/省客流趋势对比分析;可通过天气/星期/节假日/事件等影响因素对客流趋势进行对比分析。

(3)客流分布分析:到访分布热力图,包括游客到访分布、商场到访、商圈到访热度排行、新旧游客占比、游客平均停留时长、游客停留天数占比等;来源分布热力图,包括游客来源地分布、来源地POI热度排行等;来源分布行政图,包括游客来源地省/市/区县分布、游客来源地省/市/区县热度排行等。

(4)游客行为画像:游客基本特征(性别、年龄、学历、职业、婚姻状态、子女状态、消费自由度等)、旅游出行偏好(旅游意愿度、长途交通偏好、餐饮/酒店类型偏好、差旅目的地等),以及APP使用偏好、APP使用时长、APP使用频率、APP安装、旅游APP偏好排行等。

(三)基于银联清算数据的旅游消费监测与分析

基于银联清算数据,数据覆盖度高、质量高,结合先进的数据挖掘技术和模型算法,全面解读游客消费特征,分析旅游消费发展趋势,助力旅游目的地提升经营效率,发展创新业务模式。

(1)涉旅消费分析:旅游总体消费趋势(交易金额、笔数、卡数);涉旅六大行业(吃、住、行、游、购、娱)占比分析;区域消费排行(交易金额、笔数、卡数等);分时段/夜经济、本地居民夜生活消费情况等。

（2）游客消费画像：游客来源城市（境内/境外）排名（交易金额、笔数、卡数）；本地人/外来客（境内/境外）消费排行；消费者年龄比例、性别比例等多维分析；客群消费能力、价值、消费偏好等。

（四）基于OTA订单数据的OTA消费监测与分析

基于OTA真实交易数据，依托顶级OTA平台庞大的数据体量，覆盖游客行前、行中、行后，"吃、住、行、游、购、娱"全方位出行订单数据，结合先进的算法，通过OTA消费分析、OTA消费画像、OTA业务分析、OTA预测分析等，提供目的地人群属性特征和消费画像描述、商业洞察、指数评估、潜在客户挖掘等服务。

（1）OTA消费分析：各业务（住宿、景区、交通、度假、其他）预订人次、消费金额、人均消费占比等；旅游人次季节性趋势、游客量占比和排行等；价格区间和均价占比等。

（2）OTA消费画像：客源地（境内外、港澳台）人次占比，年龄段、性别、出行方式（机票、火车票、汽车票、用车、邮轮）占比等；各业务（住宿、景区、交通、度假、其他）提前预订天数、下单时间、游客停留时间占比等；游客出游方式（跟团游、自由行、酒店＋景点）、出游类型（家庭游、亲子游、老人游、休闲游、探亲游）占比等；预订渠道、年龄段、性别、境内外人次占比等。

（3）OTA业务分析：酒店业务分析（各星级酒店间夜量、价格区间、均价占比等）；门票业务分析（热门景区排行和评分、各景区旅游人次、各A级景区数量占比等）；民宿业务分析（区域预订间夜量、入住人次占比）等。

（4）OTA预测分析：客流量总量和每日占比、预订均价和类型、年龄段、性别、客源地占比等；酒店价格区间占比、各酒店预订占比、目的地酒店占比和排行等；酒店价格监控、商圈监控等；热门景区预订人次占比和排行等。

第二节　云　计　算

近年来，在互联网技术不断推动下，云计算、大数据、物联网等一系列的IT新术语不断涌现，越来越多的应用正迁移到"云"上，如我们生活中接触的各种"云盘"。实际上，"云"并不算新潮，其发展已经持续了十多年，并且还在不断扩展到各个领域。那么什么是云计算？云计算是如何发展起来的？我们为什么需要云？有哪些部署模式和服务类型？有什么样的特点和优势？有哪些关键的云技术？如何应用于各个领域？本节我们将尽量回答这些问题。

一、云计算概述

云计算被视为计算机网络领域的一次革命，是一种全新的网络应用，即一种以互联网为中心，提供动态可伸缩的虚拟化的资源计算模式。它让每一个使用互联网的人都可以使用网络上的庞大计算资源与数据中心，从而使得工作方式和商业模式发生巨大的改变。云计算正受到计算机软件和互联网技术人员及商业模式研究人员的高度追捧，他们认为云计算能把他们带出创新枯竭的互联网应用沙漠。

（一）云计算概念

云计算（Cloud Computing）的定义有多种说法，现阶段较广为接受的是美国国家标准与技术研究院（NIST）的定义：云计算是一种按使用量付费的模式，这种模式提供可用的、便捷的、按需的网络访问，进入可配置的计算资源共享池（资源包括网络、存储、计算、应用软件和服务等），这些资源能够被快速提供，只需投入很少的管理工作，或与服务供应商进行很少的交互。

云计算底层技术是利用分布式计算和虚拟资源管理等技术，通过网络将分散的ICT（Information and Communications Technology）资源（包括存储、计算、通信、软件或服务等）集中起来形成共享的资源池，并以动态按需和可度量的方式向用户提供服务。用户使用资源有限的普通终端设备（如PC、平板、智能手机等）通过网络获取ICT资源服务。

（二）云计算发展

为什么会需要"云"呢？为了支撑业务不断增长的需求，企业不得不购买更先进的硬件（如服务器、存储设备、传输设备等）和软件（如数据库、中间件等），还要组建一个完整的专业的运维团队来维护软硬件正常运转，这些都需要巨大的开销。随着业务规模逐渐增大、投资越来越多，以及IT技术和设备的快速更新换代，软硬件的更新可能导致前期投入资源浪费。并且有些业务规模不是很稳定，具有周期性，因此，为了应对波峰期的业务规模而不得不购买的软硬件资源在波谷期会闲置。这些无疑为企业增加了巨大开销，一直是困扰企业发展的难题。

以前为了喝水，每家每户都自己打一口井，后来有了自来水公司，为我们铺设基础设施和进行供水服务，我们只需要向自来水公司按需付费即可。存储、计算、网络资源也可以像自来水、天然气、电力一样，不需要自己构建，只按需购买即可。如果每家公司都自建办公用房，前期投入会很大，准备周期会很长，因此，大多数公司都是按需租用写字楼。

按照以上模式，云计算应运而生——更大、更快、更强，由分散走向集中，由分布式走向中心化。当有了云计算，企业就不需要考虑底层的软硬件资源如何安装、配置、测试、维护等，只要按需付费，购买相应资源即可，并且可以依据业务规模动态调整资源配置，这不但节约了成本，而且让企业更专注于自己的业务，提高了效率。

从技术上看，云计算并非一个全新的技术，而是很多技术的演变、集成，并在大的应用环境下，由需求牵引而产生。早在1956年，Christopher Strachey发表的一篇论文正式提出了虚拟化的概念，虚拟化技术是云计算基础和核心。20世纪60年代，麦卡锡就提出了把计算能力作为一种像水和电一样的公用事业提供给用户的理念，这成为云计算思想的起源。

早期的云计算就是一种分布式计算，又称为网格计算，解决任务分发，并进行计算结果的合并，可以在很短的时间内（几秒钟）完成数以万计的数据处理。后来随着并行计算、分布式计算、网格计算、虚拟化技术、计算机网络技术、分布式存储和管理技术的发展，云计算逐渐萌芽。

2004年,Web 2.0会议举行,标志着互联网泡沫破灭,计算机网络发展进入了一个新的阶段。在这一阶段,让更多的用户方便快捷地使用网络服务成为互联网发展亟待解决的问题,一些大型公司也开始致力于开发为用户提供大型计算服务的技术。

2006年3月,云计算市场的龙头亚马逊(Amazon)公司就正式推出了弹性计算云(Elastic Compute Cloud,EC2)服务,是实际上的云计算的开创者。

2006年8月9日,在搜索引擎大会上,谷歌当时的CEO埃里克·施密特(Eric Schmidt)首次正式提出云计算(Cloud Computing)的概念。

2007年以来,云计算成为计算机领域令人关注的话题之一,云计算这一新的服务模式,引发了一场互联网技术和IT服务的变革。

2007年至2009年,Salesforce发布Force.com,Google推出Google App Engine,Microsoft发布Azure,阿里巴巴建立电子商务云计算中心,中国移动启动"大云"计划。

尽管各地建立了云计算中心,但是云计算真正在中国落地是2010年10月18日工业和信息化部与国家发展和改革委员会联合印发《关于做好云计算服务创新发展试点示范工作的通知》,确定在北京、上海、深圳、杭州、无锡五个城市先行开展云计算服务创新发展试点示范工作,因此,有人认为2010年是"中国云计算元年"。

随着万物互联时代到来,计算需求出现爆发式增长。IDC预估,2020全年有500亿个设备连接到网络,传统云计算架构无法满足这种爆发式的海量数据计算需求,将云计算的能力下沉到边缘侧、设备侧成为重要发展趋势,这为边缘计算、雾计算、端计算的发展带来了空间。

早在2003年,云服务的提供商Akamai就与IBM合作边缘计算。边缘计算指在靠近物或数据源头的网络边缘侧,融合网络、计算、存储、应用核心能力的开放平台,就近提供边缘智能服务,满足行业数字化在敏捷连接、实时业务、数据优化、应用智能、安全与隐私保护等方面的关键需求。随着云计算能力从中心下沉到边缘,边缘计算将推动形成"云、边、端"一体化的协同计算体系。

雾计算的概念是2011年提出的,它介于云计算和个人计算之间,是半虚拟化的服务计算架构模型。将数据从云端导入和导出很复杂,当数据越来越多,带宽就不够用了,这就为雾计算的产生提供了空间。雾计算是由性能较弱、更为分散的各种功能计算机组成,应用于电器、汽车、街灯等人们生活中的各种物品。

一般而言,雾计算和边缘计算的区别在于,雾计算更具有层次性和平坦的架构,而边缘计算依赖于不构成网络的单独节点。雾计算在节点之间具有广泛的对等互连能力,边缘计算在孤岛中运行其节点,需要通过云实现对等流量传输。

(三)云计算部署模式

云计算有两种基本的部署模式,即公有云和私有云,也可以将公有云和私有云结合使用,称为混合云,选择哪种部署模式取决于企业的业务需求和技术要求。

(1)公有云(Public Clouds):通常指由第三方云服务提供商(如亚马孙的EC2、微软的Azure、谷歌云、阿里云、华为云和腾讯云等)向用户提供云服务,用户可通过互联网按需付费(有可能免费或者价格低廉)使用其云计算、存储、网络、软件等资源。公有云可快速部署,不需要自己构建软硬件基础,几乎不需要先期成本,只按需付费即可。另外,公有云还可将上游的服务(如增值业务、广告)整合给下游的用户,从而打造新的价值链和生态系统。但是,公共云服务器驻留在多个国家,通常无法遵循许多安全法规。

(2)私有云(Private Clouds):企业为自己业务而单独构建的云服务,自行购买、安装、开发、部署软硬件资源,需要较高的先期成本和持续的管理费用。私有云可部署在企业数据中心的防火墙内,也可以将它们部署在一个安全的主机托管场所,因此,私有云的安全性和服务质量可以得到有效保障,但是投资较高。

(3)混合云(Hybrid Cloud):结合公有云和私有云两种模式,既保证了企业灵活运行云服务,又最大限度地节省成本,同时满足可扩展性和控制要求,极具成本效应理念,但是其设置和整合更加复杂。

此外,还可以将多个云提供商服务结合形成"多云",以提供灾备服务。多云战略依靠软件来管理和编排不同提供商的资源,可以为企业提供极其灵活、成本优化的云环境。

(四)云计算服务类型

(1)IaaS(Infrastructure-as-a-Service,基础设施即服务):IaaS 向用户提供虚拟化硬件资源,如服务器、网络和存储等硬件基础设施的访问权限,用户虽然不需要维护硬件,但是仍然必须对操作系统、数据库和应用程序进行管理。IaaS 具有极大的灵活性,并且可以根据需要轻松扩展或缩小。

(2)PaaS(Platform-as-a-Service,平台即服务):PaaS 除了提供与 IaaS 相同的硬件资源外,还提供操作系统和数据库,将软件研发平台作为一种服务。PaaS 一般面向开发用户,为开发、测试和管理软件应用程序提供按需开发环境,可以不用构建和维护基础设施(硬件和软件平台),也不用操心资源购置、容量规划、软件维护、补丁安装等繁重工作,将更多精力放在应用程序开发、运行和管理上,简化工作流程。

(3)SaaS(Software-as-a-Service,软件即服务):利用 SaaS 时,除了数据是自己的,用户无须管理其他任何软硬件资源,包括硬件、操作系统、数据库管理系统和应用软件等。用户无须购买软件,而是向 SaaS 服务提供商购买许可证,即可通过互联网使用基于 Web 的软件,来管理企业经营活动,如 CRM、SAP 和电子邮件等服务。

(五)云计算特点

(1)虚拟性:云计算基于虚拟化技术,虚拟化突破了时间、空间的界限,借助云可以在几分钟内进行全局部署,将业务扩展到新的地理区域,虚拟化是云计算最为显著的特点。

(2)按需部署,可动态扩展:云计算平台能够根据用户的需求快速配备软硬件资源,并且可以根据业务需求的变化立即扩展或缩减这些资源,因此无须为日后业务高峰期过度预置资源,可以根据实际需求预置资源量。

(3)高可靠性与安全性:通过虚拟化技术将分布在不同物理服务器上面的应用进行恢复或利用动态扩展功能部署新的服务器来计算,因此,单点服务器故障也不影响系统运行。在云上的数据可以跨地区存储,以减小负荷并提升稳定性,便于数据备份及恢复。

(4)高性价比：将资源放在虚拟资源池中统一管理，在一定程度上优化了物理资源，用户将固定资本支出（如数据中心和本地服务器）转变为可变支出，只需按实际用量付费，可变支出比自行部署数据中心的支出少。

(5)便捷性：根据需要快速启动资源，可以在几分钟内迅速完成全球部署，从存储、计算和数据库等服务和基础设施到物联网、机器学习、数据分析挖掘和可视化等。

（六）关键云计算技术

(1)虚拟化技术。

虚拟化是云计算极其重要的核心技术之一，是云计算底层架构的重要基石。虚拟化是一种通过软件仿真计算机硬件，以虚拟资源为用户提供服务的计算形式。在服务器虚拟化中，虚拟化软件需要实现对硬件的抽象，资源的分配、调度和管理，虚拟机与宿主操作系统及多个虚拟机间的隔离等功能。虚拟化技术突破了时间、空间的界限，增强系统的弹性和灵活性，降低成本、改进服务、提高资源利用效率。

云计算系统所处理的资源非常庞大，还能跨越多个地域，将这些物理资源整合形成资源池，并通过资源管理层（管理中间件）实现对资源池中虚拟资源的调度是非常复杂的任务，负责虚拟资源的管理与调度是保证云计算系统正常运行的关键技术，各云计算巨头都在积极研发自己的解决方案。

(2)数据存储与管理技术。

为了使云计算能够快速、高效地存储和管理海量数据，云计算的数据存储技术必须具有分布式、高吞吐率、高可靠和高传输率的特点，并且还要能够对海量数据进行高效的管理，如特定的检索和分析等。

目前，云计算领域的数据存储技术主要有两种：Google开发的GFS和Apache开源项目Hadoop的分布式文件系统组件HDFS。云计算的数据管理技术是Google的BigTable和Hadoop下的开源数据管理模块HBase。目前Google和Hadoop的大数据技术已经成为事实标准。

(3)分布式编程与计算。

云计算是一个多用户、多任务、支持并发处理的系统，提供简单、高效、快速的分布式并行编程模型，后台复杂的任务处理和资源调度对用户来说是透明的，大大提升用户体验，当前MapReduce和Spark是云计算主流并行编程模式。

(4)云安全。

云计算模式在给用户带来方便、快捷、廉价的服务体验时，也存在一些安全问题，如隐私保护、数据安全、网络安全、服务器安全、软件安全、系统安全等。要想保证云计算长期、稳定、健康、快速发展，首先要解决这些安全问题，这需要更强的技术，甚至通过法律手段去解决。

(5)云计算的业务接口。

为了方便用户业务由传统IT系统向云计算环境的迁移，云计算应向用户提供统一的业务接口，方便用户业务向云端和云之间迁移。但由于企业对云计算服务的需求和预算不尽相同，云计算的业务接口也要考虑不同企业的定制化需求。当前，面向服务的架构（Service-Oriented Architecture，SOA）和以Web Service为特征的业务模式是云计算时代业务发展的主要路线。

（6）绿色节能。

节能环保是当前全球关注的主题，云计算在提高资源利用效率的同时，节省了大量能源。CDP(Carbon Disclosure Project，碳披露项目)发布的研究报告指出，迁移至云的公司每年可以减少碳排放8570万吨（相当于2亿桶石油的碳排放量）。如何将未来越来越多的节能技术引入云计算，让云更绿色，是云计算发展的关键。

（七）云计算应用

当前，云计算不仅为整个IT行业构建起一种全新的计算和存储的服务方式，而且正在从IT行业向传统行业覆盖，在工业互联网的推动下，目前大量的传统企业也开始纷纷"上云"，未来云计算对于传统企业的网络化、智能化改造会起到比较重要的作用。

从技术角度来看，新一代信息技术相互促进。一方面，云计算为促进物联网、大数据和人工智能等技术的落地应用提供必要的基础设施；另一方面，新兴技术，如5G、大数据、物联网和人工智能等还会进一步拓展云计算的服务边界。云计算是一个大的服务体系，可以为多种技术提供落地应用的场景，比如大数据技术和人工智能技术等，所以从这个角度来看，未来有大数据和人工智能的地方就会有云计算。

从产业结构升级的大背景来看，云计算逐渐渗透到各个传统产业，为传统产业的发展赋能，如存储云、教育云、政务云、金融云、医疗云、社交云、游戏云、交通云、地产云和旅游云等。

据统计，全球云计算市场保持稳定增长态势。2019年，以IaaS、PaaS和SaaS为代表的全球云计算市场规模达到1883亿美元，增速为20.86%。Gartner预测，未来几年云计算市场平均增长率在18%左右，IaaS、PaaS、SaaS市场规模将分别达到971亿、749亿、1877亿美元。

二、旅游云与"云旅游"

随着云计算技术普及、智慧经济兴起和智慧旅游的发展，云计算的应用也成为智慧旅游的热门话题。智慧旅游，即借助新一代信息技术，通过"智慧"的旅游管理平台，实现旅游的集约化、智能化、统一化管理，充分利用并盘活各地旅游资源。云计算就是这个智慧平台的物质基础，提供存储、计算、网络等软硬件资源。

云计算在智慧旅游中的应用越来越普遍，改变了传统旅游行业信息处理的方式，加大了信息处理任务量，加快了数据的分析速度，加深了智慧化程度，减少了旅游过程中的各种成本，使旅游管理更加智慧化、旅游营销更加精准化、旅游服务更加个性化，从而不断创造利润。

（一）腾讯云——在线旅游解决方案[①]

腾讯凭借IT基础设施和研发能力，基于腾讯海量业务积累的丰富经验，为旅游行

---

① 相关资料来源于腾讯云，https://cloud.tencent.com/solution/trip?from=14588。

业客户量身定制专属产品与服务。腾讯云——在线旅游解决方案(见图5-3)融合腾讯系数据及独有的关系链社交信息,能够更好地激发潜在消费、精准锁定目标受众、引导持续消费,并且解决营销推广等业务问题。它能够按需部署大数据处理服务,以实现数据处理需求,如数据提取、分析等;提供一站式图片服务,以降低UGC数据分析门槛;提供多种沟通工具与服务,以有效降低成本的同时大大提升服务质量。

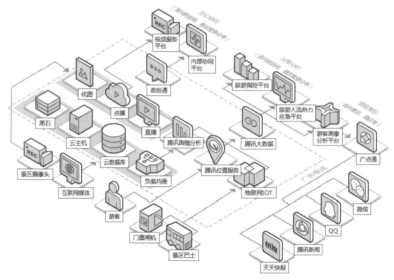

图5-3　腾讯云——在线旅游解决方案

(二)某旅游云平台

某旅游云平台(见图5-4)以旅游公共服务为载体,面向市民、游客,更多将功能定位在"旅游云+服务"。该平台担负旅游公共信息的采集与发布、旅游产业监管信息的采集、景区人流和车流承载量统计与预警、旅游形象在全国及海外推广、旅游业态服务新模式推广(自助游、半自助游智能化服务),通过移动互联、物联网、大数据、云计算等新技术的融合与创新,建设旅游经济纽带,打造旅游经济数据中心,带动旅游产业外延,组成智慧城市DNA。

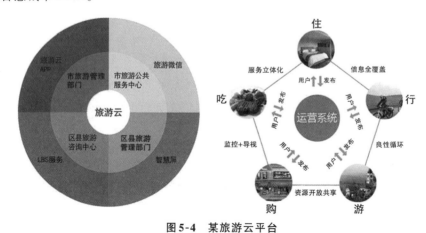

图5-4　某旅游云平台

(图片来自互联网)

此平台通过点、线、面串联周边吃、住、行、游、购等,为游客提供方便、快捷、安全的一站式自助游、半自助游服务,形成智慧旅游完整闭环,为景区、商圈做数据引流;通过用户消费习惯、消费特征、内容及渠道运营,获取商家佣金、折扣、票务、类金融、产品分销等盈利点。

(三)海鳗云——旅游目的地大数据监测分析平台[①]

基于对外部高价值数据强大的采集、处置与分析能力,结合景区综合管控及政府行业监管的典型场景,海鳗云创造性推出成熟的一体化旅游目的地大数据监测分析平台(见图5-5),全面支持管理、营销和决策。

图5-5 旅游目的地大数据监测分析平台

整合旅游外部数据,打造旅游"数据—价值"闭环,主要功能如下。

(1)行业监管:客流监测、消费监测、重大舆情监测、强制消费监测、低价游监测、诚信服务监管、目的地品牌监测。

(2)产品开发:潜在客流分析、旅游资源分析、目的地品牌评估、热点旅游产品分析、竞争监测。

(3)投资决策:目的地品牌评估、区域业态分析、目标客源分析、区域消费分析、竞品分析。

(4)精准营销:品牌评估、选取投放客群、选取投放渠道、精准投放、营销审计、营销效果评估。

(5)管理提升:旅游舆情监测、游客满意度分析、游客行为分析、游客消费分析。

[①]相关资料来源于海鳗云,https://www.haimanyun.com/destination。

（四）云旅游

之前受疫情影响，线下旅游业受到严重冲击，于是催化了业界"云旅游"新思路。"云旅游"是基于互联网、云计算等技术，形成的一种"线上＋线下"融合。它是将旅游全过程所涉及的资源、服务进行整合，利用互动运营平台等智慧旅游工具，为互联网用户提供随时随地旅游全资讯的一种旅游数字化发展方式。云旅游，把景区搬到线上，大有可为。

面对疫情，众多文旅项目开始尝试把旅游景点、文化地标及旅游文化产品等搬到线上，开启"云旅游"。南京城墙中华门景区的讲解员，一边穿梭于古老的瓮城，一边通过直播平台，与大家分享城墙背后的历史，吸引了30多万人在线观看。携程发起的"景区云旅游"活动，免费开放超过3000家景区的语音导览，游客能够足不出户，畅游全球48个国家的精选景区。除传统的解说外，还有央视主播、演艺名人、历史主播等的解说，并提供多语言讲解。

2020年，紫禁城建成600周年之际，故宫博物院提供全景故宫虚拟参观之旅，让游客能够在紫禁城内漫游。秦始皇帝陵博物院的虚拟展览平台上，可以放大每一个兵马俑的面孔。人们还可以在网上浏览敦煌的壁画和雕刻、内蒙古博物馆里巨大的恐龙化石，以及重庆中国三峡博物馆、重庆自然博物馆等。

中国社会科学院旅游研究中心秘书长金准认为：旅游业经过多年市场化洗礼，较早转型适应线上运营沟通的新模式。可以预见，疫情之后，智慧文旅将更受行业重视，人们对智慧防灾、大数据预测、虚拟现实体验等研究也将进一步深入。虚拟和现实也将更进一步融合，这可能会改变未来旅游的基本方式。

第三节　人工智能

如同蒸汽时代的蒸汽机、电气时代的发电机、信息时代的计算机和互联网，人工智能正成为推动人类进入智能时代的决定性力量。人工智能涉及广泛的知识领域和应用领域，可以说，人工智能的科研创新和人才培养，决定着一国在国际竞争中的地位。本节将介绍人工智能概念、发展和应用等，尤其是它在智慧旅游中的应用。

一、人工智能概述

人工智能一直是网络热门话题，也是一些科幻电影的题材。经过60多年的演进，特别是在互联网、物联网、大数据、云计算、脑科学等新理论、新技术，以及经济社会发展强烈需求的共同驱动下，人工智能加速发展，呈现出深度学习、跨界融合、人机协同、群智开放、自主操控等新特征，进入全新发展阶段。

（一）人工智能概念

人工智能（Artificial Intelligence，AI）的定义可以分为两部分，即"人工"和"智能"。

"人工"比较好理解,但关于什么是"智能",说法就多了,涉及意识、思维等问题。我们对人自身智能的理解都非常有限,对构成人的智能的必要元素也了解有限,所以就很难定义什么是"人工"制造的"智能"了。

尼尔逊教授认为:"人工智能是关于知识的学科,即怎样表示知识、怎样获得知识并使用知识的科学。"温斯顿教授认为:"人工智能就是研究如何使计算机去做过去只有人才能做的智能工作。"这些说法反映了人工智能学科的基本思想和基本内容。

人工智能是计算机科学的一个分支,是研究人类智能活动的规律,企图了解智能的本质,构造具有一定智能的人工系统,研究如何让计算机去完成以往需要人的智力才能胜任的工作,即研究、开发用于模拟、延伸和扩展人类智能的理论、方法、技术及应用系统的一门科学。

研究目的是促使智能机器会听(语音识别、机器翻译等),会看(图像识别、文字识别等),会说(语音合成、人机对话等),会思考(人机对弈、定理证明等),会学习(机器学习、知识获得等),会行动(机器人、自动驾驶技术等),会创作(AI作画、谱曲、写作等)。自人工智能诞生以来,其理论和技术日益成熟,应用领域也不断扩大,如人脸识别入住酒店、智能语音聊天机器人、智能翻译软件、智能推荐系统等。

(二)人工智能发展

1956年,麦卡锡、明斯基等科学家在美国达特茅斯学院开会研讨"如何用机器模拟人的智能",首次提出"人工智能"(Artificial Intelligence)这一概念,标志着人工智能学科的诞生。至今,人工智能已经历60多年的起起伏伏的发展历程,如何描述人工智能的发展历史,学术界仁者见仁、智者见智,谭铁牛在《人工智能的历史、现状和未来》一文中,将人工智能的发展历程划分为以下六个阶段。

(1)起步发展期(初春):1956年至20世纪60年代初期。人工智能概念提出后,相继取得了一批令人瞩目的研究成果,如机器定理证明、跳棋程序等,掀起人工智能发展的第一个高潮。

(2)反思发展期(初冬):20世纪60年代初期至70年代初期。人工智能发展初期的突破性进展大大提高了人们对人工智能的期望,人们开始尝试更具挑战性的任务,并提出了一些不切实际的研发目标。然而,接二连三的失败和预期目标的落空(如无法用机器证明两个连续函数之和还是连续函数、机器翻译闹出笑话等),使人工智能的发展走向低谷。

(3)应用发展期(初秋):20世纪70年代初期至80年代中期。20世纪70年代出现的专家系统模拟人类专家的知识和经验解决特定领域的问题,实现了人工智能从理论研究走向实际应用、从一般推理策略探讨转向运用专门知识的重大突破。专家系统在医疗、化学、地质等领域取得成功,推动人工智能走向应用发展的新高潮。

(4)低迷发展期(寒冬):20世纪80年代中期至90年代中期。随着人工智能的应用规模不断扩大,专家系统存在的应用领域狭窄、缺乏常识性知识、知识获取困难、推理方法单一、缺乏分布式功能、难以与现有数据库兼容等问题逐渐暴露出来。

(5)稳步发展期(复苏):20世纪90年代中期至2010年。网络技术特别是互联网技术的发展,加速了人工智能的创新研究,促使人工智能技术进一步走向实用化。1997年,国际商业机器公司(IBM)的深蓝超级计算机战胜了国际象棋世界冠军卡斯帕罗夫。2008年,IBM提出"智慧地球"的概念。这些都是这一时期的标志性事件。

(6)蓬勃发展期(爆发):2010年以后。随着大数据、云计算、互联网、物联网等信息技术的发展,为人工智能提供了计算资源和数据资源,泛在感知数据和图形处理器等计算平台推动以深度神经网络为代表的人工智能技术飞速发展,大幅跨越了科学与应用之间的"技术鸿沟",诸如图像分类、语音识别、知识问答、人机对弈、无人驾驶等人工智能技术实现了从"不能用、不好用"到"可以用"的技术突破,迎来爆发式增长的新高潮。

经过60多年的发展(见图5-6),人工智能在算法、算力(计算能力)和算料(数据)等方面取得了重要突破,正处于从"不能用"到"可以用"的技术拐点,但距离"很好用"还有诸多瓶颈。

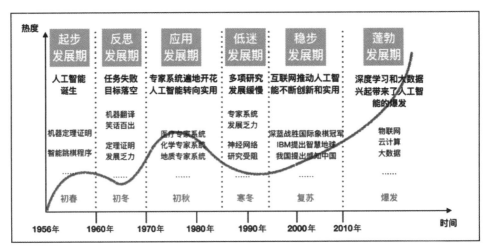

图 5-6 人工智能发展①

(三)人工智能产业链

《人工智能标准化白皮书(2021版)》指出:人工智能产业链包括基础层、技术层和应用层。基础层提供了数据及算力资源,包括芯片、开发编译环境、数据资源、云计算、大数据支撑平台等关键环节,是支撑产业发展的基座。技术层包括各类算法与深度学习技术,并通过深度学习框架和开放平台实现对技术和算法的封装,以快速实现商业化,推动人工智能产业快速发展。应用层是人工智能技术与各行业的深度融合,细分领域众多、领域交叉性强,呈现出相互促进、繁荣发展的态势。

我国人工智能产业仍面临着不少困难和挑战。

(1)基础层:硬件方面,一是利用率低,二是兼容性差;软件方面,一是工具融合度有待提升,二是设备间协同困难;数据方面,一是数据的采集和使用有待规范,二是数据存在安全风险。

---

①图片来源:http://cd.itcast.cn/news/20210507/17070640586.shtml。

(2) 技术层：一是人工智能算法遇到技术瓶颈；二是深度学习框架依赖生态建设；三是人工智能测试体系不够全面。

(3) 应用层：一是行业发展不均衡特征突出；二是系统开发与维护费时且低效；三是人工智能的伦理挑战。

针对这些问题，白皮书指出：在基础层，进入大数据时代后，要推动海量高价值数据不断提高人工智能预测的准确性，积极促进人工智能技术在多场景的深度应用。在技术层，要通过开源方式推广深度学习框架，布局开源人工智能生态，抢占产业制高点。在应用层，要加快实现人工智能与实体经济融合，为零售、交通、医疗、制造业、金融等产业带来提效降费、转型升级的实际效能。

（四）人工智能标准体系结构

《人工智能标准化白皮书（2021版）》给出人工智能标准体系结构，包括基础共性、支撑技术与产品、基础软硬件平台、关键通用技术、关键领域技术、产品与服务、行业应用、安全/伦理八个部分，如图5-7所示。

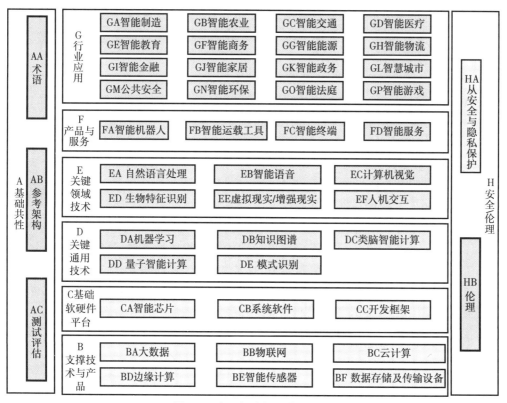

图5-7　人工智能标准体系结构

(1) 基础共性标准。人工智能是一个复杂的系统工程，涉及多方面的基础性问题，规范其所涉及的这些基础性问题，是人工智能科学全面应用的前提。该部分重点开展人工智能术语、参考架构、通用性测试评估等标准研制工作，对标准体系结构中其他部分起基础支撑作用。

(2) 支撑技术与产品标准。人工智能基于物联网产生并存储于云平台的海量数据资源,通过大数据分析技术,利用计算存储资源池和智能算法为各行业应用提供智能化服务。该部分重点围绕支撑人工智能发展,与人工智能强相关的智能运算资源应用服务领域的标准化工作。

(3) 基础软硬件平台标准。作为人工智能落地至关重要的基础软硬件设施,智能芯片、系统软件、开发框架提供了人工智能应用开发所需要的工具集合,实现软硬一体思路下算法、芯片、软件、系统的协同优化。该部分重点围绕人工智能芯片、硬件基础设施、开发框架的算力及功能等需求,开展标准研制工作。

(4) 关键通用技术标准。将机器学习、知识图谱、类脑智能计算、量子智能计算、模式识别作为人工智能的关键性通用技术,是人工智能在关键领域应用技术的基础。以机器学习为例,它在智能语音识别、自然语言处理、目标检测、视频分类等领域取得了一定成果。该部分主要针对关键通用技术的特点,围绕模型、系统、性能评价等开展标准研制工作。

(5) 关键领域技术标准。自然语言处理、智能语音、计算机视觉、生物特征识别、虚拟现实/增强现实、人机交互等关键领域技术是目前人工智能应用于实体经济的重要驱动力。该部分主要开展语言信息提取、文本处理、语义处理、语音识别与处理、图像识别合成、图像识别与处理、人体生理特征或行为特征识别、虚拟现实/增强现实、智能感知、多模态交互等标准研制工作。

(6) 产品与服务标准。针对人工智能技术形成的智能化产品及服务模式,智能机器人、智能运载工具、智能终端、智能服务将人工智能领域技术成果集成化、产品化、服务化。此部分重点为提高人工智能产品和服务质量水平,主要开展服务机器人、工业机器人、行驶环境融合感知、移动智能终端、智能服务等相关标准研制工作。

(7) 行业应用标准。位于人工智能标准体系结构的最顶层,标准体系中所指的行业应用是依据国务院印发的《新一代人工智能发展规划》,结合当前人工智能应用发展态势而确定的人工智能标准化重点行业应用领域。该部分主要面向行业中与人工智能强相关的具体需求,开展标准化工作,支撑人工智能在行业应用的发展。

(8) 安全/伦理标准。位于人工智能标准体系结构的最右侧,贯穿于其他部分,包括人工智能领域基础、数据、算法和模型、技术和系统、管理和服务、安全测试评估、产品和应用等信息安全相关标准,以及涉及传统道德和法律秩序的伦理标准。支撑建立人工智能合规体系,保障人工智能产业健康有序发展。

(五) 人工智能应用

人工智能将与互联网一样,融入各行各业中,作为新一轮产业变革的核心驱动力,创造新的强大引擎,重构生产、分配、交换、消费等经济活动各环节,它的发展潜力正是在于将来各行各业深度应用的前景,全球科技巨头对这一趋势的判断高度一致。在大数据和云计算等技术支撑下,人工智能应用市场迎来爆发式增长。人工智能正在改变我们的生活,改变很多行业,如金融、医药、交通、教育、零售等。

日常生活中经常用到的人工智能,如智能音箱的聊天机器人、智能客服、各种语音翻译软件、通过照片识别花草动物等,都运用了自然语言处理技术、语音识别技术、图形图像分析技术等。

智能交通的无人驾驶技术,需要计算机视觉、自动控制技术等。近年来,伴随着人工智能浪潮的兴起,无人驾驶成为人们热议的话题,国内外许多公司都纷纷投入自动驾驶和无人驾驶的研究。例如,Google的无人驾驶汽车Google Driverless Car、百度的无人驾驶汽车Apollo等。

我国虽然在人工智能部分技术与应用方面已经取得不少进展,但整体发展水平与发达国家相比仍存在差距,应该进一步挖掘人工智能应用场景。国务院印发的《新一代人工智能发展规划》中就将"市场主导"作为基本原则,人工智能发展要坚持应用导向,用市场需求不断牵引,刺激技术进步。

人工智能是新一轮科技革命和产业变革的重要驱动力量。麦肯锡公司的数据表明,人工智能每年能创造3.5万亿至5.8万亿美元的商业价值,使传统行业商业价值提升60%以上。我国人工智能市场规模巨大,企业投资热情高。埃森哲公司的数据显示,将近半数的中国人工智能企业,近三年的研发投入超过0.5亿美元。

二、旅游智能

在旅游领域,人工智能正在撬动旅游产业"智变",将极大地改进景区、酒店、旅行社、OTA及相关产业的管理、服务和营销。

随着"互联网原住民"("90后"和"00后")逐渐成为旅游市场消费的主力军,自由行成为大众出游的主要方式,游客在旅途中的碎片化需求不断增加,他们不再满足于单纯的观光游,而更加重视旅途的便利性、个性化、品质化、体验性和获得感,这驱动了大数据、人工智能等技术与景区、酒店等旅游企业的深度融合,形成了定制游、微导游服务、智慧导览、人脸识别、无人酒店、AI客服等新产品和新业态,提升了游客的体验,降低了企业人工成本,提升了企业创新力和效益。

为了保持行业竞争力,旅游企业正在布局人工智能领域。如马蜂窝成立AI事业部,负责旅行相关前沿科技的实验与产品研发。携程上线了第一款AI产品"小诗机",上传风景照就能作诗,后期还将开发出更多应用在酒店等消费环节的人工智能产品,从而在技术上提升携程在OTA领域的竞争力。同程旅行成立同程众创的旅游创业孵化平台,把大数据、人工智能、物联网等领域作为重点关注的方向,期望通过孵化器为企业带来新的技术和模式,增强企业活力。

除了采集大数据,形成用户画像实现更精准的推荐,在机器人、生物识别技术等方面,人工智能将为旅行中的各个场景带来全新的体验。下面给出AI在旅游业的一些应用场景。

(一)游客画像

随着人们生活质量提高,旅游经验日益丰富,团队旅游产品很难满足需要,高品质个性化定制旅游顺应而生。要想做到"千人千面"的数字营销和服务,就要细致地了解游客市场和游客特征,在以前这是无法完成的任务,但是在互联网时代,游客既是信息的消费者,也是信息的生产者,每天有大量的UGC(User Generated Content,用户生成内容)产生,旅游企业可以运用基于AI的大数据分析技术对UGC进行挖掘,细致分析游客的行为特征、性格特点、消费偏好等，形成新产品、新业态、新商业模式，从而实现精准化营销和个性化服务。

（二）旅行机器人

在过去，人们在旅行前也许会亲自到旅行社咨询，而现在，我们可以通过互联网做攻略，然而，还是要花上很多时间进行比较、计算、规划，这时就会感慨，智慧旅游并不那么智慧。人工智能将打破这种局面，基于大数据分析，结合用户出行目的、偏好及其他相关参数，如用户的工资收入、时间约束、交通、季节、天气等，通过深度学习算法，为我们定制更合理的旅游行程。

旅游攻略社区马蜂窝研发全球首款超智能旅行机器人"蚂蜂1号"，希望利用多年积累的旅游大数据，剖析用户特征与兴趣偏好，研发旅行机器人。

（三）智能语音

企业和客户之间充分沟通是非常重要的，旅游产品的特殊性导致购买前的咨询比其他消费品更加受到重视，为了实现更高效的用户沟通，人工智能也被应用其中。数据显示，部署了聊天机器人的旅游品牌能有效提高预订量、销售业绩和消费者服务满意度。

携程呼叫中心的客服机器人处理业务已占机票预订客服总量近40%，系统采用深度神经网络自动编码技术，极大地提高了用户选择时的效率和推荐的准确率。

法国豪华酒店品牌 Edwardian Hotels 感觉现在自身的服务与消费者的需求还有很大的距离，于是让聊天机器人来填补这个缺口，因为该酒店认为聊天机器人在提高消费者满意度和相关指标方面会做得更好。

（四）智能翻译

在出境游中，语言交流障碍是影响出游体验的一大因素，为此，百度、谷歌、有道翻译、科大讯飞等公司研发了"人工智能翻译""图片翻译""语音识别""AR实时翻译"等产品，翻译软件走向智能化，让出境自由行变得简单。游客在游览过程中可以通过拍照进行图像识别来获得智能导览信息，从而让自由行变得更加生动。

（五）生物识别

基于生物识别技术的人工智能出行的应用已经比较成熟，如基于指纹和人脸识别技术的高铁乘车、航班登机、景区入园、酒店入住等。

南航在河南启用了人脸识别智能化登记系统，该系统的技术合作方百度表示，这项技术的准确率达到了99.7%，比人眼识别93%的准确率还要高。达美航空也和美国生物识别安全公司合作，旗下会员可直接使用指纹在华盛顿国家机场登机。捷蓝航空、阿联酋航空、英国航空、荷兰皇家航空等多家航空公司，也相继测试生物识别技术在登记流程上的应用。从长远来看，生物识别技术将为旅客带来更畅顺的出行体验。

随着新一代信息技术的快速发展，人工智能和旅游相关企业的融合将更加深入，如当下出现的无人酒店、无人餐厅、无人超市、无人驾驶，以及运用VR和AR技术的景区，等等。

第三篇
综合应用案例篇

  智慧化的应用总的来说是由浅及深、由宏观场景到微观应用、从粗放设计到细致安排。从最早的美国麻省理工学院教授尼古拉斯·尼葛洛庞帝数字化世界的预测想象,到IBM的"智慧地球""智慧城市"解决方案和商业计划的提出,再到如今智慧旅游及众多微观场景的智慧化应用,都是如此。旅游涵盖"吃、住、行、游、购、娱"六大要素,因此旅游产业具有乘数效应。旅游与其他产业的结合,使智慧化应用更为具体,反之又使得智慧旅游更为体系化。微观场景的智慧化应用多为智慧景区、智慧酒店、智慧餐厅、智慧停车场、智慧厕所、智慧商场、智慧农业等。

  本书没有面面俱到地介绍智慧旅游中的所有应用场景,而是选取了四个具有代表性的应用:景区是重要的旅游吸引物;酒店是重要的旅游基础设施;在自驾游盛行的今天,停车场无论是对景区、酒店、商场和交通等都至关重要;"小厕所,大民生",智慧厕所最能体现一个地区和民族的文明程度。

  每个行业、每个具体案例都有其特殊性,因此在介绍每一类智慧旅游应用场景时,我们侧重从宏观层面的技术应用角度展开智慧化建设的内容、架构,并选择介绍部分重要的子模块给出参考设计方案。学生可以依据自己熟悉的案例,进行深入研究。希望我们的介绍能起到抛砖引玉的作用,启发学生进行应用创新。

第六章 智慧景区

近年来,随着国民生活质量的提高、国家对旅游业地位的重视,国内旅游市场强劲增长。同时,新一代信息技术的高速发展加快了我国智慧旅游的发展进程。景区是旅游业的核心吸引物,是旅游业赖以存在的载体,是旅游消费的关键环节,因此,景区智慧化是旅游产业升级与改造的主战场。那么什么是智慧景区?发展过程如何?智慧景区的优势是什么?智慧景区的建设内容、架构是什么?本章通过梳理相关资料给出参考答案,并针对智慧景区系统中重要的票务和导览两个子系统给出设计方案。

学习目标

知识目标:了解智慧景区概念、发展历程,理解智慧景区的优势;熟悉智慧景区的建设内容,掌握智慧景区体系架构;了解智慧景区典型应用案例。

能力目标:通过梳理标准等相关资料整理建设内容,培养学生归纳总结的能力;通过理解系统设计架构,培养学生的系统性思维;通过应用案例,培养学生理论联系实际的能力。

素养目标:通过智慧景区应用案例,培养学生对旅游业和智慧旅游的职业认同感,树立智慧旅游的职业理想;通过智慧景区的发展和存在问题,提升学生的社会责任感和使命感,立足行业领域,贡献自己的智慧和力量。

知识导图

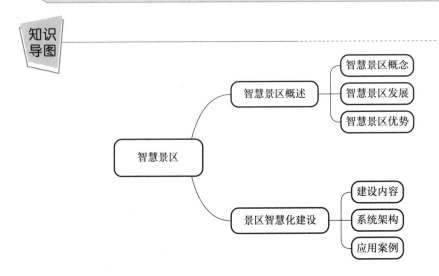

第一节 智慧景区概述

"智慧景区"(Smart Scenic Spot)是在"数字地球"向"智慧地球"转型这一重大背景下,在"智慧城市"和"智慧旅游"基础上,结合景区规划、保护、管理、发展、营销和服务的客观需求而提出的新概念和研究领域。"智慧景区"有利于旅游相关的上下游企业形成一体化产业链,从而有效保护旅游资源、提高服务质量、提升管理能力,最终实现景区环境、社会和经济的全面、协调和可持续发展。在旅游市场竞争激烈的环境下,景区必须顺应时代发展,与新技术接轨,打造"智慧+景区",才能拥有市场,吸引游客,获得盈利。

一、智慧景区概念

目前,智慧景区并没有一个公认的、统一的概念,借鉴智慧地球、智慧城市的概念,一般认为智慧景区是通过互联网、移动互联网、物联网、GIS、大数据、云计算、人工智能和虚拟现实等新一代信息技术,对景区的资源环境、基础设施、游客行为、灾害风险、工作人员活动等方面进行全面、系统、及时和透彻的感知和智慧化管理,优化再造景区业务流程和智能化运营管理,实现综合、实时、交互、可持续的景区智慧化管理、精准化营销和个性化服务,从而促进景区环境、社会和经济的全面、协调和可持续发展。一般智慧景区具有如下特点。

(1) 定量化和智能化:系统以数据为基础,通过数据采集、量化、建模和分析等解决问题,并应用人工智能、大数据分析技术实现景区智慧化。

(2) 集成性和系统性:为方便景区管理,系统集成了景区管理的各个模块,如票务系统、导览系统、财务系统、安全预警系统、OA系统等,并根据系统的观点研究各子系统功能的关系和景区上下游产业链的关系。

(3) 及时性和动态性:系统及时感知内外部情况的变化,动态调整智慧化的信息输入,从而给出智慧化的最优信息输出,并通过CPS系统经由传感器控制物理世界的改变。

二、智慧景区发展

美国是较早提出"智慧旅游"概念的国家之一,欧盟在2001年也开始实施"创建用户友好的个性化移动旅游服务"项目。2005年,美国斯丁波滑雪场推出游客定位装置反馈系统;2006年,美国宾夕法尼亚州波科诺山脉度假区引入RFID手腕带系统进行智慧景区管理尝试。

我国学者在2010年开始了智慧景区研究并进入实践,如图6-1所示,利用CiteSpace分析2010—2018年我国智慧景区研究热点。2010年,研究者提出运用物联网技术(如RFID)建设智慧九寨沟;2011年,九寨沟作为全国首个具有自主知识产权的景区,其可量测实景影像服务平台通过专家们的评审验收;2011年,研究者提出利用云计算和视频等技术对颐和园和黄山等景区进行智慧化建设,并开始展开智慧景区的内涵与总体框架等理论研究;2012年,智慧景区研究融入智慧酒店、智慧城市等相关方向,并提出标准化等规范;2013年,无人机开始应用于智慧景区建设;2014年,研究者开始探讨智慧景区建设中遇到的相关问题和对策,地理信息系统开始应用于智慧景区建设;2015年,更多景区(如南京中山陵等)发布相关智慧景区建设进展;2016年,研究者开始探讨智慧景区环境下的游客满意度和智慧景区人才培养等研究内容,新型设备如智能手环开始应用于智慧景区建设,清明上河园景区展开智慧化工作;2017年,研究者开始总结智慧景区建设的相关模式和框架;2018年,更多新技术应用于智慧景区建设,如720°全景图像、新媒体技术等,时空大数据是智慧景区的重要数据,研究者开始关注景区内游客时空轨迹数据的获取,如室内定位技术、Wi-Fi定位技术等。

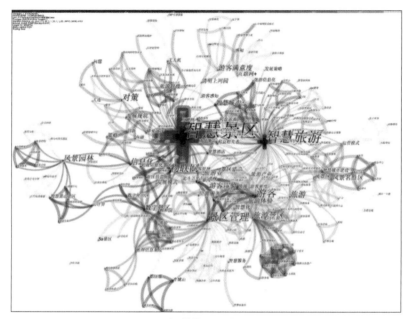

图6-1 智慧景区研究知识图谱

国内旅游管理部门从2009年起,便出台相关政策,以支持智慧旅游和智慧景区的发展。2009年,国务院印发《关于加快发展旅游业的意见》,提出把旅游业培育成国民经济的战略性支柱产业;2011年,全国旅游工作会议提出开展"智慧旅游城市"试点。

2012年,国家旅游局确定北京、武汉、成都等18个城市为首批国家智慧旅游试点城市;同年11月,国家旅游局在都江堰召开了全国智慧旅游景区建设现场会,并公布了峨眉山景区、颐和园景区、都江堰旅游景区等22家景区为全国智慧旅游景区试点单位。

2015年,国家旅游局印发的《关于促进智慧旅游发展的指导意见》明确提出,到2016年,建设一批智慧旅游景区、智慧旅游企业和智慧旅游城市,建成国家智慧旅游公共服务网络和平台。

2020年,文化和旅游部等十部门联合印发《关于深化"互联网+旅游"推动旅游业高质量发展的意见》，明确要求加快建设智慧旅游景区，推动旅游业高质量发展。

2021年，《中华人民共和国国民经济和社会发展第十四个五年规划和2035年远景目标纲要》中也提出，深入发展大众旅游、智慧旅游，创新旅游产品体系，改善旅游消费体验。

2021年，在全国"互联网＋旅游"发展论坛上，针对智慧景区，中智游总裁蒋骏提出"一中心、四平台"，即景区大数据中心、景区智慧经营平台、景区智慧服务平台、景区智慧管理平台、景区智慧营销平台。避免"重建设轻运营"和"重硬件轻软件"两大问题。

三、智慧景区优势

相比传统景区，智慧景区应用新一代信息技术，在服务、营销和管理等方面都具有优势，通过智慧手段，在提升游客的游览体验的同时，降低运营成本，提升效益。

（一）管理智慧化

由于景区囊括的业务部门较多，不同业务之间差距也较大，在管理时，往往有各部门信息不通、部门内管理混乱等问题。例如，景区财务往往以每日销售流水为准，而检票人员又以检票通过数为准，但由于漏检、错检等情况常常发生，两方的数据就很难完全对上。在面向游客管理时，有时候力不从心，因为游客不受控，不知道哪天突然就人多了起来，导致景区相关资源调度跟不上、配置不合理等。

所以，景区智慧管理刻不容缓。例如，通过互联网、物联网等采集多源异构数据，打通各个系统，避免信息孤岛，整合相关数据，进行统一的资源管理、调度，以及游客流量预测、分流等管理和财务系统结算等。若有了标准化的票务系统、数据分析系统、安全预警系统、视频监控系统、OA系统等，所有的数据都可以经过自动处理和结算，数据也可以进行多维度的分析和归类，这样在处理各种报表等数据时，情况便一目了然，从而大大提高了景区管理的效率。

（二）营销精准化

景区永远都离不开营销，只有持续的营销才会给景区带来生命力，但以往传统的营销已经无法给景区带来新的品牌效应。传统景区营销要么斥巨资打广告、发传单，要么联合旅行社做线路。智慧化营销系统则通过分析游客的行为轨迹和消费偏好等大数据，生成游客画像，通过大数据和门户网站、OTA、自媒体、融媒体等平台开展针对性的精准营销和推荐，让感兴趣的潜在游客能"刷"到自己的短视频，还可以与其他景区、其他消费业态联动，开展联合营销。

（三）服务个性化

"90后""00后"等新一代游客是"互联网原住民"，他们更追求个性化的服务质量。景区可以根据大数据反馈，来调整和完善自己的服务。智慧景区系统除了能够生成游客消费偏好数据，还可以动态反映园区的人流密度、游玩顺畅度等数据，景区可以依据数据特征，调整服务流程，完善服务细节，进一步提升景区友好度，使服务更加人性化，改善游客的游玩体验。例如，个性化的智能导览系统可依据游客个人偏好（如喜欢文化历史还是自然景观,喜欢商业氛围还是原生态等)、时间、花销预算、身体特征(老人、孩子、残疾等)、景区当前游客分布情况等多种因素规划游览路线。

（四）降低成本,提升效益

"智慧+"的理念在于用最小的成本获取最大的收益,其中成本包括资源消耗、员工开支、工作效率等,收益则从门票经济扩展至周边经济,延长产业链。例如,利用物联网设备自动检测和控制水电等资源,做到节能减排;用机器替代人工,从长期看,投入少、效率高;票务系统的在线销售渠道和闸机检票,从票务端减轻了景区压力;数据分析中心自动统计数据、生成财务报表,在数据上节省了大量人力开支,且数据更清晰准确。智慧景区通过数字化、网络化和智慧化等全方位感知信息、智能化分析数据,实现资源整合、优化分配,从而降低运营成本、提高管理效率、提升游客体验等,获取最大收益。

第二节　景区智慧化建设

建设智慧景区已经成为我国旅游业发展的一个重要趋势,智慧景区建设是一个复杂的系统工程,既需要利用新一代信息技术,又需要将新一代信息技术与科学的管理理论集成。智慧景区的建设是对旅游企业硬实力和软实力的全面提升,一般主要包括景区运营体系建设、景区管理体系建设、营销决策体系建设、游客服务体系建设和应急指挥体系建设等内容,并以物联网体系架构为基础,构建智慧景区系统。

一、建设内容

智慧景区建设能有效提升景区企业的核心竞争力,国家旅游管理部门对智慧景区的建设提出指导性意见,地方相关部门也依据地方旅游资源特色提出相应的地方标准和规范。例如:2019年,河北省市场监督管理局发布《智慧景区建设规范》(DB13/T 5036—2019);2020年,江西省市场监督管理局发布《智慧景区建设指南》(DB36/T 1234—2020);2021年,辽宁省市场监督管理局发布《智慧景区建设规范》(DB21/T 3506—2021);2021年,四川省市场监督管理局发布《智慧旅游景区建设规范》(DB51/T 2849—2021)。

从网络相关信息看,智慧景区建设大体包括基础设施建设(如网络、硬件、软件和数据资源等),以及管理系统、服务系统和营销系统等方面的建设。由于各个景区的智慧化建设基础、旅游资源、景区运营模式和发展路径有所差异,每个景区的智慧规划及建设路径也应"因地制宜",结合自身实际情况,进行统筹规划,分重点、分层次、分步骤有序实施。

各个智慧景区建设公司依据自身特色、景区类型和业主要求也给出不同的建设方案。图6-2是以某一子系统为核心构建智慧景区管理系统。其中,上图是以景区资源管理系统为核心的智慧景区管理系统,还包括景区办公自动化系统(OA)、景区财务管理系统、指挥调度控制中心,并且对接景区电子商务平台。景区资源具体包括景观资源、经营资源和物业设施维护资源等。下图则是以旅游指挥中心为核心的智慧景区管理系统,对接综合旅游平台(如智慧营销和智慧服务),指挥中心围绕报警监测、环境监测、人流量统计、应急指挥等建设基础设施。

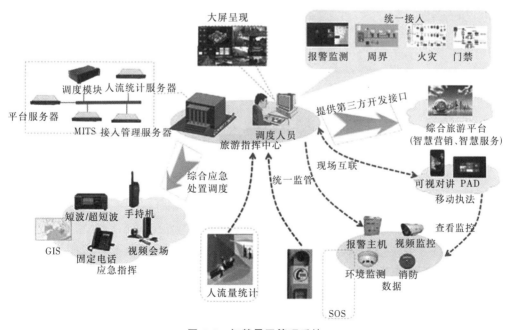

图 6-2 智慧景区管理系统

(图片来自互联网)

更多的智慧旅游公司则给出比较完整的功能模块,如图6-3所示。其中,上图的智慧景区管理系统的功能模块,包括系统管理、旅行社管理、用户管理、票库管理、商售管理、财务管理、会员管理和票务管理八大模块。下图给出的可对接景区全系列产品、满足各种规模和组网场景的智慧景区系统,包括客流量监控、景区地图导览,以及景区票务和支付管理等旅游景区内管理,也可以对接餐饮、酒店、购物、娱乐和停车场等景区外或者周边其他旅游相关业态。

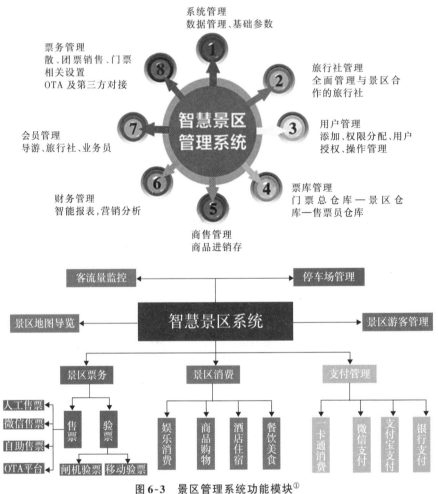

图6-3 景区管理系统功能模块①

图6-4以流程化的方式表现景区景点系统对内管理和对外服务的功能。对外主要是面向游客提供服务,要将旅游资源信息化,并提供智慧旅游服务系统,包括智慧票务系统、智慧销售系统等;对内主要是面向景区员工的管理,即设施管理智能化、考勤自动化、统计分析智能化、财务自动化等。

图6-5是依据智慧景区系统面向不同服务用户划分系统功能模块的示意图。系统面向四类用户,包括游客、景区、政府管理部门和商家。面向游客,通过智能导游、旅游

---

① 图片来源:https://www.sohu.com/a/349597785_120168852 和 http://chinadenovo.com.cn/。

线路规划、咨询发布、报警救助等功能，提升游客的游览体验；面向景区，提供游客流量统计、分析、挖掘、管理等功能，提升景区服务和管理能力；面向政府管理部门，提供景区综合安防监控、咨询发布、业务统计等功能，提升政府的管理能力；面向商家，提供库存管理、广告营销、咨询发布等功能，提升商户营销能力。

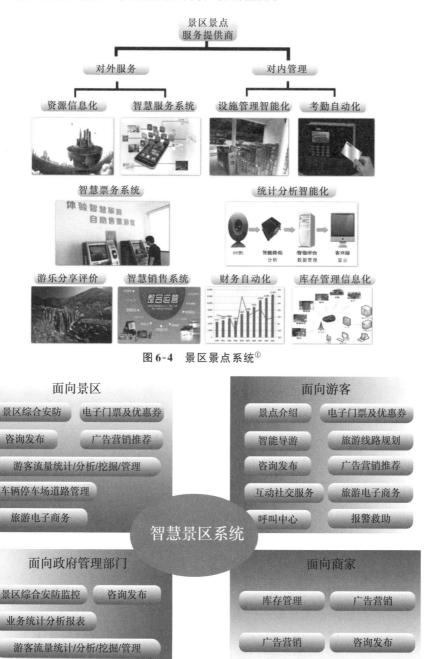

图6-4　景区景点系统①

图6-5　智慧景区系统面向不同用户的功能模块示意图

（图片来自互联网）

---

①图片来源：http://www.ghsjw.cn/page178。

图6-6从智慧管理、智慧服务和智慧营销3个维度划分智慧景区功能模块。智慧管理包括智慧安防管理、客流分析统计、应急指挥管理、景区环境监测、自动化办公等；智慧服务包括门户网站、景区APP、公众号、智能导览、智慧停车场、旅游咨询与投诉等；智慧营销包括电子商务平台、智慧分销、景区售票与检票系统等。

图6-6 智慧景区功能模块①

本节归纳整理相关标准、规范和网络资源，从智慧化角度，按基础设施建设、智慧管理、智慧服务和智慧营销四个方面给出景区智慧化建设的部分内容，以供参考。

（一）基础设施建设

（1）通信网络基础设施：除传统有线网络外，通信网络主要指无线网络覆盖范围和通信能力。无线网络应尽量有效覆盖景区主要游览区域，包括景区出入口、主要景点、游客中心、交通枢纽和事故多发地带，能提供免费、稳定的上网服务；应保障景区游览区域范围内，大密度客流情况下稳定的无线通信能力，能提供稳定的语音通话、网络通信服务。

（2）物联网感知基础设施：景区出入口、主要景点、人员密集区、交通枢纽、事故多发地带应安装视频监控设备，关键区域应布设红外、云台监控、高空瞭望，支持客流数据采集和危险监测；景区工作人员、大巴、观光车（船）、重点旅游古迹、重要设施设备应建立基于室内外定位技术支撑的位置动态监测网络；景区可与环保、气象部门合作，安装空气质量、水质、噪声、温度、湿度、风力监测装置，自动探测与对外发布相关环境指标；声光设施、出入门禁、温湿度控制设施设备应根据环境变化实现智能开启、关闭和调整，并支持人工远程智能管控。

---

①图片来源：https://zhuanlan.zhihu.com/p/384395292。

(3) 信息发布设施：景区出入口、主要景点、交通枢纽应布置大屏显示设备；景区游客中心应布置触摸屏、平板电脑、智能旅游机器人等信息查询设备，以及虚拟现实体验设备。

(4) 应急指挥设施：景区应建设应急指挥中心设施设备，包括指挥大厅、指挥大屏、视频会议设备、会议扩音设备、无线对讲设备、救援电话，支持值守人员开展快速高效的旅游应急指挥工作；景区出入口、主要景点、交通枢纽、安全隐患地带宜部署求助呼叫装置。

(5) 景区数据中心基础设施：提供数据存储和分析的软硬件设施和平台，如数据库与服务器等，可以本地部署，也可以云端部署，可以是私有云，也可以是公有云。

（二）智慧管理

(1) 景区资源管理：围绕景区旅游资源、商业资源、设施设备、人力资源的管理需求，建设相应的信息化系统或模块，实现景区各类人、财、物资源的有效管理。对景区内的景观资源进行信息化与数字化监测、监控、记录、记载、保护、保存、修缮、维护等。例如，景区内的遗产资源、文物资源、建筑景观、自然景观资源的信息记录与监控；景区内住宿、餐饮、购物、娱乐等经营户资源的租赁、经营情况信息化管理；景区内强弱电、给排水、园林绿化、环境卫生、特种设备、消防控制、娱乐游憩、演艺、游客引导等旅游设施设备的运行状态信息化管理等。

(2) 景区运营管理：通过建立以商业资源部署、商铺经营、交通运输车辆管理调度、经营监管、合同管理、物业规范等为主要内容的一套规范体系，实现智慧化管理；围绕景区售检票、停车、投诉建议、咨询讲解、车船管理、游客接待（公务接待、团队接待、散客接待）、园林绿化与卫生管理、设施运维、演艺等常态业务运行管理需求，建设相应的业务系统或模块，实现业务协同、部门联动。

(3) 景区行政管理：包括财务管理、项目管理、人力资源管理、事务协同办公、客户关系管理、供应商管理、决策管理等。建设景区 OA、ERP、财务管理、资产管理等日常办公系统，实现日常办公事务在线处理。

(4) 景区监控监测及预警应急安全管理：围绕景区安全管理、客流监控、预警预测、消防控制等需求，建设景区视频监控系统、电子门禁系统、电子巡更巡检、应急广播、应急救援等相应的业务系统或模块，形成景区常态化的安全监管体系。建设景区综合管控平台，实现景区内视频监控、信息发布、热点标注、应急预案、应急演练、应急点定位、预案调取、一键报警、区域通知、广播分流、大屏提示、救援队伍安排、线上调度、现场视频会议、接警上报等功能。

（三）智慧服务

(1) 信息服务：建立基于互联网的大屏、广播、门户网站、触摸屏、微信、微博、移动APP、手机短信等多种旅游信息（中/外文）发布渠道。例如，基于门户网站、公众号、移动APP、触摸屏等提供景区基本介绍、开放时间、门票优惠、游览线路、重大活动、宣传视频、官方攻略等信息查询服务和景区景点门票、游览车票、讲解员票、住宿餐饮的在线预订服务等；在景区出入口、游客服务中心通过大屏实时显示景区内各景点的客流最大承载量、在园人数、游览舒适度、天气状况、空气质量、节目演出场次、服务等候时间和注意事项。

（2）导游导览服务：基于GPS、北斗定位、射频识别定位、红外感应等技术和电子地图提供游览路径引导服务，支持景点和餐饮点、购物点、厕所、游客服务中心等服务设施的查询、定位与引导服务；提供语音讲解器、移动APP、二维码等一种或多种自助导游讲解（中/外文）服务。

（3）数字虚拟旅游服务：如在门户网站、公众号、触摸屏系统提供景区虚拟旅游体验服务，可查看景区重要的景观、名胜古迹、历史文物的全景图像或三维场景；运用虚拟现实（VR）、增强现实（AR）、混合现实（MR）等多种技术手段，建设数字虚拟景区，提供沉浸式的虚拟旅游设备及其体验服务；通过数字虚拟景区，为老人、残疾人、儿童等特殊人群提供虚拟旅游体验。

（4）投诉服务：建立电话、邮件、门户网站、公众号、移动APP、触摸屏等多种投诉、建议受理通道，同时可实现后台的信息快速录入、自动分发与分级处理；通过门户网站、公众号、移动APP、触摸屏等多种方式提供游客满意度在线评价服务，以及投诉的受理状态和处理结果查询服务。

（四）智慧营销

（1）电子商务：依托国内主流的旅游电子商务平台，实现景区门票、旅游产品、商品的直销与分销；建设景区电子商务平台，依托门户网站、公众号、移动APP等渠道，实现门票、特色商品、纪念品的在线销售。

（2）自媒体营销：建设景区自媒体营销平台，包括门户网站、公众号、微博、移动APP等，提供景区介绍、在线预订、活动推荐等服务。

（3）第三方营销：建设景区第三方营销平台，可与电商平台、互联网门户网站合作，开展营销信息宣传；高等级景区应加强国际营销，可依托国际知名的网络媒体平台，开展旅游营销信息发布和营销互动活动。

（4）营销管理信息化：实现景区营销计划、活动方案的信息化管理，实现营销活动和业务的在线审批，以及营销信息的统一发布；整合景区门禁、票务、停车场等客情信息，结合运营商大数据、互联网大数据、电商大数据，开展精准营销，监测景区营销效果。

二、系统架构

在学术界，清华大学党安荣（2011）等人在《智慧景区的内涵与总体框架研究》中给出"智慧景区"总体框架，如图6-7所示。研究将总体框架概括为"三个平台、五大系统、七项保障"：三个平台包括信息基础设施、数据基础设施、共享服务设施；五大系统分别是资源保护系统、业务管理系统、旅游经营系统、公众服务系统、决策支持系统；七项保障包括管理政策、运行机制、资金投入、信息技术、规范标准、人才队伍和安全保障。

其中，信息感知与传输平台包括信息自动获取与高效传输两个方面；数据管理与服务平台包括数据集成管理与计算服务；信息共享与服务平台则是借助信息基础设施和数据基础设施，面向五大应用系统提供信息服务与流程服务。

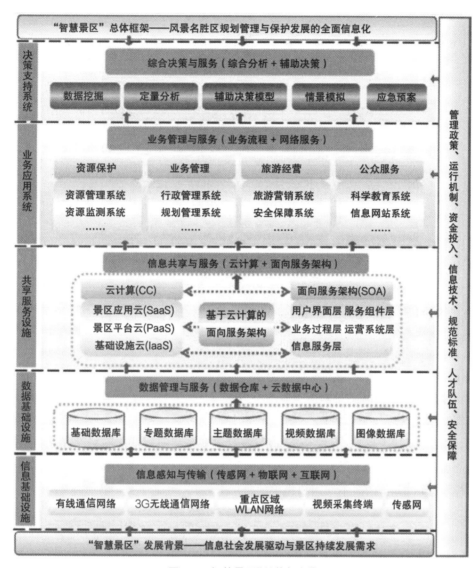

图 6-7 智慧景区"总体框架"

五大系统是基于风景名胜区资源特点及应用系统功能、系统服务对象、系统使用部门等因素考虑而划分的,包括资源保护系统、业务管理系统、旅游经营系统、公众服务系统、决策支持系统,共同构成智慧景区的应用服务系统。

为保障智慧景区建设的有序开展,应当在管理政策、运行机制、资金投入、信息技术、规范标准、人才队伍、安全保障七个方面予以保障,建立与健全"智慧景区"建设的保障体系,为智慧景区的建设、管理、运行、维护与发展全方位保驾护航。

根据上述总体框架,智慧景区建设的体系结构如图 6-8 所示,涉及五个层次的功能体系,分别是网络层的信息基础设施体系(网络通信管理、网络安全管理等),数据层的数据基础设施体系(数据编码与管理、数据检验与审核、数据传输与备份、数据获取与更新、数据查询与分析等),服务层的共享服务体系(用户与权限管理、信息访问交换、应用请求服务、系统运行与维护、系统安全管理等),应用层的业务应用体系(资源保护系统、业务管理系统、旅游经营系统、公众服务系统等)、决策层的决策支持体系(定量评价、情景分析、预测模拟、综合决策)。

图 6-8　智慧景区体系结构

在产业界,各个公司按照本公司特色、景区特点和业主需求也给出相应的智慧景区建设体系架构。图 6-9 是顺洋科技智慧景区架构,左侧通过互联网、移动互联网、定制终端和相应终端用户设备向旅游主管部门、景区、游客、商家和代理等服务对象提供服务,右侧分成四个层次,分别是感知层(包括物联网终端和基础网络及相关数据等)、数据平台层(包括物联网平台、视频监控平台和网络数据中心)、能力中心层(智慧景区功能模块)、应用层(面向不同用户提供的应用服务)。

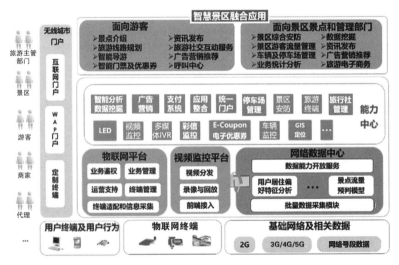

图 6-9　顺洋科技智慧景区架构①

———————
① 图片来源:http://www.cdshunyang.com/index.php/business/2/66。

图 6-10 是阿里云智慧景区解决方案。方案以阿里云为优势,集聚高德一键游、多端小程序、多游客流量入口,构建景区安防及公共卫生服务等数字化基础设施,为景区提供全方位一体化解决方案。方案优势:一云多端;预集成 30 种设施覆盖 90% 景区场景;边缘 AI 一体机,兼容多算法运行;物联网＋互联网数字应用,实现景区大数据洞察。

图 6-10　阿里云智慧景区解决方案[①]

图 6-11 将智慧景区分为四个层次,包括基础支撑层、安全保障层、服务层和用户层。其中,基础支撑层包括终端设备和移动设备等,安全保障层包括指挥调度中心、安全监控中心和应急预案等安全管理系统,服务层部署在云端,包括景区服务云平台、景区管理云平台、景区营销云平台,用户层面向游客、旅行社/合作商、商家、员工和管理者。

[①]图片来源:https://www.aliyun.com/solution/cutural－tourism/sights。

图 6-11 智慧景区体系架构

（图片来自互联网）

图 6-12 是中科图新的智慧景区体系架构，分为四个层次，分别是基础设施层、数据层、应用层和用户层。基础设施层是智慧景区建设的硬件基础设施，包括传感器、服务器、网络等；数据层包括智慧景区系统后台数据，如地理信息库、资产库、GPS 等；应用层包括在线预订、语音介绍、资产管理、视频监控、大数据统计等应用；用户层面向最终用户，如游客、景区服务人员或者景区管理者。

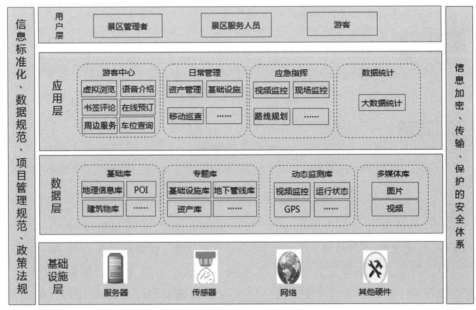

图 6-12 中科图新的智慧景区体系架构①

———————
①图片来源：http://www.engine3d.com/solution/333.html。

景区特色和资源是多样性的，智慧景区的发展是多角度的，除了服务对象角度，还可从内容建设上进行划分。从内容上而言，智慧景区表现为智慧服务、智慧管理、智慧营销。但无论从什么角度出发，智慧景区的大致方向都是一样的，便是与新技术结合，使景区更智能化。本书从物联网角度给出智慧景区的体系架构，采用四个层次，即接入感知层、网络层、云平台层和应用层，如图6-13所示。

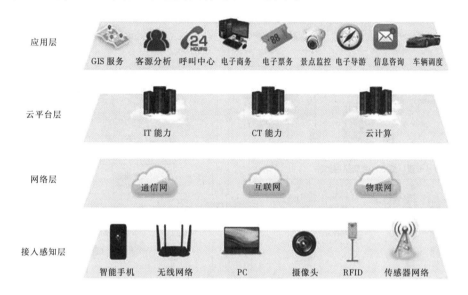

图6-13　智慧景区体系架构

（图片来自互联网）

（1）接入感知层：通过物联网设备，如RFID、摄像头等采集景区基本信息，也可以通过游客的智能手机采集相关信息，如位置数据、交易信息等。

（2）网络层：通过通信网、互联网、物联网等技术将采集到的信息传输到后台。

（3）云平台层：后端平台对采集到的大数据进行存储和计算，如景区GIS数据、游客实时数据、景区资源监测实时数据、天气数据、交通数据等。

（4）应用层：面向政府、企业和游客提供相应的应用，如面向游客的电子票务、电子导游等，面向企业的电子商务、景点监控等，面向政府的客源分析、车辆调度等。

三、应用案例

智慧景区系统建设面向多类用户、内容丰富、功能复杂，涉及多个子模块的系统设计、联合调试。图6-14所示为某智慧园区网络拓扑结构图，包括物业管理、楼宇自控、公共广播、停车场管理、远程访问、视频监控、防盗报警等多个子系统。

智慧景区建设是一个复杂的系统工程，很难给出系统、全面的设计方案，本节我们选择其中重要的两个子系统——票务系统和导览系统，给出简要设计方案，仅供参考，学生可结合实际案例对其他功能模块或针对整个系统进行设计。

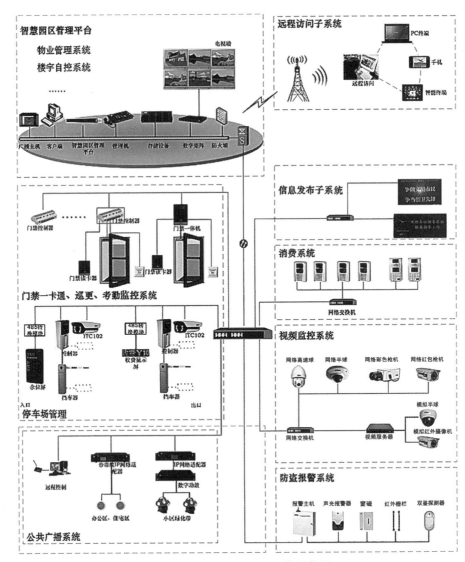

图 6-14 某智慧园区网络拓扑结构图

（图片来自互联网）

（一）票务系统

景区售票和验票的过程不仅影响游客的体验感，还关乎景区管理效率、服务质量等，因此，智慧景区建设要从票务系统开始。

近年来，随着计算机技术的发展，智慧景区建设步伐加快，景区票务系统已经慢慢从传统的人工走向科技化和智能化。景区票务系统以计算机网络技术为基础，集数据库管理技术、自动识别技术、自动控制技术等于一体，以实现售票和检票过程的实时控制，提升游客的入园体验和景区形象，提高员工工作效率和管理水平，增强数据的可靠性，杜绝假票和导游倒票等不良行为，及时、完整、准确地提供各项与票务相关的查询统计数据，为景区实现更加科学的财务管理和决策管理提供有效的依据。

图6-15是游客购票游览流程示意图，游客可以在线上或者线下购票，并凭借购票

依据(短信、二维码、纸质票等)进入景区,在景区入口,通过闸机、手持检票机等进行验票,验票通过后游客进入景区游玩。后台管理系统要记录购票、验票等数据,并进行财务统计、营销分析和其他旅游数据的统计分析工作。

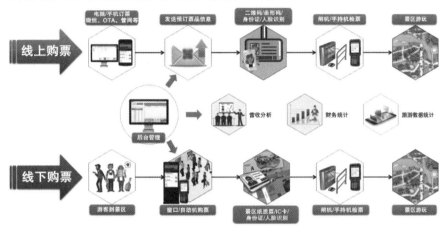

图 6-15　游客购票游览流程示意图

(图片来自互联网)

通过上述流程观察,智慧票务系统的核心功能是售票和验票。在互联网时代,智慧票务系统要支持多渠道售票,兼顾线上和线下、直销和分销,如图 6-16 所示;另外,智慧售票系统要灵活,支持复杂多变环境,如退票管理、网络订单换票、补票等操作。在物联网盛行的当下,智慧票务系统要能实现多样化检票,如闸机、手持机、一维码、二维码、身份证、IC/ID 卡等,又如最近比较火热的人脸识别入园等生物识别技术。

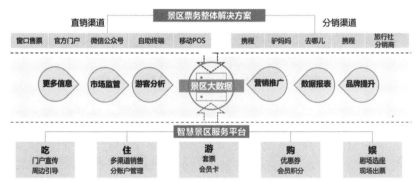

图 6-16　多渠道售票示意图①

围绕售票和验票的核心功能,智慧景区票务系统还要具有以下功能和特点。

丰富的票据类型:针对不同对象设置不同类型的票据,如团体/散客、成人/儿童/老人、全票/半票、单票/套票、淡季/旺季、折扣/原价、时段票/免票,等等。

灵活的支付方式:现金、支付宝、微信、银联、云闪付、NFC 等。

完善的管理功能:统计查询、权限管理、员工管理、会员管理、票型管理、票价管理、分销管理、报表管理等功能,以及数据字典维护、数据安全、日志管理、全局参数设置等

①图片来源:https://www.sohu.com/a/460978748_120817128。

系统管理功能模块。

另外,售票系统要对接财务系统、客户关系管理系统等智慧景区其他模块。

图6-17是智慧景区票务系统拓扑结构示意图。票务系统中心服务器是核心,数据中心服务器保障票务等数据的安全性和一致性,Web服务器借助互联网拓展分销渠道,目前中心服务器可以部署在云端;计算机网络是系统的关键,景区内部使用局域网联通游客中心、售票窗口和检票口等,而利用互联网可以拓展销售渠道;售票渠道和支付方式灵活多样,如景区售票窗口、游客中心的自动售票机、互联网上分销渠道等;检票口通过闸机、云端检票终端等验票。

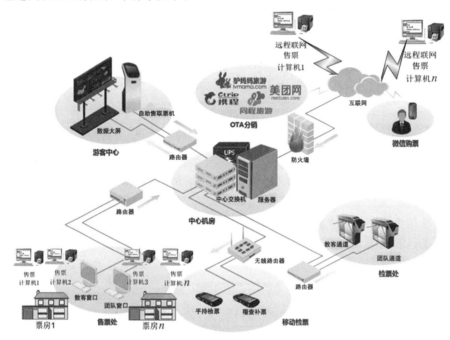

图6-17　智慧景区票务系统拓扑结构示意图

(图片来自互联网)

当然,每个景区都有自己的特殊性,如票据有一维码、二维码、人脸、指纹、RFID等不同类型,所以验票的设备也不同;有的景区分布在多个不同地理位置,涉及多个局域网络的互联;有的景区网络基础设施较好,而有的景区无线网络覆盖不到等。因此针对具体情况,要设计不同的解决方案和网络拓扑结构。

票务系统是一个复杂系统,涉及软件和硬件、数据库和网络、服务器和终端等,综合应用了互联网、移动互联网、物联网、大数据、云计算等技术,目标是实现售票智能化、验票高效化、销量最大化、编码统一化、信息安全化、账目清晰化、决策数据化等。

票务系统涉及的软硬件设施基本都很成熟,主要是依据案例地和需求设计系统方案以及和其他系统进行集成。

(二)导览系统

随着信息技术的快速发展,出现了为各种公共区域(如大型商场、会展中心、商业大厦、智慧医院、社区楼宇等)量身定做的、实用高效的智能导览系统。智能导览系统能完美地与环境融合,承载着人与环境沟通的重要作用,智慧化实时推送信息和提供服务,大幅提高服务体验和管理效率。

在景区,通过智能移动终端提供实时准确、灵活便捷、个性化、可交互的智能导览系统成为智慧旅游必要组成部分,独立的智能导游机(见图6-18)虽然能为游客提供基本位置信息、景点信息及其他相关功能(如语言翻译、求救等),但是限于硬件开发成本,信息展示能力有限。

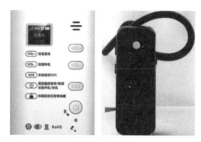

图6-18　独立智能导游机

当前,由于无线通信技术的发展和功能强大的智能手机的普及,基于手机APP、小程序和公众号的智能导览系统成为主流。智能导览系统结合移动GIS、移动网络、真人语音播报、GPS定位、手绘地图、3D导览图及多媒体技术等,提供更丰富的功能和用户体验。例如,智能导览系统不仅能为游客提供丰富的文本、定位、音频和视频等信息,还可以提供相关服务,如查询厕所或商亭位置和信息、定制个性化线路规划等;景区和商户可以依据大数据算法推送相关信息,实现智慧管理和精准营销,如客流引导、基于位置的广告等;支持游客上传游览体验、照片和评论等;并且在游后还可以持续提供相关信息推送等服务。

当前,智能导览系统集成到"一键游"的智慧景区或者智慧旅游系统平台中,在智能导览地图中,不再单纯提供导览服务,还可以满足游客在游前、游中、游后一体化服务需求,实现景区内甚至旅游目的地内智能导游、导航、导购、导览,让游客获得全面、丰富的移动终端旅游综合服务;建立贯通景区、游客、购物、餐饮、娱乐、住宿的"一站式"信息服务平台,实现"一部手机游×××"。

基于游客智能手机的导览系统开发,本质上是移动应用开发。硬件和网络基于智能手机,服务器部署在云端,客户端可以同时部署在游客智能移动设备和景区的触摸屏上,图6-19所示的智能导览系统拓扑结构图就相对简单。

图6-19　智能导览系统拓扑结构图

(图片来自互联网)

从物联网体系架构看,智能导览系统的开发主要在应用层。智能导览系统可以提供如图 6-20 所示的导览方式,包括 APP 导览、小程序导览、公众号导览、扫一扫导览、AR 导览等。目前,小程序导览是主流。

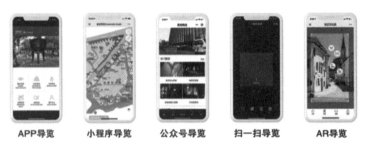

图 6-20 基于智能手机的智能导览系统类型

(图片来自互联网)

智能导览系统的使用过程(见图 6-21)和功能模块大致相似,其基本功能模块如下。

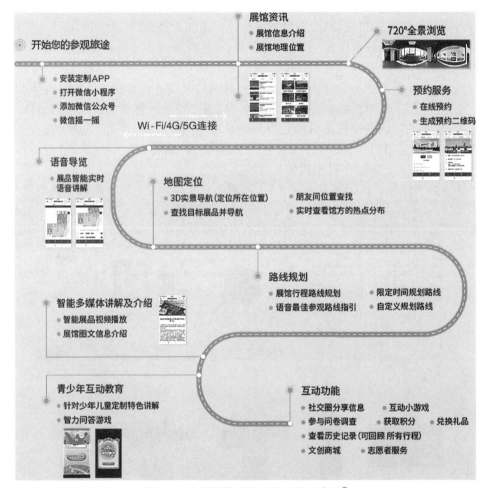

图 6-21 智慧导览系统使用过程示意图[①]

①图片来源:http://www.depthlink.com/product/index.html。

（1）地图功能：地图功能是智能导览系统最基础的，也是最重要的功能。鉴于标准地图（百度地图、腾讯地图和高德地图等）相对简单、艺术表现力不足等缺点，当前智能导览系统多采用手绘地图和3D地图，并且支持地图放大、缩小、平移、全屏显示等功能。

手绘地图是一种为景区定制的概念地图，运用艺术手法展示景区的格局、地标的位置和交通线路，将真实场景还原到手机里的手绘地图上，除了让人们更好地理解和更容易找到目的地，还根据不同景区的特点，制定符合其风格的地图，让游客一打开就能对景区有一个初步的印象，具有独特的美感和纪念价值。

3D地图是一种通过现场采集景区景点照片及POI兴趣点地理坐标数据，以3ds Max建模的方式建设覆盖景区全区域范围的3D虚拟导览地图，能够直观明了地表达景区功能分区、道路网、主要景点、标志性建筑、结构地形等。也可以将手绘与3D建模结合，基于手绘图纸制作3D模型，设计具有特色艺术表现力的智慧景区导览地图（见图6-22）。

图6-22　导览地图示例

（图片来自互联网）

（2）导航功能：手绘地图不仅具有艺术表现力，还具有标准地图的定位功能，因此，它可以为游客提供导航服务，包括景点、卫生间、停车场、购物点、餐厅等。智能导航系统可以依据游客偏好、时间预算等信息，为游客定制个性化游览线路。

（3）语音讲解：录制景点的历史、发展等导游词的真人语音播报，并将其集成到智能导游系统进行智能讲解，结合定位功能，实现自动播报。这使得游客在景区里不但可以边走边听，而且可以切换语音，反复收听，实现"想去哪、就到哪、走到哪、讲到哪"，让游客感受到厚重的文化，而不只是风景。

（4）720°VR全景：720°VR全景先通过全景拍摄设备对一个点位的各个角度进行实景拍摄，然后经过拼接、功能添加等一系列处理制作而成，最后利用互联网以文字、图片、视频、声音等诸多方式向游客展现虚拟体验。游客在游前就可以身临其境般地进入景区虚拟场景，真实地看到景物，可任意放大缩小、随意拖动，全方位了解游玩路线，沉浸式游园，更清晰地感知游玩路线，为游客带来高品质的游玩体验。在虚拟旅游体验中还可以增加"吃、住、行、游、购、娱"等元素的展现。

（5）AR实景导航：AR可将真实场景和虚拟场景相结合，不但让找路变得简单，而且还可以在找路途中展示景区的商家信息,促使游客产生消费行为。未来AR在旅游行业的应用潜力巨大,用AR把信息映射到空间,这种直观、清晰、立体的方式可以让游客与景点产生神奇的交互。因此,在文旅融合背景下,AR可融入景区特色定制内容,打造景区独有体验项目,如基于景区文化IP,打造虚拟和现实混合的游戏等。

(6)其他功能:在智能导览系统集成多个功能,可为游客带来简单、便捷的游览体验,如报警定位、活动攻略、视频宣传、周边服务推荐、停车缴费、线上购票等一站式服务。智能导览系统正在向"一机游"发展,可根据游客所处位置,提供"吃、住、行、游、购、娱"等服务及活动的推荐。另外,后台还应具有如下系统功能,如用户管理、POI兴趣点管理、地图管理、旅游线路管理、消息管理、活动管理和统计分析等。

第七章
智慧酒店

酒店是在古代的亭驿、客舍和客栈的基础上发展起来的。一方面,随着现代社会经济的发展和交通的便利,旅游和商务逐渐繁荣,酒店作为旅游产业链的重要一环,也随之迅速发展起来,越来越豪华、越来越现代化。另一方面,随着体验经济盛行,以及人们生活水平提高、消费观念转变和消费不断升级,消费者对酒店的需求越来越趋向高度的个性化,更具科技感、设计感和体验感的酒店产品越来越受到客人青睐。

在智慧旅游建设浪潮下,酒店作为旅游的重要元素之一,智慧酒店成为行业发展的新选择,受到越来越多的关注,市场前景广阔。然而,什么是智慧酒店?智慧酒店的优势是什么?智慧酒店发展现状如何?建设智慧酒店的内容和系统架构是什么?基于什么技术建设智慧酒店?这些正是本章要介绍的内容。

> **学习目标**
>
> **知识目标**:了解智慧酒店的概念、发展历程,理解智慧酒店的优势;熟悉智慧酒店建设内容,掌握智慧酒店体系架构;了解智慧酒店典型应用案例。
>
> **能力目标**:通过梳理标准等相关资料整理建设内容,培养学生归纳总结的能力;通过理解系统设计架构,培养学生的系统性思维;通过应用案例,培养学生理论联系实际的能力。
>
> **素养目标**:通过智慧酒店应用案例,培养学生对旅游业和智慧旅游的职业认同感,树立智慧旅游的职业理想;通过智慧酒店的发展和未来前景,提升学生社会责任感和使命感,立足行业领域,贡献自己的智慧和力量。

知识导图

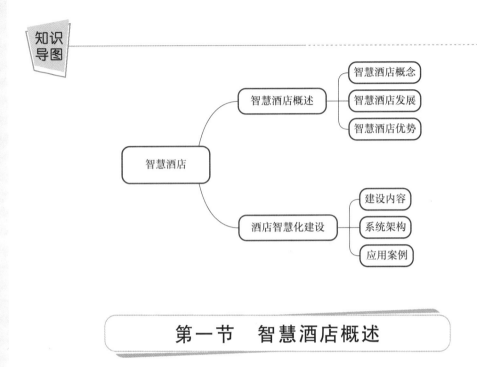

第一节 智慧酒店概述

随着社会经济的发展，酒店产业规模迅速扩大，并朝着国际化、档次化、网络化、商务化、娱乐化的方向发展。而酒店市场的消费群体开始转变为"90后""00后"等"网络原住民"群体，他们更青睐高科技、定制化的"智慧酒店"。因此，未来智慧酒店将成为行业发展的新选择，逐渐成为主流，这是人类进步及酒店业市场发展的必然历程。

一、智慧酒店概念

"智慧酒店"（Smart Hotel）随着"智慧地球""智慧城市"和"智慧旅游"概念的相继提出而走进人们视野中。大数据时代、物联网时代，将促使酒店行业发展转型升级，酒店管理将采取与之相适应的新模式，实现酒店资源与社会资源共享及有效利用的管理变革。因此，智慧酒店是顺应科技发展、行业变革的新选择，是酒店行业发展的热点，具有十分广阔的发展前景。

酒店智能化是一个不断丰富、发展的领域。酒店作为直接面对客人提供服务的场所，应充分考虑个人隐私、个性化的需求，以及感受到高科技带来的舒适和便利。同时，也应考虑智能化管理酒店物耗、能耗和人员成本，使之降到最低，从而增加酒店效益。

学界和业界对于智慧酒店尚无统一的定义。一般认为，相对传统酒店而言，智慧酒店就是综合利用互联网、移动互联网、物联网、大数据、云计算技术和人工智能等新一代信息技术构建一套完善的智能化体系，促进经营、管理、服务和营销的数字化、网络化与智能化，从而充分整合和调度酒店资源，实现酒店自动控制、管理、服务、营销的智慧化和一体化，改善住客的个性化入住体验，降低酒店运营成本，提高酒店管理效率，增强酒店营销效果，提升酒店形象与口碑。

二、智慧酒店发展

从全球酒店业发展历程来看,酒店发展大致经历了四个阶段,包括古代客栈时期、大饭店时期、商务饭店时期和现代新型饭店时期,其中近十年来兴起的智慧酒店是现代新型饭店的典型代表,也是未来酒店的发展趋势。

国外关于"智慧酒店"的研究是在"智慧地球"和"智慧城市"的大背景下进行的,起源于智能建筑和酒店信息化。在20世纪70年代,美国提出了"智能大厦"的概念,随着信息技术和通信技术的发展,美国建筑师学会将建筑的物理结构、组织系统、智能服务和智慧化管理要素优化组合,从而为住户提供节能、高效、舒适的居住环境,这为智慧酒店的发展奠定了基础。2006年,美国宾夕法尼亚州科波诺山脉度假区引入RFID手腕带系统,开启了智慧酒店的应用。自此,美国、韩国、新加坡以及欧洲地区国家的智慧酒店对新一代信息技术的开发及应用不断完善。

我国智慧酒店的发展也较早。20世纪90年代末,我国在线旅游市场开始萌芽,华夏旅游网、携程旅行网等相继成立,通过互联网和呼叫中心开展酒店代理业务,标志着中国在线旅行服务业正式开启,酒店产业互联网化进程启动。

2001年,上海的一些高星级酒店参照《智能建筑设计标准》(GB/T50314—2000,现已废止)开始进行"智慧酒店"建设,其中以上海瑞吉红塔大酒店(现上海红塔豪华精选酒店)最为典型,主要运用信息化技术代替人工操作,尽可能实现智能化管理,提高酒店的工作效率,节约人力成本,降低能耗,为宾客提供更加安全、舒适、健康的生活环境,该酒店大厦当时被评为上海唯一一家5A甲级智能大厦。

2009年,杭州黄龙饭店与IBM公司合作,耗资10亿元打造"智慧酒店",成为当时浙江省最豪华、最智慧的五星级酒店,当时,为客户提供了超乎想象的世界领先的智能化入住体验,为国内智慧酒店的发展树立了典范。随后华住、首旅如家等酒店集团也纷纷加入智慧酒店建设的队伍。

2012年,北京市旅游发展委员会发布了《北京智慧饭店建设规范(试行)》。2013年,国家旅游局发布《饭店智能化建设与服务指南》,提出智慧酒店的建设规范与评分标准,并给出相关服务指导建议,通过智能设备,整合信息技术,为游客用户提供优质高效的住宿服务体验。

2014年,为推动酒店业智慧转型升级,响应国家旅游局制定的"2014智慧旅游年"主题,在工业和信息化部的指导支持下,在国家旅游局、国家工商行政管理总局(现国家市场监督管理总局)、中国电子商务协会(现已撤销)、全国各地主要旅游饭店协会领导和国际友人、饭店业同仁的见证下,"中国智慧酒店联盟"在福州宣布成立,标志着我国智慧酒店进入了全面建设和发展的新阶段。

2017年,腾讯QQ和长隆企鹅酒店达成跨界合作,联合推出了全球首家QQfamily智能主题酒店,这次传统酒店与互联网公司的跨界合作碰撞出的火花,引发了后续跨界合作的盛况。

从2018年开始,众多国内巨鳄企业相继进入智慧酒店行业。香格里拉、万豪、洲际、君澜、华住、首旅如家、锦江国际等各大国内外知名酒店集团均在"智慧酒店"这一领域推出全新举措。同时,腾讯、阿里巴巴、百度、万达、苏宁等诸多商业巨头凭借自身科技和资本的优势,纷纷跨界投入智慧酒店领域。例如,洲际与百度合作、万豪与阿里巴巴合作、腾讯与香格里拉合作。越来越多的互联网科技巨头进入智慧酒店市场,如阿里巴巴的菲住布渴酒店(FlyZoo Hotel),助力酒店改善传统服务和运营模式,加速酒店进行数字化转型和智能化升级,为住客带来更便捷、更具科技感和个性化的入住体验。

2019年,国家市场监督管理总局、中国国家标准化管理委员会发布了《物联网 智慧酒店应用 平台接口通用技术要求》(GB/T 37976—2019)。此标准对酒店技术应用的供需双方将起到"规范现实、指引未来"的作用,是中国智慧酒店联盟在酒店应用技术领域做出的一次战略举措,也是推动酒店行业与时俱进、与时代接轨的一次有效行动,有效推动了酒店行业的智慧创新和智慧转型。

三、智慧酒店优势

相比于传统酒店,智慧酒店具有如下优势。

(一)智慧化管理

智慧酒店系统将客房系统、考勤系统、办公系统、财务系统、安保系统等打通,能为住客提供高效服务,满足高效便捷、智能化、数据化管理。通过传感器装置,酒店可实现智慧客房的管理,如客房用水用电智能管控,不仅能节能减排,还能提供安全保障。数据统一入库,进行数据化管理,如面向住客和客房,智慧客房系统全面监测客房服务状态,当客人有SOS、洗衣、清扫、退房等请求时,可以及时显示传达至服务员,从而为客人提供高效便捷的智能化服务,而且系统还可以监测服务人员响应时间的长短,并纳入员工工作考核管理等。

(二)个性化服务

智慧酒店立足智慧化服务、简化入住流程、提供舒适环境、改善住宿体验,有利于提高酒店用户满意度。例如,在线选房、刷脸入住、智能支付、智能门禁、智能机器人服务、智能客控、智能开票等功能,能够简化办理流程,为住客提供便捷、舒适的住宿体验;通过远程控制或智能感知,开启相关物联网设备,能够保证空气质量优良和环境舒适,让客人入住时有"宾至如归"的感觉;睡眠、阅读、娱乐等模式智能切换,能够体现无微不至的人文关怀,使住客的个性化需求得到满足。

(三)精准化营销

基于大数据分析系统,利用会员管理系统实现顾客画像(年龄、性别、地域、职业、入住次数、消费方式、消费金额和其他相关行为等)的分析,并能进行消费和客流等趋势分析及预测。利用大数据技术开展酒店口碑、舆情、曝光度、关注度、搜索热度等市场监测、分析与诊断,并为酒店品牌营销、活动策划、危机公关、新品研发、竞品分析等提供支持。可以通过酒店自建平台或第三方OTA平台等进行网络营销和在线交易,依据大数据分析,有针对性地开展宣传营销活动。依据大数据分析技术实现客房的动态定价和信息推送。

(四)降低成本,提升效益

一方面,智慧酒店具有降低能耗的优势。智慧酒店的智慧建筑系统、智慧客房系统可以智能控制楼宇和客房内温度、湿度、灯光、音乐,以及门窗、空调、电视、网络、电动窗帘、空气净化器等设施设备,不但可以满足客人要求、提升客人体验,而且可以降低设备能耗。另一方面,智慧酒店具有节省人工的优势。智能机器人可以从事大量、重复、劳动密集型工作,并且全天候运作,工作效率高,不会疲倦和产生抱怨情绪等,保证了其服务质量的稳定性。因此,智慧酒店前期更新技术、购买设备的投入虽然很大,但从长期来看,可以节省大量人工,反而会降低运营成本,也避免了受劳动力供应短缺的影响。

第二节 酒店智慧化建设

有些人认为,智慧酒店就是酒店拥有一套智能化的体系,实现刷脸入住、客房的智能控制和引导机器人等。但实际上,智慧酒店的建设内容远远不止于此。智慧酒店是一套复杂的系统,如图7-1所示。从预订到退房、从智能窗帘到灯光控制、从空气质量检测到房间用电数据采集、从电梯管理到智能安防、从停车场到会议室,以及从智慧客房到智慧建筑、从前台服务到后台数据分析、从考勤管理到财务分析等,酒店智慧化建设还有很多内容。要利用新一代信息技术,为酒店开创一条数字化、网络化和智能化的道路,进一步赋能酒店管理、服务和营销,以符合未来发展趋势。本节主要简单介绍智慧酒店建设内容、基本框架,并从众多模块中选择两个具有代表性的模块给出简要设计方案。

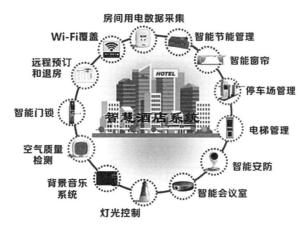

图7-1 智慧酒店系统

(图片来自互联网)

一、建设内容

2019年,国家标准化管理委员会发布《物联网 智慧酒店应用 平台接口通用技术要求》(GB/T 37976—2019),给出了如图7-2所示的智慧酒店建设应用技术体系架构,从服务提供域、感知控制域、运维管控域、目标对象域、资源交互域和用户域给出智慧酒店建设内容,然而标准只是规定了平台接口,关于智慧酒店建设尚未有统一规范,因此,各地区纷纷发布地方性标准。2020年,河南省市场监督管理局发布《智慧酒店建设评价规范》(DB41/T 1996—2020);2021年,湖南省市场监督管理局发布《智慧酒店规范》地方标准编制说明;2021年11月,在腾讯数字生态大会"标准与认证专场"上,腾讯联合中国饭店业采购协会、希尔顿中国区业主协会等多家行业机构共同发布《智慧酒店产业与技术标准白皮书》;2022年,四川省市场监管局发布《智慧旅游饭店建设指南》(DB51/T 2916—2022)。

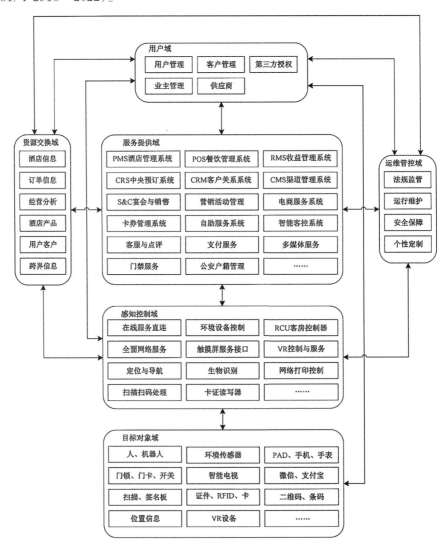

图7-2 智慧酒店建设应用技术体系架构

图7-3是某智慧酒店应用方案,以计算机网络为基础设施,构建服务智能化系统、管理自动化系统和通信智能化系统,在上层构建综合信息服务系统。其中包括智慧客房系统、自助服务系统、智能安防系统等重要子系统。

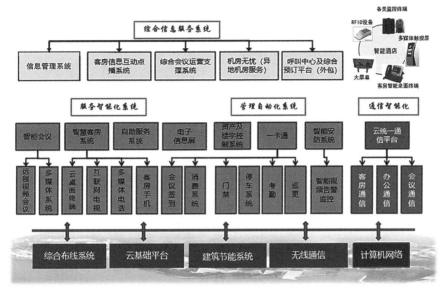

图7-3 某智慧酒店应用方案

(图片来自互联网)

各个智慧酒店公司按照公司特点、酒店类型和业主需求设计智慧酒店解决方案。图7-4是某智慧酒店解决方案,包括八大子系统,即宾客自助服务系统、客房引导系统、公共区域控制系统、客房智能控制系统、一卡通管理系统、服务机器人和IPTV系统。

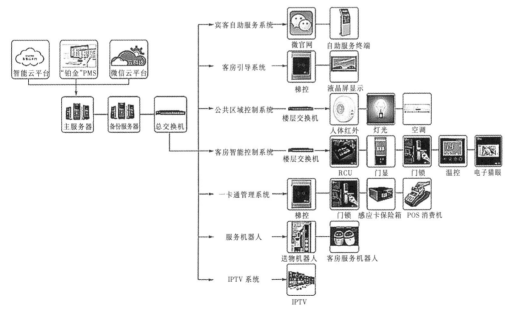

图7-4 某智慧酒店解决方案

(图片来自互联网)

图7-5是交大光谷智慧酒店解决方案的建设内容,本着"以人为本、个性化服务,便捷、舒适"的理念,基于安全、稳定、高效的Linux平台,构建智慧酒店硬件系统,如开关插座、智能传感、智能安防、智能信息和综合布线网络管理等。利用管理软件、控制各模块的运作,后台云端存储采集的数据,并基于大数据系统进行数据分析、运营策划、销售和会员管理等。通过设计为客人提供宾至如归的信息化、智能化、个性化服务,以满足酒店客人和管理人员的迫切需求。

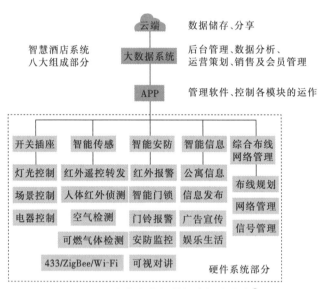

图7-5　交大光谷智慧酒店解决方案①

图7-6是柴加科技的智慧酒店解决方案的建设内容,侧重于从人工智能和大数据角度进行建设,如精准营销、机器人服务、辅助定价策略、智能体验、自助入住、运营分析、客流分析、高效节能等。

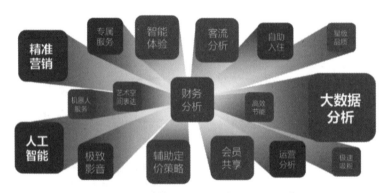

图7-6　柴加科技的智慧酒店解决方案②

智慧酒店的建设不单单是内部增加一些似乎很炫酷的科技设备给客人看,而是以提供更加便捷的入住流程、更加舒适和安全的入住环境,从而提高客人的入住体验和

---

①图片来源:https://www.sohu.com/a/238390212_551952。
②图片来源:https://36kr.com/p/2676776749381126。

满意度,同时方便酒店统一协调管理,节能减排,减少人工服务,帮助酒店降低运营成本,以达到提升经济效益这一根本目的。下面我们结合部分智慧酒店建设的地方标准和相关公司的智慧酒店建设方案,给出智慧酒店建设的部分内容,仅供参考。

(一)基础设施

(1)网络基础设施:如光纤网络、Wi-Fi和4G/5G信号等。

(2)视频监控系统:实现酒店前厅、电梯、走廊、餐厅、操作间、会议室等核心区域高清视频监控全覆盖和数据存储。

(3)广播系统:分布于各区域内,播放背景音乐、通知公告、新闻信息等,可分时段分区域分别广播。紧急情况下,强制切换至警报信号、应急调度通知等紧急广播。

(4)楼宇及设备自控系统:有楼宇自控系统,对空调系统、冷冻机组、变配电高低压回路、给排水回路、各种水泵、照明回路、电梯等系统的状态进行监控与管理,实现对设备及能源的有效管控。

(5)智能化设施:智能水电桩、垃圾箱或绿色照明等重要服务设施通过网络或与信息系统结合,实现智能化服务与控制。

(二)智慧管理

(1)业务管理:办公自动化(OA)、专业财务、客户关系、货品采购、人力资源、绩效管理等信息系统进行内外部人员与业务管理,内部数据实现有效整合。

(2)客房(含会议室)管理:实现对酒店客房(含会议室)的灯光、空调、电视、音乐、窗帘、门禁、紧急呼叫和房态及客房中心的在线管理。房态及出租率等接待情况与旅游主管部门的信息系统实时对接。

(3)餐厅管理:实现订单、点餐、餐台、菜品、点单率、收银、厨师的在线管理、评价与分析,食材保鲜和保质的自动化管理,机器人送餐等服务。

(4)康乐场所管理:实现KTV、洗浴、水疗、健身房及其他休闲娱乐场所的状态、使用率、服务评价在线管理。

(5)停车管理:实现对车牌的自动识别、统计分析,车流状况、停车场空位信息实时发布,快速引导车辆出入,不停车收缴费。

(6)环境监测及安全管理:对烟感、PM2.5、温度、湿度等环境状态及治安状况进行24小时全面或分区设防和监测。通过自助一体机进行体温与安全检查,对视频、红外、烟感等多源数据进行智能化分析预警,并通过多渠道上报,实现与消防、公安、卫生等职能部门联动,同时安防等设备具有自动化预先处置的能力。

(7)运行监测及应急调度:建设综合管控中心(有固定场地、机房、运维人员、大屏显示等),实现酒店员工、设施设备、车辆等一张图在线监测管理。日常通过平台实现酒店内视频监控、信息发布、应急演练等功能。应急状态通过平台实现应急点定位、预案调取、一键报警、区域通知、广播分流、大屏提示、救援队伍安排、线上调度、现场视频会议、接警上报等业务协同。

(三)智慧服务

(1)在线信息服务:酒店开通以顾客为中心的在线服务(如网站、APP、公众号、小程序等),具备信息发布、客房预订、咨询建议和信息分享等功能。实现餐厅、客房、会议室等设施的在线场景体验。

(2)信息发布及导览服务:酒店入口处和主要活动区域(如大堂、电梯、会议室等)设有多媒体服务终端,动态发布天气、交通信息,以及重要公告、旅游资讯、叫车服务等信息。采用轻量的导览服务,为顾客提供信息指示与路径信息,提高酒店智能化住房体验。

(3)自助服务:通过人脸识别等技术,实现线上自助化入住和退房办理,实现顾客信息自动记录、进出自动识别、体温监测、客房预约、自助开发票等功能,实现咖啡厅、自助餐厅、健身房等自助支付功能。

(4)客房服务:实现电梯、客房空调、净化设备、窗帘、灯光、背景音乐、电视和防盗等智能控制;提供智能叫醒、预约打扫、预约退房、预约洗衣、在线点餐等智能服务;提供当地实时旅游资讯、网络影音资源、一键救援服务,为顾客营造安全、舒适、个性化的客房环境。

(5)会务服务:实现远程视频会议、智能化会议(无纸化会议管理、红外识别、会议时间地点通知自动发送、电子席卡等),信息同步至客房或其他会议室,满足不同规模和类型的会议需求。

(6)餐饮服务:提供网上订餐与现场无接触点餐服务,通过AR、VR等提供菜品的全流程展示,实现酒店内外预约、点餐、送餐、透明化厨房、菜品推荐、费用结算等全智慧化服务。

(7)咨询投诉及救援服务:统一接收来自电话、网络、终端设备等方面的咨询和投诉,实现完善的投诉处置和及时反馈。呼救快速响应系统与应急指挥调度中心联动。

(四)智慧营销

(1)网络宣传:酒店自建平台或与第三方平台共同进行网络营销,并经常性地开展宣传营销活动。营销活动信息实时上报旅游主管部门的信息系统。

(2)在线交易:可通过自有平台或网络平台实现在线预订,可依据历史数据、当前城市和旅游活动等信息,预测客流量和客源,实现客房的动态定价。

(3)大数据应用:利用会员管理系统实现顾客画像(年龄、性别、酒店消费情况、入住次数、回头率、职业、地域、行为、消费方式)的分析,并进行消费和客流等趋势分析及预测。利用大数据技术开展酒店口碑、舆情、曝光度、关注度、搜索热度等市场监测、分析与诊断,并为酒店品牌营销、活动策划、危机公关或新品研发、竞品分析等提供支持。

二、系统架构

智慧酒店系统复杂,每个具体案例情况不同,建设内容也存在差异,目前没有统一的系统架构,每个公司依据公司特点、案例特色和业主目标设计不同的智慧酒店系统架构。

图7-7是普杰科技智慧酒店系统架构图,客房系统基于局域网构建,酒店内部基于企业内部网(Intranet)构建,集团的多个酒店基于互联网(Internet)构建。

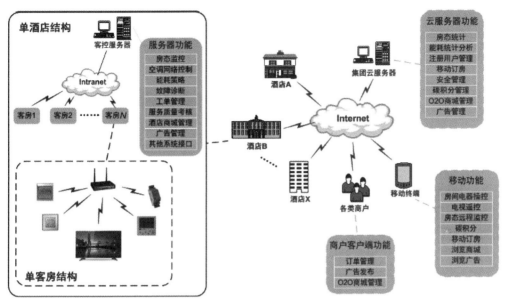

图 7-7　普杰科技智慧酒店系统架构[①]

图 7-8 是某智慧酒店系统架构,分为四个层次:基础设备层主要是硬件铺设,如客房的智能家居设备、环境监测设备等,停车场的车牌识别摄像头、地磁车检器等,酒店的烟雾报警器、监控设备等;网络传输层则是通过互联网、移动互联网(4G/5G)和物联网(ZigBee、NB-IoT)等将数据传输至云平台;云端平台层提供设备管理、用户管理、权限管理等各种平台服务;终端策略层则面向不同终端提供决策服务,如电脑端、移动端等。

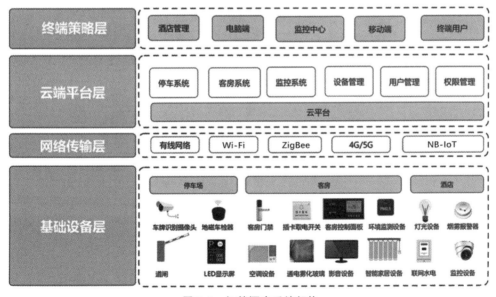

图 7-8　智慧酒店系统架构
(图片来自互联网)

①图片来源:http://m.pujie88.com/zj/zhjdkfdz.html。

具体来说,智慧酒店的各个子模块都可以按照这个架构设计,如图7-9所示的智慧酒店布草洗涤系统和用电系统架构图。

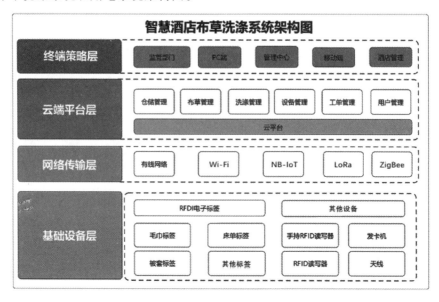

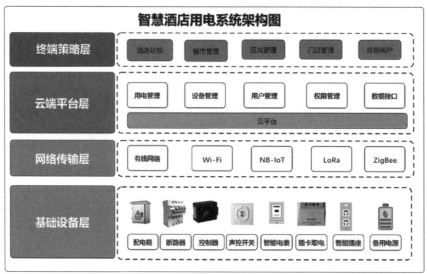

图7-9 智慧酒店子模块系统架构图

(图片来自互联网)

纵观各种不同的智慧酒店系统的解决方案,从物联网的角度看,它可以归纳为四个层次,如图7-10所示。

(1)感知层:利用传感器、读卡器、GPS、RFID、摄像头等设备采集客人、客房、酒店、物品、设施设备等信息。

(2)网络层:利用互联网、移动互联网和短距离无线网络,如Wi-Fi、蓝牙、ZigBee等将采集到的数据传输到后台,系统平台将这些分散的数据加以组织利用转换成大数据。

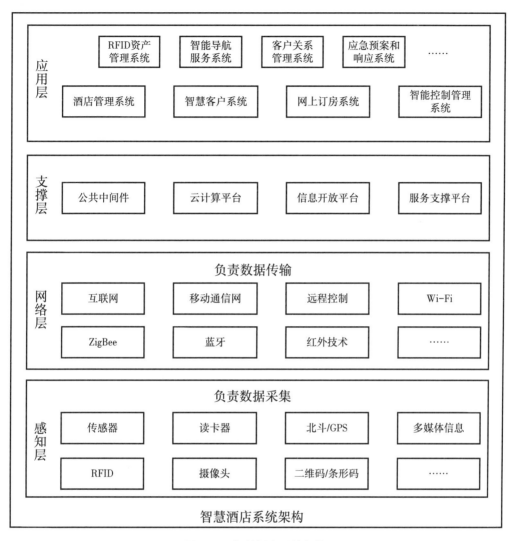

图 7-10 智慧酒店系统架构

（图片来自互联网）

（3）支撑层：后台系统可以部署在本地服务器，也可以部署在云端，如提供数据存储和分析的云计算平台、公共中间件、信息开发平台等。

（4）应用层：面向不同使用者提供应用服务，如酒店管理系统、智慧客户系统、网上订房系统、智能控制管理系统、RFID资产管理系统、智能导航服务系统、客户关系管理系统、应急预案和响应系统等。

三、应用案例

智慧酒店是一个庞大、复杂的系统，包括从楼宇到客房，从前台到后勤，从餐厅到会议室，等等，既需要一个宏观的整体的拓扑结构图（见图7-11），也需要其中每个具体的子模块的详细设计图。下面我们选择两个重要的子模块并给出简要设计方案。

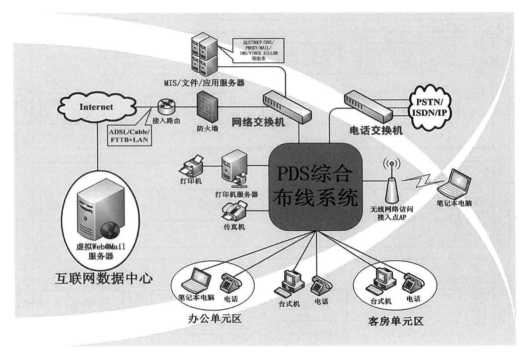

图 7-11 智能酒店系统拓扑图①

（一）身份识别系统

身份识别系统是酒店基本的且较重要的模块，那么应该要达到什么样的标准以适配智慧酒店呢？一是无人值守，全程自助办理，减少人员接触；二是操作简单，步骤简洁，但数据收集全面；三是节能减耗，一机多用，方便对接后台管理；四是可以设置个性化服务，在信息化、智能化建设中，充分考虑住客需求。

传统的比较成熟的身份识别系统很难满足智慧酒店的当前需求，随着人脸识别技术发展成熟，刷脸入住、刷脸支付已经慢慢融入人们的日常生活。人脸识别不但具有高安全性，而且不需要携带门禁卡等传统身份识别载体，可以避免门禁卡丢失、遗忘的尴尬，给用户带来高效、便捷的入住体验。随着 3D 传感器的快速普及、多种生物特征的融合，每个设备都能更聪明地"看"和"听"。人脸识别功能将重塑身份识别和认证，数字身份将成为人的第二张身份证。

阿里巴巴旗下的菲住布渴酒店(FlyZoo Hotel)就是一家全场景人脸识别酒店。客人在手机上提前预订房间，直接在手机上或者酒店终端刷脸入住，智慧电梯、无触门控将自动进行人脸识别，酒店内支持刷脸消费。入住楼层可智能点亮，房间门可自动开启。一旦进入房间，天猫精灵智能管家，可直接对室内温度、灯光、窗帘、电视等进行语音控制，还提供机器人送物、送餐服务。

人脸识别系统有助于行业降低成本，包括人力成本和管理成本。阿里未来酒店

---

① 图片来源：http://www.gzsci.com.cn/page424。

CEO王群表示,通过酒店管理平台系统能力的提升,未来酒店的人效比是传统同档次、同等规模酒店的1.5倍。人脸识别技术在酒店管理上的应用将大大提高工作效率,比如同等规模的酒店需要20人左右的财务人员,而通过数字化运营平台,菲住布渴酒店只需要3人。

另外,人脸识别系统简化了程序、提高了效率,如60人团队入住仅需要15分钟。同时满足了消费者个性、品质需求与入住体验。从入住到消费全部实现智能化,通过人脸识别办理各项业务,可以避免排队带来的困扰,提高消费者入住的满意度,同时消费者也可以根据自身需求体验酒店提供的不同服务,酒店智慧化形象有利于提升酒店口碑。

虹软智慧酒店人脸识别系统如图7-12所示,包括客户端的客人注册流程和服务端的智慧酒店人脸识别系统设计。针对酒店场景,系统提供人证核验、智能梯控等解决方案。通过人工智能技术,系统还可实现客流统计分析、人脸查找、人脸属性分析,为酒店安全和客源大数据分析提供数据支持。

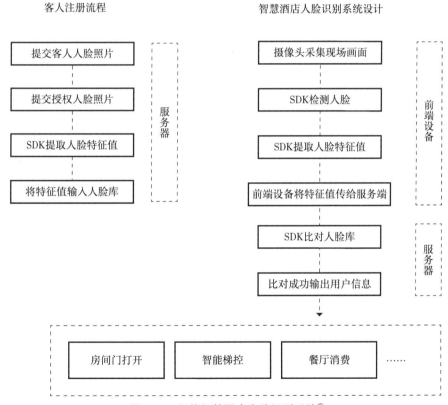

图7-12 虹软智慧酒店人脸识别系统①

图7-13是天波酒店人脸识别组网方案,酒店人脸识别入住和梯控系统通过人脸授权可以方便、快速设定入住用户和酒店工作人员所需的权限,可实现管理楼层、重要楼

---

① 图片来源:https://ai.arcsoft.com.cn/industry/hotel.html。

层和客房楼层的有效分离,还结合了访客登记、紧急对讲、广告投放等功能,为酒店住客提供安全、便捷、智能的住宿环境和氛围,弥补了酒店在酒店智能化管理上的短板。

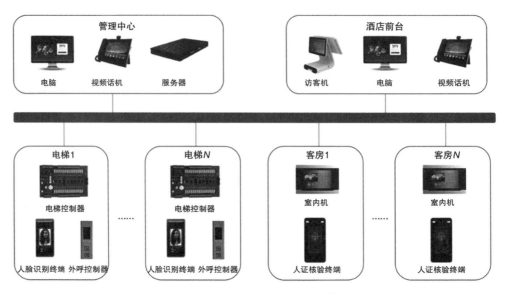

图 7-13　酒店人脸识别组网方案[①]

酒店人脸识别门禁系统的重要设备是人脸识机,如图7-14所示。它内置国产人脸识别专用CPU,识别准确率高,识别时间短,适用于酒店、公寓、民宿等领域。设备不仅能够控制门锁和对接入住系统,还能对接客梯梯控终端、智能机器人,以及联动酒店内各种智能设备。

(二)客房控制系统

图 7-14　智慧酒店人脸识别机[②]

客房控制系统(Room Control Unit,RCU)是智慧酒店建设的重要内容。RCU利用计算机控制、通信、物联网等技术,对酒店客房的安防系统、门禁系统、中央空调系统、智能灯光系统、服务系统、背景音乐系统等进行智能化管理与控制,实时反映客房状态、宾客需求、服务状况及设备情况等,协助酒店对客房设备及内部资源进行实时控制和分析。RCU不仅给客人带来最直接的舒适体验,也给酒店管理带来极大的便利,并且有效节能降耗,减少人力成本,提升酒店收益。

图7-15是成都首创电子智慧酒店解决方案的RCU拓扑结构示意图。RCU是智慧客房的核心设备,带多个网口,具有交换机功能。目前,随着无线网络技术的成熟,无线通信快捷、方便、成本低的优点,使得基于无线通信的智慧客房系统成为主流,一般使用ZigBee、蓝牙、Wi-Fi等组网,RCU同时具有网关的功能。

---

① 图片来源:http://telpouc.com.cn/Article-ndetail-id-1579.html。
② 图片来源:https://www.hanmawin.com/Products。

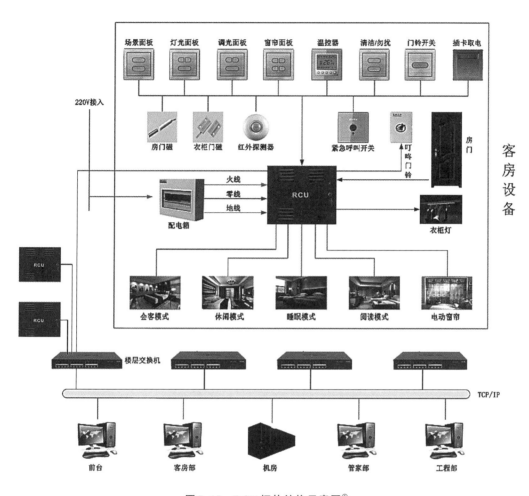

图7-15　RCU拓扑结构示意图[①]

RCU主机是智慧客房系统的主要组成部分，将房间内主要电器和设施设备（如灯光设备、空调、门锁、电视机、电动窗帘、换气扇、开关面板和受控插座等）通过RCU集中控制管理起来，并通过局域网与电脑实时通信。这样不仅实现了开关面板、语控音箱、微信或APP、管理电脑等多种手段随心操控，还实现了场景或模式、本地或远程、实时或预约、单控或联动等多种方式随意操控。同时，酒店管理服务人员可以通过RCU主机实时掌握房间状态，调控房间电器运行模式和参数，变被动控制为主动控制，由经验管理升级到科学管理。

图7-16为首创电子RCU中的MRC 308 RCU主机，采用32位ARM处理器，处理能力强，速度快；系统上行通信采用TCP/IP以太网协议，下行通信采用Ai-bus主动发送防冲突总线专利协议，通信稳定性好；支持远程升级功能、模块化主机、导轨式安装，方便快捷。其主要功能如图7-17所示，具有4种运行状态、5种运行模式、6种设备操控方式，以及多路联动控制、无卡取电、身份识别、定时和分时段控制、断电记忆等功能。

---

①图片来源：http://www.scdvb.com/rcu/iptvandrcu/product_alone.html。

图 7-16　MRC 308 RCU 主机

电脑远程
远程监控房间电器
实时监控房间状态

6种设备操控方式
语音、开关面板、微信、
APP、IPTV或电脑远程

8路服务请求
睡眠、请清理、退房、免打扰、
请稍候、洗衣、门铃等

6种灯光场景
明亮、柔和、浪漫、
阅读、电视、睡眠

多路联动控制
门磁、窗磁、人体红外开关
SOS、保险箱和睡眠模式

5种运行模式
待租、已租迎宾、已租
无人、已租有人、睡眠

4种运行状态
正常、紧急、调试、禁用

房内有无人识别

**白天和夜间
分时段控制**

无卡取电

宾客手动操作优先

断电记忆功能

房内人员身份识别

定时控制

图 7-17　RCU MRC 308 主要功能

除 RCU 外，酒店还需要配备相应的物联网传感器等设备。另外，RCU 还需要配备后台监控、分析系统，限于篇幅，不再介绍。

第八章
智慧停车场

随着我国居民消费水平不断提升,近年来汽车保有量也不断增加。据公安部交通管理局发布数据显示,截至2022年上半年,全国机动车保有量达4.08亿辆,其中汽车3.12亿辆。然而,国内停车设施建设速度远滞后于汽车保有量的增长速度,停车位紧缺问题随之出现。

另外,随着人们生活质量提高,旅游体验要求也随之提高,不再满足于早些年跟团游的"上车睡觉,下车拍照",近年来自驾游已经成为大众旅游的主流出行方式。数据显示,2019年我国自驾游市场规模达到38.4亿人次,占国内游的64%。因此,在旅游领域停车难问题也很突出,尽管围绕"吃、住、行、游、购、娱"旅游六要素的景区、酒店、餐厅、商场、车站、机场、娱乐场所等大都建立了停车场,然而,节假日期间停车难、找车难,同样降低了游客的旅游体验。

智慧停车场能有效管理现有停车资源,提高利用率,提升游客体验,是未来停车场的重要建设目标。作为"新基建"重点内容之一,智慧停车已成行业"新宠"。那么什么样的停车场才是智慧停车场?智慧停车场有什么优势?智慧停车场的发展如何?智慧停车场的建设内容、系统架构是什么?应用什么技术建设智慧停车场?这正是本章要回答的问题。

学习目标

知识目标:了解智慧停车场的概念、发展历程,理解智慧停车场的优势;熟悉智慧停车场建设内容,掌握智慧停车场体系架构;了解智慧停车场典型应用案例。

能力目标:通过梳理标准等相关资料整理建设内容,培养学生归纳总结的能力;通过理解系统设计架构,培养学生的系统性思维;通过应用案例,培养学生理论联系实际的能力。

素养目标:通过智慧停车场应用案例,培养学生对旅游业和智慧旅游的职业认同感,树立智慧旅游的职业理想;通过引入停车难的社会难题,提升学生社会责任感和使命感,立足行业领域,贡献自己的智慧和力量。

知识导图

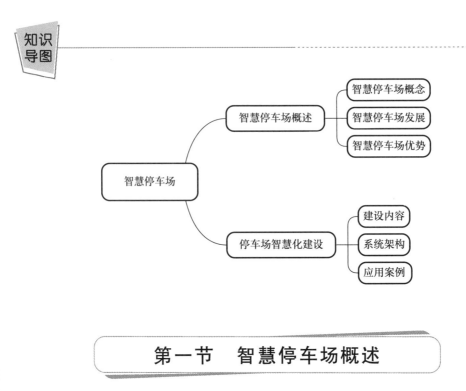

第一节　智慧停车场概述

停车位资源的短缺,可以通过"开源"和"节流"的方法来解决。"开源"即增加停车位,这显然有一定难度。一方面,土地成本高;另一方面,景区、酒店等停车场面积受自然或者城建条件限制很难拓展。因此,人们纷纷考虑在固定的土地面积上增加停车位的办法,即立体停车场,要么向上,要么向地下延伸,然而其施工难度和资金投入很大,并且在旅游淡季时,会出现停车位闲置情况,造成资源浪费。除了开源,我们还需要考虑如何在现有停车场的基础上"节流",提高停车场资源利用率,由于信息不对称,有些停车场闲置了大量停车位,但不少车主却依然苦于停车难。

清华同衡静态交通规划设计研究所所长王杰表示:运用智慧停车技术,可以使交通拥堵减少30%,无效交通流减少12%～15%,寻找车位时间缩短6～14分钟,使政府、企业和民众实现三方共赢,因此,建立智慧停车场是"节流"的有效手段。那么什么是智慧停车场?智慧停车场的优势是什么?如何建设智慧停车场?这是本章的主要内容。

一、智慧停车场概念

在城市如何进一步高效利用目前有限的土地资源,实现便捷的智慧停车成为社会广泛关注的焦点。智慧停车能最大限度地利用手机等移动设备方便灵活的特点,使用户随时随地了解实时停车信息,从而提升停车资源利用率和用户体验。

智慧停车没有统一概念,一般是指将无线通信技术、移动终端技术、定位技术、GIS技术等综合应用于城市停车位的采集、管理、查询、预订与导航服务,实现停车位资源的实时更新、查询、预订与导航服务一体化,实现停车位资源利用率的最大化、停车场利润的最大化和车主停车服务的最优化。

智慧停车分为城市级、场库级和车位级。城市级,即形成全城停车场"一张网"格局,打破当前各个区域和停车场各自为政的信息孤岛,便于跨区域查询停车场和停车位,有利于统筹全城停车资源,是未来智慧城市和智慧停车的发展方向;场库级应用场景包括停车场、停车库、路侧停车等;车位级通过视频桩技术、地磁技术和智能车位锁技术等对车位进行管理和计费。

智慧停车场是场库级智慧停车,指利用互联网、移动互联网、物联网、移动终端、自动导引车(AGV)、GPS、GIS、大数据和云计算等技术综合应用于停车场停车位的采集,实现停车位资源的实时更新、查询、预订、导航和支付服务一体化,如智能找车位、泊车引导、反向寻车、无感支付等。

二、智慧停车场发展

"停车难"是世界各国大型城市的通病,国外一些发达城市率先从硬件和软件两方面进行智慧停车研究。德国、意大利等欧洲国家较早从事停车设备开发和生产,如世界知名的Sotefin、Interpark、Palis等公司;在亚洲,日本从20世纪60年代开始从事机械停车设备的研发和生产,如新明和、石川岛、三菱重工等大型公司。

另外,在软件方面,国外一些大型城市也致力于智慧停车系统(停车诱导、车位引导等系统)的建设和推广,如美国普遍使用的停车软件ParkMe,车主可以在网上预约停车位或实时查询本地各停车场空余信息。2013年6月,奥迪成为首家车内配置了ParkMe的汽车公司。在欧洲,网上预约车位也在逐步普及中。

在我国,智慧停车起步虽然较晚,但是发展迅猛。2012年,我国最早从事智慧停车的企业ETCP成立,ETCP无人收费智慧停车平台是我国第一个智能停车平台,目前已在全国主要大中城市展开市场布局。

2015年7月发布的《国务院关于积极推进"互联网+"行动的指导意见》中提及"互联网+"便捷交通,鼓励互联网平台为社会公众提供实时交通运行状态查询、出行路线规划、网上购票、智能停车等服务,推进基于互联网平台的多种出行方式信息服务对接和一站式服务。同年8月,国家发展和改革委员会和交通运输部等多部委印发《关于加强城市停车设施建设的指导意见》,其中提到推动停车智能化信息化,建立停车基础数据库,促进智能停车诱导系统、自动识别车牌系统等高新技术的开发与应用。

各类政策的提出和引导,吸引了大量相关企业投资,纷纷建立"互联网+停车"系统,各类智慧停车APP不断涌现,近年来,随着物联网和5G技术发展,智慧停车场产业迅猛发展。

目前,依据公司背景不同,智慧停车厂商可分为三类:①传统的停车场设备供应商,如捷顺科技、安居宝、ETCP等掌握了大量的线下停车场资源,其云平台可以控制场库内的设备,通过智能化应用提升用户体验;②互联网公司,如丁丁停车等,一般通过APP发布场库的空余车位数量,并通过减免停车费来增加用户黏度,再通过用户数据挖掘,以及从和场库周边商家的业务融合中获得盈利;③停车管理公司,拥有停车场资源。

中商产业研究院的数据显示,自2014年我国智慧停车场概念提出以来,智慧停车场的市场规模日趋扩张,智慧停车场市场规模从2015年的50亿元到2018年突破100亿元。2018年,百度、阿里巴巴、腾讯等互联网巨头企业进入智慧停车产业,如百度与ETCP达成战略合作,阿里巴巴旗下的蚂蚁金服入股捷停车,腾讯投资科拓。当前智慧停车APP基本都已接入支付宝、微信等移动支付,2022年智慧停车市场规模超过150亿元。

针对智能停车行业,市场需求缺口巨大,国家政策支持力度大,同时伴随着各种新技术的出现,"互联网＋停车"发展迅猛,但其仍处于新生期,至今尚未实现清晰的商业闭环。而且停车行业具有独特性,面临一些非技术上的难题。另外,广阔的发展空间带来了十分激烈的竞争环境,目前很多"智慧停车"领域的企业还未找到有效、合理的收益模式。如何寻找其中的突破口,是下一步需要思考的关键问题。

三、智慧停车场优势

(一)从车主角度看

利用移动智能设备,实现随时随地查询车位、预约车位、停车引导、反向寻车、无感支付等智慧停车功能,有助于节省时间、降低能耗、减少拥堵、避免引发安全事故、提升用户的停车体验。

如"预约停车位"可避免车辆已经到达停车场时才发现无停车位的尴尬;"停车引导、反向寻车"在大型停车场不用担心为找停车位和寻车而反复转圈;"无感支付"使用户不用停车缴费,可避免出入口拥堵现象等。

(二)从停车场管理者角度看

为车主提供智慧化服务,有助于维护停车场秩序,有效减少车主停车、取车时间,从而提高停车资源利用率和停车场吞吐量;有助于减少汽车在停车场内的行驶时间,降低碳排量,更加环保;有助于通过自动控制设备,减少工作人员甚至无人值守,实现节能减排,降低运营成本;有助于改善服务质量,从而提升用户满意度;等等。

例如,无感支付不需要安排工作人员值守,也不需要停车缴费,这样不仅能降低停车场的运营成本,还能缓解出入口拥堵情况,降低资源占用时间,提高资源利用率,提升用户体验和用户满意度。

另外,通过APP、公众号或者小程序可以提高客户黏性,方便推广营销其他产品,并且通过大数据分析平台,进行客户画像分析,可以做智慧化管理和个性化营销。

然而,当前智慧停车场大都是各自分散建立的,并未完全实现数据共享和打破信息孤岛,因此还很难实现城市范围最大限度的资源共享和最大化资源利用。要实现最大限度、最大效率的智慧停车,应该以更大的区域为单位进行统筹规划,以一个区(县)或一个城市为单位,将所有停车资源整合在一起形成资源池,包括分散的停车场、路边停车位和社区内可以分时段共享的停车位等,依据车辆基本信息、停车需求,规划更好的停车决策。这需要更高层次的规划,同时也会产生更大的问题,如社区的安全管理,等等。

第二节 停车场智慧化建设

停车场的类型有多种,如传统平面停车场、立体停车场、新建的大型现代化停车场等,不同类型停车场的智慧技术和方法不同。本节我们主要以单个平面停车场为对象进行智慧化升级改造或新建来介绍智慧停车场智慧化的建设内容、方案和相关技术。

一、建设内容

智慧停车场的建设内容,一部分是以传统停车场基础设施为基础进行智慧化升级改造建设,另一部分是新建智慧停车场,在规划和建设时就考虑了智慧化部分,下面主要介绍智慧化软硬件建设的相关内容,不涉及停车场必要的基础设施。

为推进智慧停车场的建设,各地出台了相关的地方建设规范,如深圳市围绕智慧停车发布《智慧停车 停车库(场)信息化建设规范》(DB4403/T 306—2022)、《智慧停车 机械式停车库信息化建设规范》(DB4403/T 314—2023)、《智慧停车 大数据信息标准化处理与应用规范》(DB4403/T 181—2021)和《智慧停车 基础信息编码技术规范》(DB4403/T 89—2020)等;杭州市市场监督管理局发布《智慧停车系统服务规范》(DB3301/T 0177—2018);广东省静态交通协会发布《停车场(库)智能管理系统技术规范》征求意见稿;沈阳市市场监督管理局发布《停车场(库)智慧管理系统技术规范》(DB2101/T 0043—2021)。

立体停车场和新建大型智慧停车场(如北京大兴机场的停车场),不需要面向用户提供停车引导、反向寻车等服务,停车和取车操作由停车场相关设备自动完成,其智慧化程度较高,车主只需要将车停在指定地点即可,取车时发出取车请求后到相应地点取车就可以。图8-1是立体停车场利用升降机停车和取车,图8-2则是利用RAY机器人停车和取车。

图8-1 利用升降机停车和取车

图8-2 利用RAY机器人停车和取车

不同类型停车场的智慧化方法不同,各相关公司依据自身特色、停车场类型和业主需求设计不同的功能模块。某智慧停车平台(见图8-3)以用户体验为中心,在服务层提供车牌识别、防盗锁车、微信支付、找车取车等功能;在云平台层提供停车场运营管理平台、交通信息监测平台、设备远程维护平台等功能;在物联网层提供智慧网关功能;在硬件层提供手持管理机、收费机顶盒、引导屏、查询机、道闸、车牌识别摄像机等硬件设备。

图 8-3　某智慧停车平台的功能

（图片来自互联网）

图 8-4 是迪蒙智慧停车场产品模块，包括前端设备、运营管理后台和综合服务平台三大模块。其中，前端设备主要为部署在停车场的硬件，如智能道闸、车牌识别设备、显示屏等；运营管理后台主要是面向停车场运营商的软件，如设备管理、用户管理、订单管理、资源管理、财务监控和数据分析等；综合服务平台主要为面向用户（车主）的软件，如手机 APP、第三方支付和地图服务系统等。

图 8-4　迪蒙智慧停车场产品模块①

———————————
① 图片来源：http://www.dimeng.vip/solution/zhinengtingche.html。

图 8-5 是剑羽智能停车场产品模块,借助云计算、无线技术、定位技术、大数据分析技术,为车主提供停车位导航、车位预约、手机寻车、无感支付等智慧停车运营服务。具体包括以下几部分:停车场前端物联网硬件设备,如车位检测摄像头、室内诱导屏、ETC 读头等;后台服务器、核心控制器等相关设备;面向用户(车主)的终端软件,以移动端为主的导航、预约和寻车功能;与金融机构对接的支付系统;面向运营商的后台监管中心。

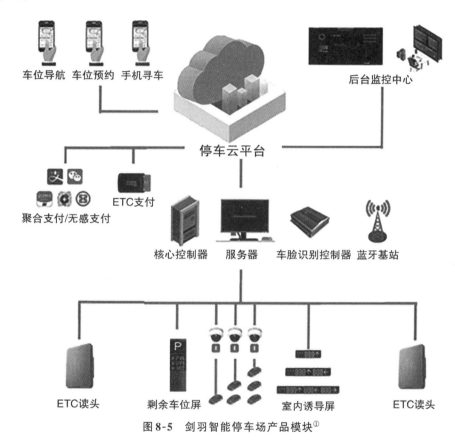

图 8-5 剑羽智能停车场产品模块[①]

本节归纳整理相关网络资源,给出传统平面智慧停车场的部分智慧化内容。智慧停车场系统的组成主要分为硬件系统和软件系统两大部分。硬件系统设备如传感器(红外传感器、地磁传感器等),以及摄像机、自动闸机、引导屏、车位状态指示灯、后台服务器等,后台服务器可以本地部署也可以云端部署。软件主要面向顾客(车主,即 C 端)和商家(停车场管理者,即 B 端),C 端一般以 APP、小程序、公众号为主,一些功能也可以部署在展示大屏和触摸屏,B 端一般以 Web 端为主,如大数据统计分析和相关管理功能等。下面给出包括前端物联网硬件设备、后台服务器设备(云平台)、面向车主的移动端应用软件、面向停车场管理者的管理端系统软件的智慧停车场具体建设内容。

(1) 车位检测:利用红外传感器、地磁传感器、摄像头等技术,检测停车位是否有车,并将信息通过网络(局域网、ZigBee、NB-IoT 等)传输至后台。

---

① 图片来源:https://detail.1688.com/offer/573883659467.html。

（2）车牌识别与智能闸机：利用图像识别技术，自动识别车牌、车型等相关信息，并自动注册和开关闸机，实现无人值守岗亭。

（3）信息发布：利用大屏、手机APP、公众号、小程序等发布停车场实时停车信息和其他相关信息，如空闲停车位、天气、日历等。

（4）车位预约：可以利用手机APP、公众号、小程序等实现停车位预约。

（5）泊车引导：根据停车场当前状态，如空车位、车辆移动状态等，利用人工智能技术规划最佳泊车路径，并利用引导屏、引导标识、语音等方式实现泊车引导。

（6）反向寻车：利用定位技术、GIS和路径规划技术实现反向寻车。

（7）充电桩管理：为支持新能源汽车的停车，停车场设置若干充电桩和自助充电系统。

（8）智能支付：利用微信、支付宝、RFID等技术实现无感支付，无须长时间排队等待，减少拥堵，提高停车场利用率和吞吐量。

（9）异常检测与报警：利用传感器、摄像头检测停车场异常情况，如烟雾传感器检测是否有火情，摄像头检测人员异常行为（如破坏、偷盗、撞车等），利用声光报警器发出警报，并通过网络将信息传输至后台。

（10）管理系统：面向停车场管理者，包括运营管理（定价、考勤等）、统计分析（资源利用率、财务数据分析等）及其他数据分析模块。

二、系统架构

不同的智慧停车场建设公司依据自己公司的特色、停车场类型和业主需求提供不同的解决方案。图8-6是某智慧停车场系统架构图，分为感知层、网络层、平台层和应用层。感知层主要是停车场前端物联网设备，采集相关信息；网络层将采集数据上传至后台云端；平台层整合相应信息资源，为应用层提供支撑；应用层面向车主提供导航、寻车、无感支付等功能，面向运营商提供管理功能。

图8-7是迪泰柯智慧停车平台架构，分为数据采集层、传输层、数据层、应用层和表现层。这里的数据采集层对应物联网的感知层，数据层对应物联网的平台支撑层，将物联网的应用层分成两层，即应用层和表现层。应用程序面向三类对象有三种表现方式，即面向公众提供APP、面向企业提供网站、面向政府提供大屏展示。

图8-8所示的智慧停车系统框架图，包括感知层、平台层、数据层和应用层四个层次。其中，感知层包含物联网感知设备，将物联网的平台支撑层分成数据层和平台层。

纵观各种不同的智慧停车场管理系统的解决方案，从物联网的角度，我们可以将智慧停车场体系架构归纳为如图8-9所示的四个层次。

（1）感知层：利用红外、地磁、超声波等传感器检测停车位信息，利用摄像头、RFID和手机终端等采集汽车和人员基本信息。

（2）网络层：利用互联网、移动互联网和物联网等各种网络技术，如4G/5G、Wi-Fi、蓝牙、ZigBee、LoRa和NB-IoT等将采集到的数据传输到后台，系统平台将这些分散的数据加以组织利用并转换成大数据。

（3）管理层：后台进行数据存储和分析，可以部署独立服务器，也可依据停车场的归属，和智慧景区、智慧酒店、智慧城市系统等集成在一起。

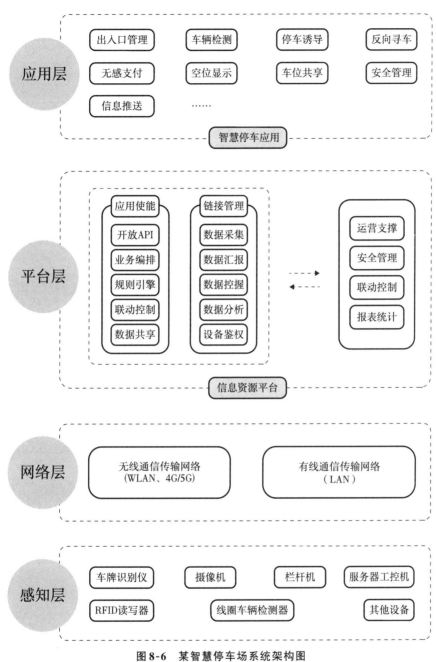

图 8-6　某智慧停车场系统架构图
(图片来自互联网)

（4）应用层：通过大数据应用实现停车场的高效管理。一方面，它面向停车场的使用者（C端），如通过手机移动端或者显示屏、触摸屏等提供停车位查询、预约等；另一方面，它面向停车场的管理者和维护者（B端），管理者和维护者可以通过移动端接收系统自动发布的消息或警报信息等，管理者可以通过移动端或者桌面端查看停车场相关状态、工作人员工作状态和考勤绩效等运行状况，以及停车场资源利用情况统计分析，如能耗、客流时空特征、资源利用率和财务分析等。

图 8-7　迪泰柯智慧停车平台架构①

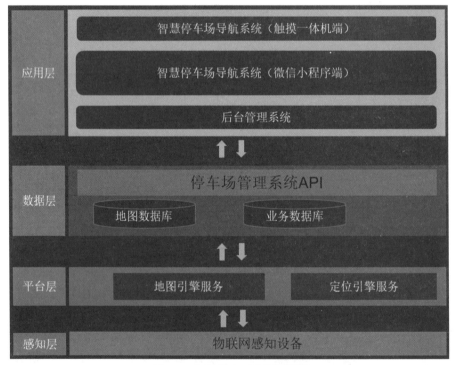

图 8-8　智慧停车系统框架图②

---

① 图片来源：http://www.chinadtk.net。
② 图片来源：https://www.sohu.com/a/462472185_120975685。

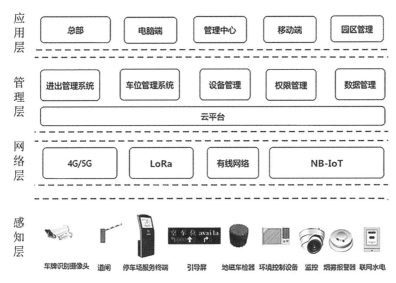

图 8-9　智慧停车场体系架构

（图片来自互联网）

三、应用案例

智慧停车场是一项系统工程,涉及停车场基础信息采集、控制,车主的停车、找车服务,运营商的管理等,图 8-10 是某智慧停车场网络拓扑结构,以主干局域网为纽带,连接了停车场的物联网前端设备、运营后台的监控中心、云平台等,停车场的局域网通过防火墙接入互联网,用户可以远程访问相关信息。鉴于系统过于复杂,下面我们以智慧停车场较重要的两个功能模块（无感支付系统和车位引导系统）为案例,给出简要设计方案。

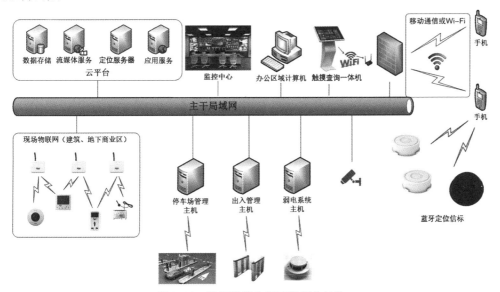

图 8-10　某智慧停车场网络拓扑结构

（图片来自互联网）

（一）无感支付系统

无感支付是一种新型的停车收费模式，车主在第一次使用无感支付时，如图8-11所示，首先通过停车场的APP、小程序或者公众号等进行注册签约，然后绑定银行卡或支付宝等支付工具。一旦注册成功，通过停车场的车牌识别技术和支付绑定情况，车主就可以快速进场和出场，实现无停留、自动、快捷支付，有效缓解停车缴费慢等问题。

图8-11　无感支付停车流程示意图①

无感支付实现了"一次签约、永不扫码"和"想来就来，想走就走"的新体验；避免了停车排队缴费环节，极大地提高了停车场出入口的工作效率和停车位的使用率，节约了人力物力，降低了运营成本；无感支付更安全，而且可以有效防止员工徇私舞弊、乱收费的情况。

车牌识别无感支付只是开始，随着技术的进步，尤其是生物识别和人工智能的发展，无感支付将应用于越来越多的支付场景，如无感支付超市、餐厅、商场等，未来无感支付的载体可能是我们使用的任何东西，也可以变得更加简单，如刷脸支付等。

图8-12是以智能科技车牌识别系统架构为基础构建的智慧停车场无感支付系统拓扑结构示意图。实现无感支付的关键是车牌识别系统、车主的停车场注册与绑定支付的应用程序和后台云端的财务对接。车牌识别系统是物联网前端，注册绑定和财务对接是平台层和应用层，这里我们重点描述车牌识别系统。停车场网络部分基于TCP/IP构建局域网，主要是出入口道闸分别连接车牌识别一体机、地感线圈，车牌识别一体机识别信息通过显示屏展示。停车场信息经由互联网连入云端，车主通过移动程序注册、绑定支付信息等，后台通过停车场现场上传数据和车主注册数据，进行无感支付操作。当前，无线网络发展比较成熟，也可基于无线技术铺设停车场网络系统，这样方便停车场的升级改造。

无感支付系统的关键是车牌识别一体机，如图8-13所示，左侧的车牌识别收费系统具有车牌识别、信息显示、语音播报和灯光控制等功能，基于人工智能算法，能对低对比度、污损、变形、反光等车牌进行快速、精准识别；右侧的车牌识别系统具有高清视频车牌识别、云平台管理，以及车辆数量和方向识别、智能补光和语音合成等功能，支持无人值守、无感支付。

---

①图片来源：https://www.chinaagv.com/news/detail/201806/5498.html。

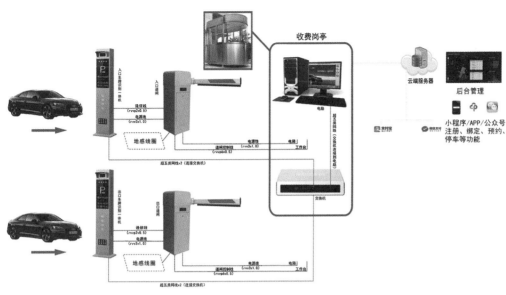

图 8-12　智慧停车场车无感支付系统拓扑结构示意图

（图片来自互联网）

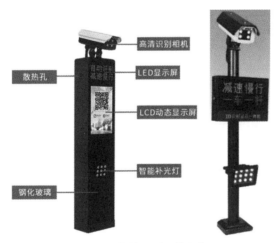

图 8-13　车牌识别一体机[①]

（二）车位引导系统

车位引导系统通过传感器技术采集车位状态信息，然后通过网络将信息传输到状态指示灯、引导屏、反向查询机和后台管理中心，从而实现快速停车和反向寻车，是智慧停车场的重要功能。车位引导系统不仅能提升用户（车主）停车和取车体验，还能提高停车场资源利用率、降低能耗、提高停车场吞吐量，从而提高经济效益。车位引导和反向寻车流程如下。

车位引导：车辆到达后，车主利用停车场提供的引导标识，即引导屏、通道状态诱

---

①图片来源：https://detail.1688.com/offer/573883659467.html。

导屏(判断拥堵)和车位引导灯自行选择停车位;另外,智慧停车系统车主移动端软件基于GIS技术,可以通过停车场地图引导用户停车,为其规划停车路线;而且软件可以基于整个停车场的历史数据和实时数据,为用户选择合适的停车位,并便于提高所有停车位的利用率和停车场的整体吞吐量。

反向寻车:在停车场内设置反向寻车设备或者移动端软件(查询二维码),车主可以通过多种方式寻找车辆,比如车牌模糊输入查询、IC卡刷卡查询、纸票条形码查询、刷脸查询等。确定了车辆之后,系统会给出一个找车地图,车主只需跟着地图找车就可以了。

图8-14是三恒科技视频车位引导网络结构拓扑图。图中基于TCP/IP协议构建停车场局域网。车位检测摄像头的数据通过局域网传输到交换机,然后再传输到PC服务器、区域引导屏和车位反向查询终端机等设备,同时这个数据也通过RS485信号线传输到车位引导屏。车位引导系统包括以下重要部分:①摄像头,用来识别车位占用情况并用红绿灯显示车位状况,以便查询时提供车辆图像;②车位引导屏,引导车辆;③车位查询终端,供用户查询车辆位置,提供找车地图;④PC服务器,提供数据支持和管理。

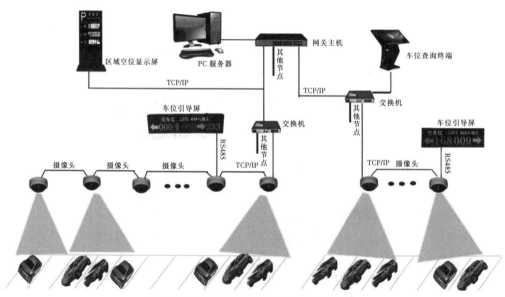

图8-14 三恒科技视频车位引导拓扑图①

目前,随着无线通信技术的发展,更多的智慧停车场前端局域网采用短距离无线通信技术或者低功耗广域网,如Wi-Fi、蓝牙、ZigBee、LoRa和NB-IoT,无线网络部署和维护方便、快捷、美观,节省成本。

车位引导系统中的关键技术是车位状态探测,目前主流技术有以下三种。

(1)地磁技术:主要依靠磁铁来检测车辆上的金属,现在多数都会配备更精确的雷达来检测车辆。不受天气、温度等环境问题的影响,适用于室外或环境比较恶劣的地

---

① 图片来源:https://szsanheng.diytrade.com/sdp/220548/2/cp-840585/0/车位引导.html。

方。地磁拥有较长的电池寿命,其单一的检测功能可以降低维护成本。

图 8-15 是双模地磁车位传感器,应用地磁感应和微波双重检测技术,具有如下优势:精准检测、支持 NB-IoT 和 LoRa 无线通信、电池使用寿命长(3～5 年)、安装便捷、外壳抗压、抗紫外线等。

(2)超声波车位探测:安装在停车场每个车位的正上方,采用超声波测距原理实时采集停车场的车位数据,探测停车场内的车位是否被占用,是智能车位引导系统中的重要组成部分,并控制车位指示灯的显示,同时把车位信息及时通过网络传送给节点控制器。适用于室内停车场,便于设备安装。

图 8-16 所示为室内停车场前置一体式超声探测器和车位引导红绿指示灯,探测器和指示灯一体化,可节省工程线材和施工成本。

图 8-15　双模地磁车位探测器

图 8-16　室内停车场前置一体式超声探测器和车位引导红绿指示灯

(3)摄像头:使用视频技术采集停车位信息,早些年,应用视频桩,随着视频算法、深度学习等技术深入,2017 年高位视频开始应用在停车领域。高位视频一次可以监测多个车位,通常是应用在整条街道路边停车场或大面积的停车场。如果配备车牌检测或车型识别功能,还可实现自动识别违规停车行为。

图 8-17　停车高位视频探测器

图 8-17 所示的停车高位视频探测器,采用智能 ISP 算法、行业级 CMOS 图像传感器和大口径高分辨率镜头,95% 的路段不需要外部补光,能够实现全天候无人值守的夜视全色成像,单摄像头能够覆盖 8 个车位,具有智能停车微云台,安装快速,运维便捷,能够实现准确识别、无人值守。

第九章 智慧厕所

厕所是旅游过程中重要的环卫基础设施,是旅游开发和建设中不可或缺的组成部分,旅游中的"吃、住、行、游、购、娱"六大要素的场景都需要厕所,如景区、酒店、餐饮、商场、娱乐场所、高速公路服务点等。然而,传统厕所因卫生环境差、管理维护跟不上、影响游客旅游体验而饱受诟病,因此,我国旅游业开展了一场"厕所革命"。建设智慧厕所是这场革命的一个高级目标,那么什么样的厕所才是智慧厕所?建设内容和系统架构是什么样的呢?如何建设智慧厕所?这正是本章要回答的问题。

学习目标

知识目标:了解智慧厕所的概念、发展历程和优势;熟悉智慧厕所建设内容,掌握智慧厕所体系架构;了解智慧厕所典型应用案例。

能力目标:通过梳理标准等相关资料整理建设内容,培养学生归纳总结的能力;通过理解系统设计架构,培养学生的系统性思维;通过应用案例,培养学生理论联系实际的能力。

素养目标:通过智慧厕所应用案例,培养学生对旅游业和智慧旅游的职业认同感,树立智慧旅游的职业理想;通过"小厕所、大民生",提升学生的社会责任感和使命感。

知识导图

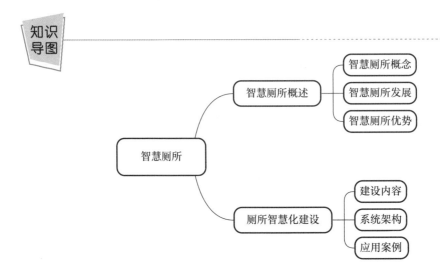

第一节　智慧厕所概述

"小厕所、大民生",随着人们生活水平的改善和健康水平的提高,厕所不仅是关乎人们基本生理需求和健康需求的基础设施,也是实现和维护个人尊严的主观要求,更体现着人们的生活水平和城市卫生文化,甚至关乎一个民族和国家的文明程度。本节主要介绍了智慧厕所的概念、发展和优势。

一、智慧厕所概念

传统公厕因未有效地引入现代科技手段进行集中管理,长期以来一直是人们反映较多的问题之一,尤其是在旅游业,当客流压力较大时,大多公厕存在有异味、脏、乱等环境差问题,另外传统公厕还存在能耗大、资源利用率低、找厕难、如厕排队时间长、男女厕位数量分配不合理、管理和维护落后、成本高等情况。

随着新一代信息技术的发展和应用的普及,智慧厕所建设也加入智慧化浪潮。智慧厕所就是充分借助互联网、移动互联网、物联网、大数据和云计算技术,监控厕所环境、客流状态等数据,并实现自动清洁环境、节能减排、定位引导、资源配置优化、资源利用率提升等,解决环境差、找厕难、排队时间长等问题,实现智慧化管理和维护,提升游客如厕体验和满意度。

二、智慧厕所发展

厕所是文明的尺度,也是国家和地区发展的注脚。因此,厕所问题长期以来在世界范围内被关注。

2001年11月19日,30多个国家代表以"我们的厕所——过去、现在及未来"为主题召开第一届世界厕所峰会,一直难登大雅之堂的厕所问题,首次像贸易问题一样登上高级别议事厅,并受到全世界的关注。

2013年7月24日,第67届联合国大会通过决议,共同改善世界环境卫生问题,其中包括厕所问题,并将每年的11月19日定为"世界厕所日"。

2015年4月1日,习近平专门就厕所革命和文明旅游做出重要批示,要求我们从小处着眼,从实处着手,不断提升旅游品质。

2017年,相关数据显示,全球每年由厕所问题造成的经济损失高达2600亿美元,死于环境卫生造成的腹泻等疾病儿童高达56万人。

2019年4月,第31个爱国卫生月发起"共推'厕所革命'共促卫生健康"活动。

我国进行厕所革命的主要目的是改善公共厕所的卫生状况、人民的健康状况和环境状况,让公共厕所不再是"脏、乱、臭"的代名词。各部委、各行业、各地区的公共厕所建设者或管理方均在思考,如何让厕所更干净、如厕更舒适。

三、智慧厕所优势

智慧厕所是无缝连接新一代信息技术,使传统厕所具备实时感知、准确判断和精确执行的能力,解决了传统厕所有关异味控制、节水节能、人性化服务等方面的问题,实现了对厕所的精细化管理,能够为游客提供优质、高端、舒适的服务。

智慧厕所的优势从游客角度看:改善了厕所环境,遏制细菌和病毒的传播,不仅提升了游客的如厕体验和满意度,而且关乎游客身体健康。例如,通过定位技术解决找厕难问题;通过客流监测、厕位引导、资源优化配置等尽量减少游客排队时间;通过物联网技术、自动监测和控制系统,对厕所环境和设备进行有效、实时的监测和调节,让公厕时刻处于清洁、舒适、卫生的状态。

从业主角度看:方便管理、提高管理效率、节能减排、增加效益等。例如,智慧厕所的设备联动管理系统结合传感器技术,根据厕所的使用频率自动控制并调整厕内的水、电、纸、照明等的供给,有效降低能源损耗;智慧厕所管理平台提供工作人员的工作进展,使管理员及时调配工作,从而实现低成本、高效率运营状态;厕所外面的引导屏一方面可以方便游客快速定位厕位,另一方面可以播放广告,为业主带来经济效益;可视化数据和报表功能为管理者的决策提供了数据依据,使其可以科学地管理厕所,降低运维成本、提高管理效率、增加运营效益,从而真正做到公共厕所的管理革命。

第二节 厕所智慧化建设

厕所是智慧旅游、智慧城市系统的"神经末梢",改善厕所环境状况不仅直接关系到人民的健康,而且可以体现一个景区、一个酒店、一个城市的智慧化建设和管理水平,甚至可以反映一个城市、一个国家的文明程度。因此,应用现代信息技术建设智慧化厕所具有重要意义。

一、建设内容

智慧厕所的建设,一部分是以传统厕所为基础进行智慧化升级改造,另一部分是新建的智慧化厕所,在规划和建设时就考虑了智慧化因素。本节主要介绍厕所智慧化建设的软硬件相关内容,不再介绍传统厕所应具备的基础设施。

为推进智慧厕所的建设,各地出台了相关的地方建设规范,如2019年9月,上海市绿化和市容管理局出台了《上海市智慧公厕建设导则(试行)》;2019年11月,武汉市市场监督管理局发布了《武汉市公共厕所设置与建设标准》;2021年11月,广州市标准化促进会发布了《智慧公共厕所建设规范第1部分:管理系统建设通用技术要求》。

业界相关公司,尤其是物联网公司,依据公司的自身技术优势,结合业主单位的特点和需求,从不同侧重点进行智慧厕所建设和升级改造,给出智慧厕所解决方案。

中期科技基于物联网、云计算、大数据、环境感知、无线传输、人工智能、区块链等

第九章 智慧厕所

技术提出智慧公厕整体解决方案,并将其概括为八大系统,即厕位智能监测系统、环境监测系统、环境调控系统、资源消耗监测系统、安全防范系统、卫生消杀设备、多媒体信息交互系统、综合管理软件平台。图9-1是不同版本的智慧公厕基本功能模块示意图。

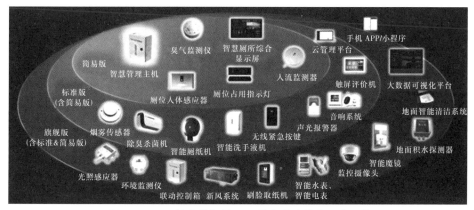

图 9-1　不同版本的智慧公厕基本功能模块示意图[①]

图9-2是顺舟智能凭借丰富的物联网实战经验、雄厚的软硬件一体化产研能力给出的智慧厕所解决方案,功能包括环境监测、客流监测、能耗监测、管理平台、展示引导、智能照明、智能控制和一键告警。

图 9-2　智慧厕所功能[②]

---

①图片来源:http://it.sohu.com/a/603736002_120785478。
②图片来源:https://www.shuncom.com/page92.html。

图9-3是某旅游景区智能化厕所示意图,分为六大功能。

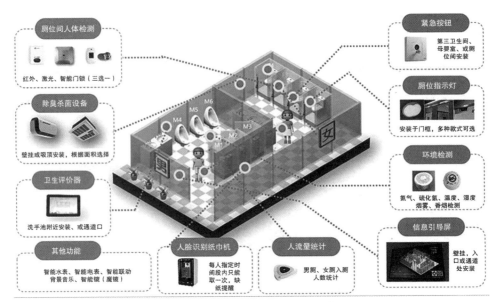

图9-3　某旅游景区智能化厕所示意图

(图片来自互联网)

(1)显示引导:为游客用户提供厕所地理位置引导服务,厕位引导服务等;包括厕所的环境信息显示等。

(2)报警预警:民众/用户的紧急求助,以及管理方的接警处理服务;烟雾触发的报警通知等。

(3)厕位感应:通过红外人体感应器或智能门锁等探测厕位是否被占用;客流设备统计厕所人流量。

(4)环境检测:对厕所内部的环境进行检测,包括异味(气体)、温湿度、水浸、自动消毒、杀菌除臭、地面冲洗等,可联动控制(空调、排风)。

(5)系统管理:大数据云服务平台,设备的运营管理;数据汇总管理、存储、分析等;以及为用户提供登录入口和第三方平台接口服务。

(6)其他功能:智能灯光控制(情景灯光控制),系统各子系统联动控制,第三方系统接入。

为了响应国内"厕所革命",致力打造"卫生环保、安全健康、管理有效、手机找厕所、全域监管"的智慧厕所,通微采用LoRa无线通信技术设计更绿色、更智慧、更节能的智慧厕所解决方案。通微智慧厕所采用多种传感器,实现环境、人流、厕位、能耗、照明、水电、紧急呼叫等参数的硬件检测和平台展示,智慧厕所六大核心系统如图9-4所示。

我们整理相关资料,将智慧厕所智慧功能的部分建设内容归纳如下。

(1)导航与引导系统:可以通过手机APP或者小程序等定位厕所,厕所入口要直观显示厕所布局和厕位状态,引导游客如厕,减少等待时间。

(2)监测系统:①环境监测,实时监测环境中氨气、硫化氢、有毒挥发物和温湿度等环境质量指数,及时将数据上传到监控后台,并通过LED屏幕等设备显示发布,具有超标报警功能,及时提醒保洁人员进行清扫除臭,或者开启自动排风、烘干装置等功能。②状态监测,通过AI摄像头等技术,在厕所入口监测统计客流情况;通过传感器动态监测厕位占用情况。③能耗监测,监测耗水、耗电等情况。

图9-4　智慧厕所六大核心系统①

（3）自动控制系统:依据监测数据或者系统指令,对相关设备进行自动控制,自主决策开启、关闭或者调节功率等,既能及时完成任务,又能节能减排。如依据是否有人,开关灯光;依据相关气体含量,调整排风功率;依据环境监测,定时启动杀菌消毒设备和环境清洁设备等。

（4）信息指示和发布系统:如通过红绿灯指示厕位使用情况;通过显示屏显示客流量、厕所布局、厕位状态、天气状况、日历信息等。

（5）异常检测:检测设备工作失常,如灯具、水龙头等损坏等,发出报警信息;检测人员摔倒,发出报警信号,并设置SOS求救按键等装置。

（6）满意度评价系统:通过手机APP、小程序和触摸屏等为游客提供评价、投诉平台。

（7）工作人员管理系统:面向工作人员的系统,如通过打卡机实现保洁人员考勤管理,通过短信或平台发布清洁维修任务等,查看评价和绩效,查看任务完成情况等。

（8）后台数据统计分析系统:面向管理者和决策者的系统,对多个厕所的客流量、使用情况、能耗情况、人员工作情况等进行统计分析,以便调整决策。

（9）其他智慧基础设施:如人脸识别自助智能取纸机、智能给皂机,以及后台智慧管理主机或云平台、大数据分析技术等。

二、系统架构

不同的智慧厕所建设公司依据自身特色和业主需求提供不同的解决方案。

图9-5是某智慧厕所系统架构,该架构分为厕所物联网端和云端应用系统两部分。

---

①图片来源:https://www.tongwei-iot.com/csjjfa。

厕所物联网端通过物联网设备采集人流、厕位、温度、湿度等信息，一方面展示在引导屏幕，另一方面传输至后台云端。云端应用系统基于大数据分析，一方面向运营方提供业务管理平台，如设备管理、维护管理、物资管理和效益分析等，另一方面通过APP、小程序和公众号向游客提供智慧厕所相关服务。

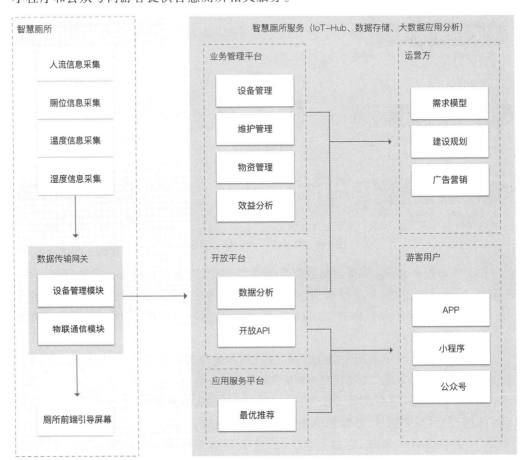

图 9-5　某智慧厕所系统架构

（图片来自互联网）

顺舟智能智慧公厕设计方案架构（见图9-6），可分成厕所物联网前端和应用系统两部分。厕所物联网前端主要是通过有线和无线连接的物联网设备来采集、展示信息；应用系统仍然是基于大数据分析基础，一方面向运营者提供数据监控平台，另一方面向用户提供厕卫导航平台、APP或小程序。

某智能厕所物联网传输云平台（见图9-7）大体上也分为两部分，厕所物联网端负责采集和展示信息，云端应用系统面向管理者（Web端和移动端）和用户（移动端）提供不同应用系统。

图9-8是得一环境智慧卫生间监管解决方案的架构图，该架构分为感知层、Bluetooth T-Mesh传输层、厕所智能管理中心、网络传输层、平台层和应用层。其中，厕所智能管理中心是蓝牙网关，感知层通过Bluetooth T-Mesh传输层连接蓝牙网关，然后通过网络传输至云端，因此，这三个层次可以整体看作物联网的网络传输层。

第九章 智慧厕所

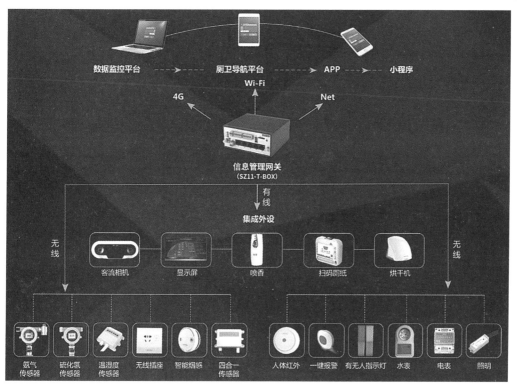

图 9-6 智慧厕所设计方案架构①

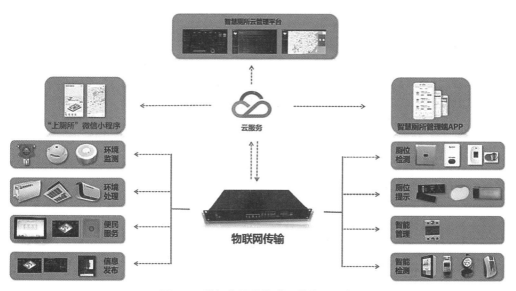

图 9-7 某智能厕所物联网传输云平台

（图片来自互联网）

---

①图片来源：https://www.shuncom.com/page92.html。

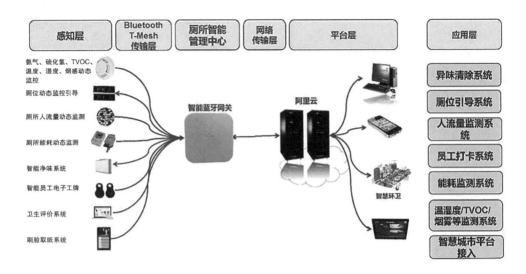

图9-8 得一环境智慧卫生间监管解决方案的架构图[①]

纵观各种不同的智慧厕所系统解决方案，下面我们从物联网的角度将智慧厕所系统体系结构归纳为四个层次。

（1）感知控制层：利用 RFID、传感器、二维码等随时随地获取用户和厕所的相关信息，比如温度、湿度、光照、氨气、硫化氢、甲醛、噪声，以及人流量、用水量、用电量和网络用户连接量等；传感器也可以依据环境数据或系统指令自动执行相关任务，如自动开关灯、水龙头、排气扇，以及自动冲厕等，从而形成CPS系统。

（2）网络传输层：利用各种网络技术，如 4G/5G、Wi-Fi、蓝牙、ZigBee、LoRa 和 NB-IoT 等将采集到的数据传输到后台，系统平台将这些分散的数据加以组织利用，转换成大数据。

（3）平台支撑层：云端存储厕所客流的实时数据、GIS 数据、天气数据等相关数据，并提供计算资源，通过人工智能和大数据分析做资源调度、配置、提醒和决策等。系统一般和智慧景区、智慧酒店、智慧商场、智慧旅游、智慧城市系统集成在一起，是不可或缺的模块。系统可以独立部署在服务器或者云端，可以是政务云或者是公有云。

（4）应用服务层：通过大数据应用实现厕所高效管理、全民监督及相应的增值服务。一方面，它面向厕所的使用者，如通过手机移动端或者显示屏、触摸屏等提供厕所定位、厕位显示、等待人数等信息，也可以提供点评、投诉等平台接口；另一方面，它面向厕所的管理者和维护者，保洁人员或者维修人员可以通过移动端接收系统自动发送的或者管理者发送的清洁和维修任务来进行清洁和维修工作，管理者可以通过移动端或者桌面端查看厕所相关状态，以及工作人员工作状态和评价绩效、系统状态等。

三、应用案例

智慧厕所的建设内容很多，面向不同用户的不同需求，需要很多新一代信息技术，是一个复杂的系统。图9-9是精华隆智慧厕所简易的网络拓扑图。下面我们选择智慧

---

① 图片来源：http://sct.51sole.com/product/332113668.html。

厕所系统中两个重要的子模块——空气质量控制系统和厕位监测和引导系统,并给出简要设计方案。

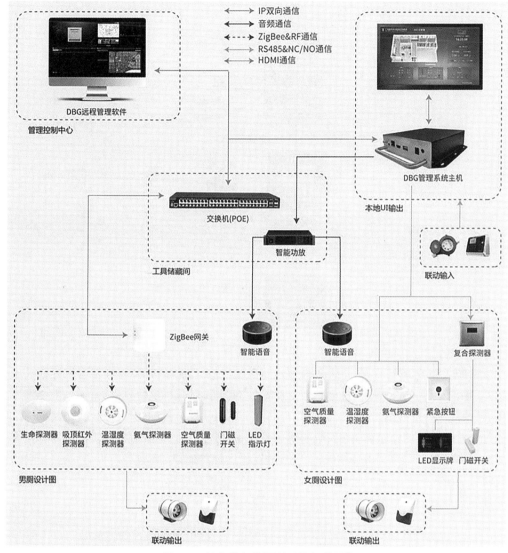

图 9-9　精华隆智慧厕所系统拓扑图[①]

(一) 空气质量控制系统

传统公共厕所给人的印象是"脏、乱、臭",因此推进厕所革命首要的是改善环境,空气质量监测和自动净化是智慧厕所的重要建设内容,这里我们在建大仁科的智慧公厕环境监测系统设计方案的基础上进行完善设计。

图 9-10 是该设计方案的拓扑结构,由多功能气体传感器检测空气质量,重点监测氨气、硫化氢、二氧化碳等多种气体,将数据传输至环境监测主机,当某项气体数值超

---

①图片来源:https://www.163.com/dy/article/F970JJGM05384AF0.html。

过限值时，主机能够通过网络继电器自动开启风机、空调等通风换气设备，自动换气、除臭、杀菌，实现公厕内各设备的智能联动。另外，监测主机一方面将数据传输至云端，云平台依据相关数据和应用提供不同的服务；另一方面将信息传输至大屏导视系统。

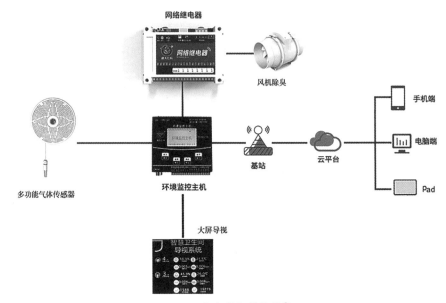

图9-10　方案的拓扑结构①

系统关键功能是空气质量监测和风机除臭。多功能空气质量传感器采用进口传感器（见图9-11），集多种测量要素于一体，最多可同时测量11种要素，具有双频数据采集、精准检测、通信稳定等优点，可以通过Wi-Fi、4G或5G直接连入云端，也可以通过EIA-485信号线传输至单片机、电脑等。图9-12是专门针对公共厕所研制的一款智能新风除臭系统。设备外形采用304不锈钢板冲压焊接而成，造型美观大方，充分利用现代科技，为未来的环保领域提供了可行的方案，能够有效地满足客户的需求，实现智能化控制与管理。

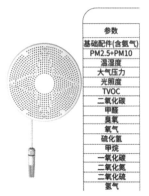 

图9-11　多功能空气质量传感器　　　图9-12　智能新风除臭系统

①图片来源：http://rkonfly.cn/index.php?a=shows&catid=2&id=690。

新风除臭系统工作原理如图9-13所示。系统通过离心管道风机将室外的新鲜空气抽入主机内,经过初效过滤网和活性炭过滤网过滤后,和等离子管所产生的高浓度正负离子群及环保型清香剂结合,一并输送至厕所内,充分中和、分解室内的臭气,从而达到除臭,抑菌的效果。

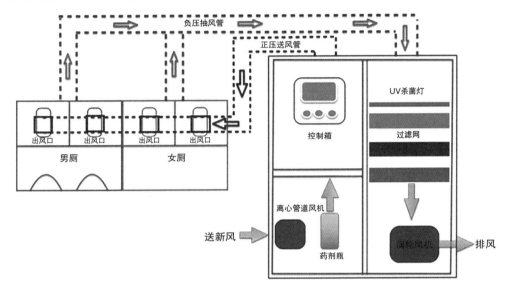

图9-13　新风除臭系统工作原理①

为部署方便,系统采用无线通信技术,厕所前端物联网设备可以采用ZigBee、蓝牙等低功耗、短距离传输技术,如空气质量传感器、网络继电器等;监测主机可以通过Wi-Fi、4G或5G,也可以通过LoRa、NB-IoT等低功耗广域网接入互联网,从而将数据上传至云端系统。系统能够做到：

(1) 环境实时监测。实时监测公共厕所环境中的氨气、硫化氢等恶臭气体和温湿度数值,并上传至后端云平台,支持在LED屏幕显示。

(2) 远程管理。通过智慧公厕云平台监管各个厕所的运行状态,对辖区内的公共厕所环境进行统一管理,提升管理效率。

(3) 超限告警。当数据超限后,平台会给指定的联系人发送短信告警或邮件告警,第一时间通知管理人员,尽快采取措施。

系统并不是孤立存在的,要和其他环境监测系统、控制系统、能耗管理系统、大屏展示系统、云平台系统等联通,整个智慧厕所系统不但能帮助改善环境、提升游客体验,而且可以节省人工成本、降低电力能耗、实现节能减排。

(二) 厕位监测和引导系统

厕位监测和引导系统有助于帮助游客快速找到空厕位,减少等待时间,提升如厕体验,及时调配资源,合理高效利用资源。图9-14是厕位监测和引导系统方案拓扑图。

---

① 图片来自:http://www.mokegroup.com/pd.jsp?id=36。

厕位或者门把手通过传感器监测是否有人,然后控制侧门的指示灯状态;厕位状态信息同样传到监控主机(或者网关);监控主机一方面将信息传输至大屏引导系统,另一方面把数据传输至云端;云端通过各个应用程序利用厕位状态数据,如游客手机可以远程显示厕位状态,运营部门也可以随时查看或者统计信息等。

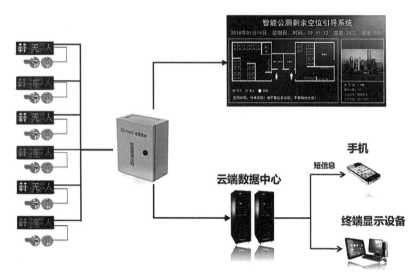

图 9-14　厕位监测和引导系统方案拓扑图

(图片来自互联网)

系统中比较重要的是厕位状态检测传感器和智慧管理主机。厕位状态检测传感器目前主要采用红外人体感应器、紫外灯激光人体感应器、激光人体感应器、光能门锁等;组网方式可以选择有线网络或无线网络,无线网络也可以有多种选择,如蓝牙、Wi-Fi、ZigBee、LoRa等。

图 9-15 所示为红外人体感应器和光能门锁。红外人体感应器采用激光测距方式感应人体,能够进行高精度探测,无线红外人体感应器采用 LoRa 传输的方式,有线红外人体感应器采用 EIA-485 通信的方式。无线光能门锁,可以通过锁的开关状态判断厕位是否占用,采用光能充电加电池方式则无须充电,采用无线传输则无须布线,可直接更换门锁,适用于厕所改造。

图 9-15　红外人体感应器和光能门锁

图 9-16 的无线激光厕位人体感应器采用"激光探测＋雷达侦测"双感应技术,通过主动及被动探测的方式,实时、准确地感应厕位内的是否有人使用,并把检测到的实时

数据通过无线LoRa的方式传输到系统主机。设备采用全无线极简安装，内含通信模块和充电锂电池，电池可连续使用8个月至1年，可重复充电使用，即装即用，无须任何接线。

图9-16　无线激光厕位人体感应器

另外，紫外灯激光人体感应器采用激光人体感应方式，并增加了短波灭菌紫外线，能在无人情况下对厕位间进行消毒杀菌，进一步提升厕内环境，适用于新建厕所或允许重新布线改造厕所。

智慧厕所管理终端是整个智慧厕所系统总控管理主机，主要用于接收各个厕位间的数据、客流数据、各种环境数据，支持厕位平面图动态信息显示，还对各种数据进行综合分析和整理并上传至云平台，支持云端平台对前端各种设备的远程管理、参数配置、更新升级、运行状态监管等。

智慧厕所管理主机是本地设备与管理软件间的传输中枢，也是网关。图9-17的智慧厕所管理主机包括高度集成通信模块、电箱、控制电源、嵌入式系统、联动控制系统等，可通过EIA-485和LoRa网络实现本地数百个传感器设备数据收集、处理、判断、上传，实现本地监测数据的可视化和相关设备的联动控制，保证厕所智能系统与平台软件在未正常连接时也可以正常工作。

图9-17　智慧厕所管理主机

阅读推荐

1. 赵大伟《互联网思维——独孤九剑》

推荐：怎样建立起完整的互联网思维？我觉得和君咨询的赵大伟写的这本书（《互联网思维——独孤九剑》）很好，它勾勒出的互联网的九大思维、二十二个法则，让我们对这个问题的认识变得立体、系统起来，而且讲得深入浅出、通俗易懂。这一点与那些从技术角度讲解互联网的图书相比具有很大的不同，非常适合面临互联网转型的传统企业阅读。——新东方俞敏洪

2. 刘云浩《物联网导论（第4版）》

推荐：刘云浩，清华大学软件学院特聘教授、院长，清华大学全球创新学院（GIX）院长。ACM Fellow，IEEE Fellow，ACM 中国理事会荣誉主席，ACM Transactions on Sensor Networks 主编，《中国计算机学会通讯》（CCCF）主编。

刘云浩教授主编的《物联网导论》是"十二五"普通高校教育本科国家级规划教材。《物联网导论（第4版）》从物联网的感知识别层、网络构建层、管理服务层和综合应用层这四层分别进行阐述，深入浅出地为读者拨开萦绕于物联网这个概念的重重迷雾，带领求知者渐渐步入物联网世界，帮助探索者把握第三次IT科技浪潮的方向。

3. 彭昭《智联网——未来的未来》

推荐：彭昭，物联网智库创始人，10年前开始关注全球物联网的前沿趋势，经过与大量物联网企业的长期交流与研究，对物联网行业的发展形成了独特的认知。

我们的企业经历了各种各样的变化阶段，如生成自动化、企业互联网化和企业智能化等，其中在企业互联网化阶段，产业物联网是其中一个很主要的特征。本书作者对产业物联网的发展方向进行了有益的探索，物联网与移动边缘计算、人工智能、区块链等结合将进一步为产业赋能。——中国工程院院士邬贺铨

4. 彭昭《智联网·新思维："智能+"时代的思维大爆发》

推荐：物联网显然已经发展到了新的阶段，尤其是随着5G时代的来临，通信和人工智能等领域将受到很大的影响，需要拥抱"开源"等崭新的思维和商业模式，因此这本书的推出恰逢其时。作者将新的思维模式贯穿全书，从新的认知不同行业成熟的应用实践和具体案例中，探索出一条适用于智能互联时代的新思路，理论结合实际，既形象又生动。本书对物联网及智能事业的发展来说都是不可多得的参考。——中国工程院院士倪光南

5. 郎为民、马卫国、张寅、王连峰、闪德胜《大话物联网（第2版）》

推荐：郎为民，华中科技大学博士，国防科技大学信息通信学院教授。

本书是一本关于物联网基础知识的普及读物。在保持第1版的故事性和趣味性的前提下，重点增强了图书的知识性和科学性。本书用独特的行文风格，以风趣、幽默的语言和独特的视角说明物联网的特征和原理，使用大量的插图帮助读者理解晦涩、枯燥的技术，向读者展示了物联网高科技的巨大魅力，为初学者打开了一扇深入学习物联网技术的大门。

参考文献
References

[1] 乔向杰.智慧旅游赋能旅游业高质量发展[J].旅游学刊,2022,37(2).

[2] 尚可,张宇琳,张飞舟.基于数字孪生技术的智慧停车场总体架构研究[J].北京航空航天大学学报,2023,49(8).

[3] 邹建琴,明庆忠,史鹏飞,等.智慧旅游研究:历程、主题与趋势[J].资源开发与市场,2022,38(7).

[4] GRETZEL U,向征.人工智能时代的旅游[J].旅游学刊,2020,35(1).

[5] 廖维俊.基于物联网架构下的"智慧旅游"探究[J].生态经济,2013(7).

[6] 李云鹏.旅游场景驱动的大数据应用[J].旅游学刊,2017,32(9).

[7] 钟艳,高建飞.国内智慧酒店建设问题及对策探讨[J].商业经济研究,2017(18).

[8] 徐林强.互联网思维开启智慧酒店建设新路[J].旅游学刊,2016,31(6).

[9] 刘治彦,季俊宇,商波,等.智慧旅游发展现状和趋势[J].企业经济,2019,38(10).

[10] 魏莉,钟慧聪,张鲲.旅游厕所的智慧化管理平台初探[J].现代商业,2018(35).

[11] 党安荣,张丹明,陈杨.智慧景区的内涵与总体框架研究[J].中国园林,2011,27(9).

[12] 邓贤峰,李霞."智慧景区"评价标准体系研究[J].电子政务,2012(9).

[13] 张凌云,黎巎,刘敏.智慧旅游的基本概念与理论体系[J].旅游学刊,2012,27(5).

[14] 刘军林,范云峰.智慧旅游的构成、价值与发展趋势[J].重庆社会科学,2011(10).

[15] 邵泽华.物联网——站在世界之外看世界[M].北京:中国人民大学出版社,2017.

[16] 谢希仁.计算机网络[M].7版.北京:电子工业出版社,2017.

[17] 张凌云,乔向杰,黄晓波.智慧旅游的理论与实践[M].天津:南开大学出版社,2017.

[18] 王见,赵帅,曾鸣,等.物联网之云:云平台搭建与大数据处理[M].北京:机械工业出版社,2018.

[19] 李云鹏,晁夕,沈华玉,等.智慧旅游:从旅游信息化到旅游智慧化[M].北京:中国旅游出版社,2013.

[20] 杨正洪.智慧城市:大数据、物联网和云计算之应用[M].北京:清华大学出版社,2014.

教学支持说明

为了改善教学效果,提高教材的使用效率,满足高校授课教师的教学需求,本套教材备有与纸质教材配套的教学课件和拓展资源。

为保证本教学课件及相关教学资料仅为教材使用者所得,我们将向使用本套教材的高校授课教师赠送教学课件或者相关教学资料,烦请授课教师通过电话、邮件或加入旅游专家俱乐部QQ群等方式与我们联系,获取"电子资源申请表"文档并认真准确填写后发给我们,我们的联系方式如下:

地址:湖北省武汉市东湖新技术开发区华工科技园华工园六路

邮编:430223

电话:027-81321911

E-mail:lyzjjlb@163.com

旅游专家俱乐部QQ群号:758712998

旅游专家俱乐部QQ群二维码:

群名称:旅游专家俱乐部5群
群　号:758712998

教学课件资源申请表

填表时间：_____年___月___日

1. 以下内容请教师按实际情况写，★为必填项。
2. 根据个人情况如实填写，相关内容可以酌情调整提交。

★姓名		★性别	□男 □女	出生年月		★职务	
						★职称	□教授 □副教授 □讲师 □助教

★学校		★院/系	
★教研室		★专业	
★办公电话		家庭电话		★移动电话	
★E-mail（请填写清晰）				★QQ号/微信号	
★联系地址				★邮编	

★现在主授课程情况	学生人数	教材所属出版社	教材满意度
课程一			□满意 □一般 □不满意
课程二			□满意 □一般 □不满意
课程三			□满意 □一般 □不满意
其 他			□满意 □一般 □不满意

教 材 出 版 信 息		
方向一		□准备写 □写作中 □已成稿 □已出版待修订 □有讲义
方向二		□准备写 □写作中 □已成稿 □已出版待修订 □有讲义
方向三		□准备写 □写作中 □已成稿 □已出版待修订 □有讲义

请教师认真填写表格下列内容，提供索取课件配套教材的相关信息，我社根据每位教师填表信息的完整性、授课情况与索取课件的相关性，以及教材使用的情况赠送教材的配套课件及相关教学资源。

ISBN（书号）	书名	作者	索取课件简要说明	学生人数（如选作教材）
			□教学 □参考	
			□教学 □参考	

★您对与课件配套的纸质教材的意见和建议，希望提供哪些配套教学资源：